尺寸

千里远景，如在尺寸之间。

奇幻生物的人鱼人类想象史

MERPEOPLE

A Human History

[美] 沃恩·斯科莱布诺 著　祝铭健 译

中国工人出版社

目　录

“教堂执事科尔维尔与美人鱼”

亚瑟·雷克汉姆，《英国民谣》(1919)

序　言

人鱼随处可见，并不是什么稀罕物。世界上最卖座的咖啡厅都拿美人鱼当吉祥物，电影、电视中人鱼的身影也随处可见。在北美，孩子们，甚至成年人，还可以随自己的意愿报名“美人鱼大学”的“美人鱼课程”。人类追寻人鱼的历史源远流长。无论生活在何时何地，人类似乎一直在寻找有关人鱼的蛛丝马迹。《人鱼：奇幻生物的人类想象史》一书就是围绕这个主题展开的，探寻人鱼踪迹，进而更深层次地了解地球上最神秘莫测、最危险的生物之一：人类。

人鱼的形象超越了时空限制。本书分析了大约从公元前1000年至今，西方社会对美人鱼及雄性人鱼（即特里同）形象认知的改变，以及此种改变与其社会神话、宗教、科学、奇迹及资本主义发展之间的关系。从英国教堂墙壁上的人鱼壁画到美国电影中的人鱼形象，西方人一直被这种生物所吸引。但是它们的重要性不只体现在石壁或大银幕上，人类对人鱼的兴味远超于其外在形象。人类是变幻无常的，人类创造出的生物体，如美人鱼及特里同，也应当是具有多种意识形态的。

当然，西方人对所有的混血生物都很痴迷，而人鱼只是其中一种。从中世纪到文艺复兴时期再到近代早期，学者们沉迷于独角兽、狮身人面兽、人马兽、狮身鹰首兽及半人半羊等神话中的混种动物。18 世纪末至 19 世纪早期，科学家们开始对负鼠、鸭嘴兽及袋鼠等奇异动物产生兴趣。至于哲学家及宗教领袖，他们则认为这些混血怪物是希望与危险的化身，既奇异又可怕。它们来自另一个非自然的国度，人类对此知之甚少，因此被定义为一个陌生的、充满迷惑及灾难的混乱世界。不过，世界上每时每刻都有奇迹发生，这或许会使人类更好地看清自己的位置。[1]

本书参考了大量怪物理论及混血物种研究，这些生物用看似怪异、不协调的方式展示自然世界，从中我们可以窥探其人性的一面。不久前，历史学家艾瑞卡·福吉（Erica Fudge）曾表示："探索动物本身就是在探索人类……相反，正是因为有了动物，人类才是人类。"[2] 在此之前，哈莉特·瑞特沃（Harriet Ritvo）也说："对动物进行分类可以同时观察被分类者与分类者。"照此说法，人类对这种半人半鱼生物的痴迷，其实是出于对人类自身的好奇。毕竟，人鱼不单纯只是动物或怪物，他们身上流着一半人类的血。因此，在对人鱼展开讨论之前，西方学者不得不先弄清楚人类和动物的界限。人鱼是如何影响人类探寻起源之路的？如何影响人类对动物分类的标准，动摇人类地球至尊地位的？这些问题亟待解决。

人鱼身上半人半鱼之特性使他们在科学与神学的边界屹立不倒。许多人认为，美人鱼与雄性人鱼只适合存在于睡前故事中，出现在科学文献中倒显得有些突兀。但也有一些人认为，人鱼是科学和神学研究的交汇处。如今，科学的发展并未完全脱离奇迹与神话，对知识的内在渴望促使我们走进一个扣人心弦的陌生国界，在那里，我们将开启对外界及自身的无限探索。人鱼与人类的紧密联系正反映出后者不断探索及对外界进行规范和分类的欲望。与混血猛兽一样，人类自己也在小心翼翼地保持着奇幻与现实、文明与野蛮之间的平衡。

这种微妙的平衡在早期基督教堂里体现得淋漓尽致，那里是美人鱼与特里同的聚集地。本书第一章指出，美人鱼与雄性人鱼起源于人类远古的海洋之神。虽然如今美人鱼更受欢迎，但其实人鱼的兴盛始于雄性人鱼。公元前 5000 年，巴比伦人就开始供奉鱼神俄安内，腓力斯丁人、亚述人和以色

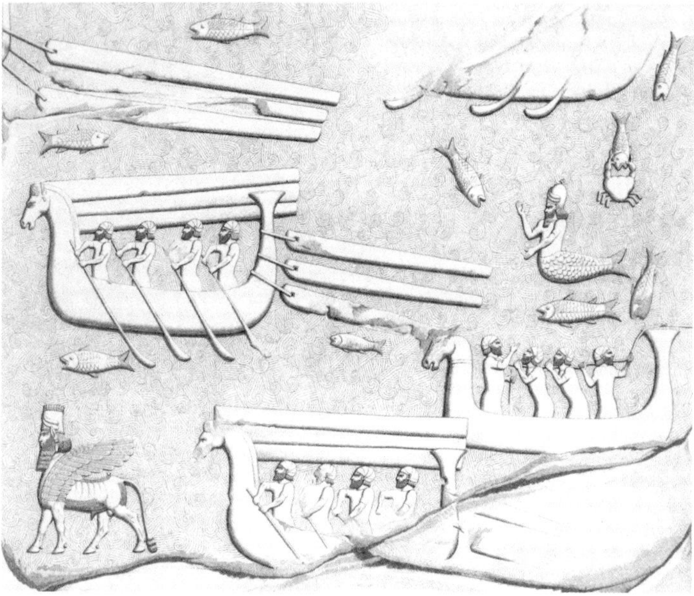

“俄安内为舰队祈福”

保罗·爱弥儿·博塔在位于豪尔萨巴德的萨尔贡二世宫殿废墟中发现的雕像，“尼尼微城遗迹”，巴黎（1849）

列人为俄安内创造了一个女性伴侣——生育女神阿塔伽提斯。但更重要的是，阿塔伽提斯也代表了爱与欲的危险，这也正是基督教后来极力讨论的内容。[3]

自俄安内与阿塔伽提斯诞生以来，一系列人鱼的异教形象如雨后春笋般层出不穷，从希腊的阿佛洛狄忒、罗马的维纳斯到老普林尼（Pliny the Elder）在公元 80 年提出的人鱼生物形象，再到希腊神话中的特里同（雄性人鱼始祖）及其妻子安菲特里忒，以及奥德修斯在那场著名旅途中与哈皮（海神之女）命运般的相遇。奇怪的是，哈皮和希腊神话中的斯库拉与半人半鱼的美人鱼毫无相似之处，却成为现代人鱼的原型。久而久之，艺术家和作家开始将斯库拉和荷马笔下的哈皮融入现代美人鱼的形象，赋予她们性暗示、惑人的歌声和过分暴露（通常全裸）的身体。因此，雄性人鱼通常以希腊神话为原型，而美人鱼则大都起源于丑陋的怪物，她们利用男人对性与力量的欲望，引诱他们从而使他们堕入毁灭的深渊。正如早期基督教会所展现的那样，这种性、欲及力量的隐喻并非偶然。[4]

人鱼自古以来就是异教的象征，从公元 3 世纪至公元 5 世纪，教会利用这种异教性推行虔诚的信仰及自制的教义。尽管早期基督教一直努力削弱阴柔之风，但雄性人鱼总与强

“德赛特（或阿塔伽提斯）统领海洋”

亚他那修・基歇尔，《埃及之俄狄浦斯》（1652）

奸和暴力挂钩，对此教会也没办法。基督教徒希望按照自己的需求，对荷马笔下的哈皮形象进行修改，使人鱼的形象具备更多的性暗示与性幻想。[5]

这一过程对人鱼形象的展现十分重要，现代关于人鱼的构想直接来自早期教会对这些神秘生物的描述。女人的上半身加之飘逸的长发及裸露的胸脯，手持铜镜玉梳，是美人鱼一直以来的传统形象。对教会领袖来说，这些半人半鱼生物是奇幻与危险最理想的结合体，他们不仅用此种怪物来证明上帝可以随心修改自然法则，还用来贬低女性——他们将美人鱼过分裸露的身体刻在教堂石壁上、写入动物寓言集。作为性欲象征的裸体在早期基督教及中世纪艺术中是很少出现的。因此，仅仅是这种光着上身的女人（还拖着一条骇人的鱼尾）的图片就足以令人大吃一惊了。[6]

通常，教会石刻中的美人鱼会将她们的鱼尾"散开"，暴露出自己的生殖部位——又称"鱼鳔"（拉丁语中指鱼胆瓶），各种细节都被展示出来。[7] 美人鱼身上佩戴的首饰也各有其深意，手中的铜镜玉梳代表虚荣（更是代表其外在灵魂的双重性），飘逸的长发暗示其强盛的生殖力。在早期基督教的标志中，人鱼手中的玉梳被替换成一条鱼，代表其与鱼类的紧密关联。[8] 中世纪以前（公元 5 世纪至公元 15 世纪），信徒徒步

手持铜镜玉梳——典型的塞壬形象，从1490年开始就在谢伯恩修道院的扇形屋顶俯视众信徒

13 世纪初，意大利瓦莱达奥斯塔大区的萨里奥德古堡塔内壁嵌着鱼尾散开的塞壬

横跨整个欧洲抵达圣所进行朝拜，圣殿中充满大胆裸露的人鱼壁画。同时，教会通过一系列文字、艺术及雕刻作品培养了人们关于这些异教生物隐晦知识的深入了解，促进了大众对人鱼的普遍的接受与信仰。

这就导致雄性人鱼在早期基督教中并没有美人鱼受欢迎。偶尔出现在教堂壁画中，也是与美人鱼成双成对。[9] 在早期基

“抬鼓的美人鱼和雄性人鱼”

14 世纪早期刻于埃克塞特大教堂中座板的突出托板之上

督教会和中世纪想象中——尤其是在带插图的文字和动物寓言中，雄性人鱼通常是作为美人鱼的伴侣而存在的，而更多时候是后者独领风骚。与她们美丽（又危险）的女性形象相反，雄性人鱼在作者及插画师笔下总是呈现丑陋面容，与美人鱼的女性气息及性诱惑形成鲜明对比，或者被当作基督教虔诚的象征。

最终，美人鱼——神话传说中的混血物种，成为早期基督教的标志物，代表其包容之心（推崇基督教与非基督教混合的信仰体系）以及接纳更多信徒的意愿。教会在圣所刻满异教神灵，拉近所谓“野蛮”与文明的距离，缩短过去与现在的鸿沟。果然，在中世纪以前，基督教的信条不再集中于神圣的女性力量。[10] 但与此同时也带来了意想不到的后果：在利用人鱼巩固宗教信仰的同时，基督教会使这种生物的存在合理化，使后人更加容易接受并崇拜这种混血怪物。

本书第一章引用大量理论，按照时间顺序揭示了人鱼的古老历史起源，第二章着墨于一个特定时间段（大约 1500—1700 年），探讨“地理大发现时代”是如何加深西方人对人鱼的信仰及文化传统的认知。1492 年之前，西方人的世界与人鱼密不可分：尤其是在威尼斯和热那亚等航海业发达的富庶小国，人鱼成为最常见的艺术元素，从墓碑和雕像到餐具和书籍，人鱼简直无处不在。因此，在西方人还未踏足其他土地之前，他们十分渴望能发现人鱼的蛛丝马迹。毕竟，人鱼已经融入了他们的日常生活。[11] 在“地理大发现时代”之前，欧洲人依据宗教传统将耶路撒冷视为世界中心，越远离耶路撒冷的国度就越危险。因此，许多早期的西方人认为，如果人鱼真的存在，那么一定生活在世界尽头的天涯海角，那是个遍布奇珍异兽的国度。

当西方人进入太平洋和大西洋世界进行贸易、传播宗教、建立帝国后，目击人鱼事件的记载也随之增加，尤其是在大西洋和“新世界”的海岸。因此，经验丰富的探险家经常认

MAR DEL NORT
MAR DEL ZVR.
MARE PACIFI-CVM
Circulus Æquinoctialis
Tropicus Cancri
Tropicus Capricorni
AUSTRALIA INCOGNITA
AMERICA

《新陆海地图》

铜版壁画中标出了四种元素，即水、火、土和空气，赫里特·凡·史哈哼（1682）

为这片陌生的富足之地与人鱼之间存在着某种神秘的联系。中世纪时期，美人鱼和特里同的故事通常与欲望、虚荣和宗教有关，然而早期现代探险家认为人类与这种生物之间的关系不仅限于宗教信条的诠释，目击到人鱼是一个国家探索能力、经济发展以及综合国力的体现。[12] 西方各国讲述的人鱼故事不尽相同，表明了一个国家对整个世界的不同理解。新大陆遍布奇珍异兽，欧洲人已经开始摩拳擦掌，打算一探究竟。这是人鱼一族的鼎盛时代。

随着人鱼频繁地被人类目击，以及欧洲基督教逐渐影响整个美洲，西方制图者认为有必要为这些新大陆绘制地图。当然，这种行为不仅重新绘制了新大陆的地缘面貌，同时也展现了欧洲世界霸主的地位。这些地图向探险者提供了通往外部世界的机会，图中小小的世界也暗示了欧洲人称霸世界的野心。因此，像美洲和远东等遥远的陌生国度附近的海域中都被画上了人鱼。这并不是笔误，也不是异想天开。制图者故意将人鱼画入新地图，为这些陌生的国度蒙上一层奇幻色彩，同时也暗示在新大陆能够发现人鱼的可能性。这种呈现手法会引起探险者对人鱼更浓烈的兴趣，同时这也更加激发了制图者的这种行为。[13]

从很多方面来说，“地理大发现时代”也拉开了人类与人

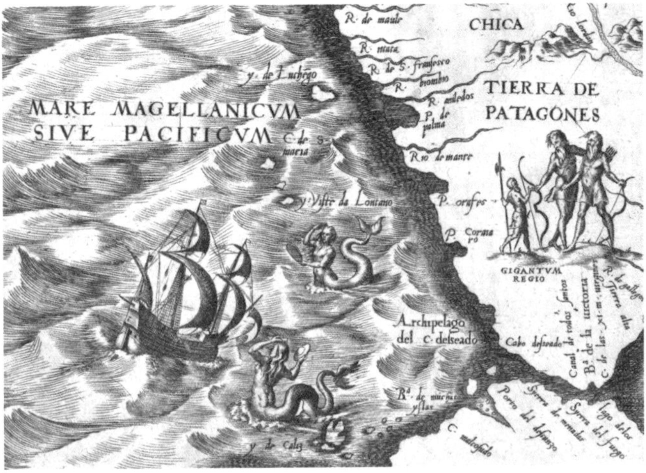

"南美洲的美人鱼"，蒂亚戈·古铁雷斯和希尔莫尼斯·考克，
摘自《新版详细地图之美洲，或世界第四大洲》（1562）

鱼新时代的序幕。如第三章所言，这些"奇怪现象"在启蒙时代（约 1700—1800 年）的西欧呈现出科学与奇幻的有趣结合。18 世纪的西方世界中最聪明的学者们投入大量时间和精力，力图用笔触描绘人鱼的外貌，分析他们的习性，与此同时继续寻找人鱼的蛛丝马迹。由此可以看出，启蒙时代不仅属于真理与科学——西方学者极力掀开人类祖先身上的神秘面纱，这也是象征着巨大变革与土地扩张的时期——西方学者或许对自然世界中的怪事更习以为常，也有更多的科学工具来进行理论分析。

18 世纪末以前，一些思想家开始动手画人鱼样品，到处收集美人鱼手掌放入自己的珍品柜中，散尽千金资助环球航海事业，只为寻找人鱼的踪迹。此外，他们还写出了许多分析人鱼存在的文章，有关人鱼解剖及生活习性的文献更是比比皆是。启蒙思想家如此费力寻找美人鱼和特里同，只是希望更深层次地了解世界，看清人类在其中的位置。

尽管有关人鱼的文献浩如烟海，但许多欧洲思想家、科学家及解剖学家对这种生物的存在仍心怀疑虑。尽管如此，19 世纪早期这股人鱼热已经达到顶峰，报纸见证了这股潮流的爆发。一个生活在 19 世纪的西方人，至少每月都会在当地报纸上看见一次有关人鱼的目击事件、人鱼标本、人鱼表演或文献，西方读者对于解密人鱼已经开始翘首以盼了。工业家开始向无人之地进军，科学家对整个世界进行更详尽的归类排序，通信业也攀向了一个新高峰。大众对人鱼的无尽兴趣正中报刊业的下怀，出版社开始编撰大量的人鱼传说，使读者更加确信人鱼的存在。英国供应商也不甘落后，其中有一位英国上校塞缪尔·巴莱特·伊德斯（Samuel Barrett Eades）声称在东印度发现了所谓的美人鱼（实际上是日本工匠为迎合西方市场伪造出来的）。随后，在 1822 年，伦敦人蜂拥前往，打算一睹人鱼真容。报纸也开始大做文章，不停地刊登有关人鱼的广告、学术文章和各种评论。或许，人鱼的秘密已经被揭开了？[14]

当然不是。美国有一位以专门展出奇形怪状之物（通常是伪造的）而闻名世界的马戏团表演者费尼尔司·泰勒·巴纳姆（P.T. Barnum），他于1842年向人们展示了一条“斐济美人鱼”（其实是伊德斯美人鱼的仿品）。这场骗局使人鱼的可信度忽高忽低。北美地区对巴纳姆的美人鱼大肆宣传，科学研究、公开展览和广告等将“斐济美人鱼”吹捧成人类与人鱼距离最近的一次接触。当然，它也将人鱼之谜曝于阳光之下，揭开了其中的欺骗本质。随着科学分类和进化论的发展，巴纳姆人鱼的真相击溃了数世纪以来人们对美人鱼和特里同的信仰。虽然西方世界仍流传着人鱼传说，但这类故事至多算是人们的想象，“斐济美人鱼”及神话中的其他美人鱼沦落为人们茶余饭后的谈资，再也不能被用来投机。[15]

一些流行的甚至学术上的观点都认为人鱼是真实存在的，科学家们正努力摧毁这类谬论，但19世纪的学术调查仍集中在这类复杂生物上。在当时，学者们争论不休，探讨美人鱼和特里同是否可能是海豹、儒艮或是海牛，质疑林奈分类体系和达尔文进化论的准确性，无论如何人鱼都是当时科学界辩论的主流。19世纪末，西方历史学家开始出版有关人鱼历史的巨著，水族馆和动物园张贴海报，声称美人鱼实际上是海牛和儒艮（都属海牛目）。[16] 当然了，美人鱼和特里同一直以来都是科学与传说交界处的生物，早在公元 3 世纪，西方人就开始崇尚人鱼那混合现实与奇幻的能力。在 21 世纪之初，西方人扩大了两个世界的交汇范围。

20 世纪初，人鱼逐渐淡出了西方文化，但这并不意味着美人鱼和特里同不再具有重要意义。反而，如第五章所言，人鱼（尤其是美人鱼）成为性、媒体、资本主义和利益的重要标志。虽然西方人对人鱼的存在转持怀疑态度，但有趣（同时也很讽刺）的是，他们将性感的塞壬推至人气巅峰。

美人鱼的商业价值依赖于她们所象征的性、欲望和奇幻。早期和中世纪教会利用这些特征警示人们不要放纵自我，而 20 世纪的媒体却将性感的美人鱼投放到市场。尤其是在“二战”后期，美国资本主义抬头，广告商、电影人、艺术家等都抓住机会，利用美人鱼形象赚得盆满钵满。美国媒体对基督教会始创的这种性感又危险的尤物简直大为赞赏。媒体为了商业利益对人鱼的性感特质大肆宣传，让它成为现代女性主义的标志物。

20 世纪下半叶，美人鱼（某种程度上，包括雄性人鱼）以一种全新的方式重新占领学术界。与现代早期和维多利亚时代的前辈不同，现代学者并不关心人鱼是否真实存在，他们从美人鱼入手开始深入研究女性主义、社会性别和同性恋。

第六章补充说明了人类是如何通过人鱼来了解周遭环境的。长久以来，生活在不同时期、不同地点的人们不约而同地供奉着水神和混血生物，将其融入人类的历史、地缘、文化和宗教生活：非洲人信奉“Mami Wata”（水神）；日本人一直追随着“ningyo”（人鱼）；中国人自古以来也在不断搜寻“meirenyu”（美人鱼）的踪迹；俄国人也会对“rusalka”（水神或美人鱼）浮想联翩；印度人和东亚人崇拜各种拖着鱼尾的神灵。

经过长达数个世纪对人鱼神话的改编和应用的循环往复，如今人们对人鱼的观念才逐渐形成。早期基督教徒将中东地区的古老水神阿塔伽提斯和俄安内并入自己的宗教信仰，随后，西方人在世界各地建立帝国，进行贸易往来和文化交流，逐渐向其他国家传播人鱼形象。其他国家将人鱼融入已有的有关水神、宗教和生活方式的信仰体系，然后继续向其他文化传播下去。这个过程至今仍被保留了下来，人鱼或许已经成为世界上人气最高的神兽。[17]

就像中世纪美人鱼纤纤细手中的镜子象征虚荣一样，人

“现实与理想：艺术家在动物园参观新型海牛时有感”，珀西·麦克库伊得，摘自《图册》（1889）

皮特·霍利，詹特伦广告公司为《绅士》杂志设计的广告（1952）

《拉玛坚神话》中哈努曼和人鱼王后金鱼的壁画，
泰国曼谷，玉佛寺（1782）

鱼形象的变迁也象征着人类对神话、宗教、科学和资本主义变幻无常的理解。接下来的内容将向读者展示，人类与人鱼的关系是如何在时光荏苒中跌宕起伏的。无论如何，最后人类总归会回到美人鱼和特里同身上，试图探索智慧与力量的边界。[18] 人类，本就是一种矛盾而又复杂的混血物种。或许只有在长久以来对人鱼飘忽不定的描述中，才能窥见人类在现实与奇幻中穿梭的脚步。

这位英国男人的眼睛刚刚适应昏暗的壁龛与埃克塞特大教堂穹顶闪耀的光线。此时正是14世纪末期，这位教堂执事已在这座英国教堂舒适地过了大半辈子，只是偶尔觉得压抑沉闷。可今天，他的所见所想均无法集中于上帝。实际上，他的眼和心在埃克塞特大教堂四处游荡，寻找着一只怪物，最终停在了屋顶的一处石刻壁画上。他对这只怪物了如指掌。她的曼妙身躯总是飘浮在书本之上，闯入他的梦乡，挑逗他脆弱的神经。有那么一刻，他好似听见有人闯了进来，走进了近在咫尺的那扇门。但这座圣殿除了他，就只剩下他身上无尽的罪恶。执事仰头看去，瞥见她秀丽的发丝和紧实的胸脯，撩人心弦的笑容使他想起自己曾深爱的女孩，这一切都深深地诱惑着他。他一遍又一遍地提醒自己，这一切都是幻象。作为教堂执事，他未曾踏入婚姻殿堂，以后也不会，而那个女孩也早已嫁为人妻。然而，这只怪物还是对他产生了一种奇怪的吸引力，她健美的身体就这样暴露在空气中，在神圣的教堂中如此大胆随意。但现在，他真真切切地听见了开门声，立刻拿着手稿逃走了，暗暗发誓下次一定会回来。头顶的美人鱼雕像好像注视着他离开，红唇微启，摄人心魄的塞壬歌被暗流涌动的空气传进他的耳朵。[1]

chapter 1

中世纪怪物

中世纪时期，人鱼的定义反映了西方人对宗教、性和力量的理解。基督教会抢先一步，利用这种异教（即非基督教的）生物诋毁女性，从而吸引更多信徒。

有趣的是，教会的一切努力都有了回报。中世纪时期，越来越多的信徒将教会领袖的言论奉为信条，学习了教会辛苦搜寻的人鱼图鉴后，更加笃定人鱼是真实存在的，并且将女性肉体视为危险之物。除了培养人们对这些神秘混血生物的信仰之外，教会的这一做法也为美人鱼及雄性人鱼的现代理论奠定了基础。基督教会改编美人鱼和特里同的故事，不仅是为了证明其包容性从而提高宗教地位，还是为了利用神话的奇幻色彩维护基督教信仰。与在圣殿中朝拜的普罗大众相同，早期基督教会所呈现的人鱼形象，也是具备混血性、矛盾对抗与权力斗争的物种。

但是，早期基督教会一开始是从哪里得知人鱼的呢？要回答这个问题并非易事，因为美人鱼和特里同的起源可谓是迷雾重重。唯一确定的是，人类对人鱼的认识始于雄性人鱼，并且与我们对知识与力量的不断探寻有关。大约公元前 5000 年，阿卡迪亚人开始信奉拥有男性上身、拖着鱼尾的水神恩基。随后，巴比伦人以恩基作为原型，创造了属于自己的水神俄安内，代表光明、智慧和文明。公元 4 世纪时，一位学者将俄安内描述为“被赋予理性的动物”，认为他给了男人“创造文学和科学的智慧，鉴赏艺术的能力，教会了男人举止得体，使他们真正成为人类”。如此一来，恩基与俄安内承载着人类对大海的无尽幻想，以及对人类进步的追求。[2]

人类的热情并未因时间流逝而减弱，腓力斯丁人创造了大衮，他是《圣经・旧约》中的鱼尾神，最终屈服于希伯来人的耶和华。历史学家亨利・李认为，许多早期的基督信徒将诺亚视为“第二个人类之父，因其生活在大洪荒时代，他将保留下来的艺术与和科学传授给人类”。诺亚的形象通常是人类男性的上半身配上一条鱼尾，从某种程度上来说，他是以恩基与俄安内为原型的再创造。希腊、伊特鲁里亚和罗马的水神也是如此，如波塞冬和涅普顿。从一开始，西方人就将雄性人鱼视作掌管知识、文明和宗教的神灵。[3]

那么美人鱼呢？毕竟，现代人通常认为美人鱼才是人鱼的代表。但我们的祖先并不这么认为，而是将美人鱼作为特里同的附属。例如，俄安内娶了海神阿塔伽提斯后，后者并不享有与丈夫同等的权力。雄性人鱼的祖先都是象征着知识和进步的神灵，而美人鱼却是由可怖的怪物进化而来的。

说到这里，不得不提起希腊神话中的怪物斯库拉和荷马

（Homer）的《奥德赛》（8世纪）中的塞壬，这些怪物对研究美人鱼起源非常重要。总的来说，这些水生怪物均面容可怖，时不时会引诱人类男性，将其拖入死亡地狱。重要的是，她们与现代意义上半人半鱼身的美人鱼毫无相似之处。荷马书中的斯库拉“长相无比骇人，12只脚无一完整，6只脖子巨长无比，每只上面都顶着一颗可怕的头颅，三排牙齿参差不齐，浑身散发着死亡的气息”。这种形象跟少女毫无干系。荷马对塞壬的外貌倒是着墨不多，但极力描写她们威胁奥德修斯和水手们的情景，她们主宰着死亡与毁灭。值得注意的是，塞壬吟唱的歌曲并不含有性暗示，而是充满着智慧。恩基身上散发的进步光芒就这样被荷马写成了死亡的暗示。公元前3世纪，阿波洛尼乌斯·罗迪斯将塞壬具象化，将其描述为“一半为少女，一半为鸟身”的形象。至此，美人鱼的形象仍然不是半人半鱼，而是长满了爪子和翅膀。[4]

看到这些古老的海怪，人们会产生疑惑，早期的基督教会到底为什么要将如此骇人的怪物请进圣殿，他们如何与基督教的救赎精神相融合，为什么一个推崇进步与文明的宗教要与如此野蛮的异教神兽牵扯不清？答案就在这些怪物的混血特质中。前人为各种目的改编并传播人鱼故事，早期基督教会就是利用这些混血神兽来彰显自己包容万物的精神，使更多的人了解基督教。这一举措永远地改变了西方人与人鱼的关系，在古老神话中的那片漆黑海域，美人鱼和特里同在水面上影影绰绰，如今他们却成为性、宗教和力量的象征。

同前人一样，早期基督教对人鱼的定义抽象又模糊。从公元 2 世纪至公元 5 世纪，罗马基督教徒试图从鱼身上寻找宗教信仰——至今，到罗马地下墓穴的游客仍能在一排排隧道中看到散布其中的鱼类壁画（图 1.1）。除此之外，教会的信仰体系在其他方面也存在着和大海的联系。从幸免于大洪荒的诺亚（据回忆，他的外貌类似雄性人鱼）到被大鱼（鲸）吞食的约拿，依照《圣经》可以看出，人类与水的联系从远古时代就开始了。实际上，最早的约拿形象是公元 3 世纪的一幅罗马石刻壁画，图中约拿被鱼怪吞了半个身子（图 1.2）。尽管我们不能确切地知道中世纪基督教会同人鱼的联系，但

图 1.1

罗马陪葬匾上刻着基督教标志（包括鱼），圣卡里斯托地下墓穴，罗马，约公元 200—400 年

图 1.2

《吐出约拿》，大理石，约公元 280—290 年

这些怪物必然影响了基督教徒对人鱼的深入探索。

就算没有人类与海洋的这层关系，早期基督教还是会兴致勃勃地推崇异教神兽。这种做法受到了务实主义的影响，这些异教徒长久以来都在参拜其他神灵，如果想赢得他们的信任，就必须显示出自己对那些古老信仰的了解（最终的目的是抑制非基督教的行为）。因此，中世纪的教堂中出现次数最多的就是“绿人”雕像。他们长着一张男人的脸，有时脸上挂满树叶，有时树叶从嘴里或其他地方喷涌而出，这种形象或许象征着古老传统中的再生和富足（图 1.3）。教会显然非常喜欢这个主题，总将其安插在与《圣经》有关的演讲中，最后希望它们与这些神圣的地方融为一体。虽然它们的形象骇人，显得有些荒诞不经，但这些“绿人”架起了中世纪教会与欧洲过往岁月的桥梁，促使信徒思考自己的未来。如今，到中世纪教堂朝拜的信徒和游客仍然会盯着这些奇怪的石刻，它们的奇形怪状是刻意为之，为的就是留住人们的脚步。[5]

“绿人”雕像充满雄性气息，由此可以感受到中世纪基督教会推崇男性力量，贬低女性力量。历史学家罗斯玛丽·雷德福·卢瑟（Rosemary Radford Ruether）认为，教会在中世纪早期就开始强调基督教中的父子关系，天堂中上帝与耶稣的关系是居首位的，教徒认为受洗礼而成为上帝儿子的基督教徒应该领导基督教。因此，这种“神学内部的父子关系重新定义了神与人的关系”，使得男性在基督教中占据主要地位，从上帝与基督的关系中得出牧师与信徒的关系。从早期基督教时代到中世纪时期，耶稣的形象并不是一成不变的，

图 1.3

座位托板中的绿人雕塑，圣博尔托夫教堂，
林肯郡，波士顿，大约 14 世纪

因为《圣经》中并没有透露出耶稣的外貌，最早的希腊和罗马的教会，将异教之神阿波罗的形象作为耶稣的模板，将他定义为一个留着卷曲短发的快乐男孩（类似现代贵族），经常挥舞权杖施展法术。有趣的是，异教神通常是雌雄同体的，所以很多早期的耶稣画像都是较为中性的，女性的臀部配上绝美的容颜，再添一点点乳房（图 1.4）。直到中世纪，耶稣才成为如今饱受煎熬的男性形象，当时基督教会为曾推崇女性形象而深深懊悔，正想方设法压制阴柔之气。[6]

为了追求男性主义，教会开始篡改各种古老的传说。荷马的《奥德赛》就是个好例子，尤其是其中奥德修斯（罗马神话中的尤利西斯）奋力抵抗塞壬身上危险的女性气息。正如历史学家杰奎琳·莱克勒克·马克思（Jacqueline Leclerq-Marx）所说，在宗教神话中，唯有邪恶才能凸显美德。因此，美德之子尤利西斯与邪恶的化身塞壬既相互对立又缺一不可。基督教徒还着重描写了尤利西斯驾驶的那艘船的桅杆，当他面对这些丑陋可怖的雌性水怪时，将自己绑在桅杆上，就像基督教的十字架那样。[7] 如果想要这些传说经久不衰，就要将女人放在男人的对立面（图 1.5）。

中世纪早期基督教会在将男性放置于道德高地的同时，还在想方设法贬低女性。卢瑟发现中世纪基督教对女性的描

图 1.4

阿里乌斯洗礼堂屋顶的镶嵌壁画，拉文纳，意大利，公元 400—500 年

图 1.5

“塞壬攻击时，奥德修斯将自己绑在桅杆上”，细节取自希腊“塞壬花瓶”，约公元前 480—前 470 年

述显示出“深刻的矛盾心理”，女性代表与邪恶相关的肉欲与软弱，她们应该因此屈服在阳刚的男子气概之下，这甚至在僧人与主教的男性关系中也造成了影响。卢瑟还调查了耶稣的母亲——玛丽的形象变化，即教会如何使玛丽在与上帝和耶稣之间的关系中变得越来越被动和顺从的。除了卢瑟透彻的分析，早期的作家们也有类似的这种想法。《便西拉智训》中写道，连女人的善也比不上男人的恶。[8] 女人，对于早期基督教会来说，就是肉欲和软弱的象征，她们是男人堕落的源头。但是玛丽——耶稣的母亲，这位具备世上所有高尚品格的女人显然不符合教会想要的形象。他们需要一位女性，一位周身散发着危险气息，举手投足间充满性诱惑的女人，来反衬男人的正直品质。美人鱼由此诞生。

虽然早已有用塞壬衬托尤利西斯的例子，但直到中世纪时期才创造出了美人鱼形象，基督教徒在希腊和罗马神话中斯库拉和塞壬的基础上，加入了其他元素，创造出一个融合死亡、力量与性的新形象：裸体的（混种）女人。中世纪的斯库拉和塞壬不再是顶着“骇人头颅”的鸟身水怪了，但她们仍袒胸露乳，留着飘逸的长发，身后分叉的鱼尾缓缓摆动，脸上挂着不明所以的微笑。虽然裸体形象在中世纪早期已不稀奇，如《圣经》中敞胸的耶稣被钉在十字架上，但直到文艺复兴时期，这种表现形式才普遍流行，为教会所接受。中世纪的美人鱼令人震惊，这也恰恰是很多画图者所期待的。如“绿人”一样，基督教所推崇的异教形象几乎充满了中世纪的教堂，还有什么比在圣殿中展示这些露骨画像更让人心痒难耐的呢？[9]

中世纪盛期（800—1300 年），基督教在西方世界具有至高无上的话语权。虽然没有具体数据，但我们能确定基督教于公元 5—6 世纪就深深扎根于爱尔兰（基督教大概率传自高卢和罗马，爱奥那岛的爱尔兰传教士随后将基督教带到英国）。传教士圣帕特里克传教于爱尔兰，接下来的几个世纪，基督教在英国其他地区以及欧洲北部和地中海地区都大受欢迎。[10] 基督教如此大放异彩离不开人鱼的形象与传说，然而这一切并不是巧合。随着教会领袖在西方世界获得更多权力，传播宗教与文化需要更明确的使命。牧师和传教士自诩为社会和政治领袖，那么教会就需要为众生指出一条明路，为教徒的未来点燃一盏明灯。阳刚与阴柔、奇幻和危险等是基督文化中反复出现的关键词，而人鱼这种人类古老的异教文化中的神秘生物，恰好是这些特质的完美载体。

大约公元 800 年，基督教的插画家、艺术家和雕刻家费尽心思将凯尔特和德国水神的特点融入美人鱼的形象，尽管荷马已经在《奥德赛》中指出，塞壬是类似于鸟类的怪物。[11] 后来，艺术家逐渐脱离人鱼的原型，因为他们已经不需要遮遮掩掩了。他们需要的是一个美艳动人、足以让观众心痒难耐的妙龄女子，对于中世纪的观众来说，她仍保持神秘，只是方式不同而已。

中世纪的雕塑家更是大展身手，一个个三维立体的性感美人鱼雕像相继问世（偶尔身旁伴着一条更羞涩的雄性人鱼），装饰着教堂的屋顶、托臂、浮雕、横木和圆柱。英国教堂中至少刻着 55 条美人鱼，12 世纪的埃克塞特大教堂甚至有独立的石刻人鱼。从法国到英国再到意大利，中世纪教堂的雕刻师一直通过人鱼来表达自己不那么高雅的想法，并且神气十足。他们有时还会将“绿人”的叶子与人鱼结合起来，在美人鱼身后飘逸的鱼尾刻上郁郁葱葱的树叶。某种程度上，可以说“绿人”与美人鱼是一枚硬币的两面。美人鱼雕像已经成为中世纪基督教传教的重要方面，她们或倚在枕梁上向下凝视，或藏于托板下，使跪拜的朝圣者大吃一惊。[12]

雕塑家们企图用美人鱼石刻向观众传达一系列信息。13世纪，法国大主教礼拜仪式学家杜兰度（Durandus）曾说：“一般教堂中的画像和装饰会向异教徒展示，我们教堂中的画像却表达出令人费解的、只可意会不可言传的东西。”[13] 虽然中世纪的教徒希望通过美人鱼传达出一些需要慢慢领悟的信条，但他们最终的目的都是贬低女性。因此，美人鱼总是危险又多情的尤物，飘逸的黑发与裸露的白皙皮肤相互映衬，手拿铜镜玉梳，身后拖着分叉的鱼尾。在英国南部的圣保罗教堂、埃克塞特大教堂、圣玛丽大教堂和阿德伯里有两种典型的美人鱼雕像。其中一座是现代意义上的美人鱼形象：飘逸的长发、圆润的胸部和赤裸的上半身（图 1.6）。她在中世纪观众面前一跃而出，妖艳的面容蛊惑着他们，左手携着的鱼使人们不敢忘记她摄人心魄的能力（最早的基督教将鱼视为希望与救赎的化身，许多学者疑心它是否也代表着灵魂与贞洁）。

第二座三维立体式雕像要更大胆一些，周身散发着肉欲和危险的气息（图 1.7）。埃克塞特大教堂中的美人鱼雕像微微后仰，好似诱惑着观众前来仔细观摩，而阿德伯里的美人

图 1.6

埃克塞特大教堂屋顶的美人鱼，约 14 世纪初

图 1.7

圣玛丽教堂雕带中的一条美人鱼，阿德伯里，约公元 1300—1500 年

鱼则将脸和裸露的胸部向前倾斜，坦然地展示给观众。此类美人鱼雕像也有着一头长发，不过或许因为姿势倾斜，头发向后飘去。更令人瞩目的是，这座美人鱼雕像展开尾鳍露出自己的外阴部，显示自己作为女性最原始的力量与危险。在此基础上还有表现得更加露骨的美人鱼石刻。瑞士圣帝博的中世纪教堂中，连长椅上也刻着美人鱼，这些美人鱼也同样张开自己的尾鳍，期待其他鱼类与她们进行交合。现代人看到如此情景或许不以为然（鱼和美人鱼交配有什么稀奇？），中世纪的观众则可能会驻足沉思：代表基督教会信仰的鱼竟然进入了代表女人性与欲的美人鱼的身体。这是对女性最极端的污蔑：她们玷污了基督教的代表物。至少可以说，这些画像使观众大为震惊。[14]

西欧基督教教堂中留存着数以百计的美人鱼雕像，这只是其中三座。她们代表了最普遍的人鱼形象，但只展现出了冰山一角。很多时候，雕刻家会将美人鱼刻在雄性人鱼身边。在这种情况下，美人鱼显得更加娇羞，好似被男性“驯服”。[15]长久以来，美人鱼与异教思想关系密切，有时候她们的形象还会出现在凯尔特人和皮克特人的十字架上。坎贝尔敦十字架创于 1380 年，立于基尔坎文教堂门外，这个十字架不仅是凯尔特式的（代表早期基督教会大熔炉的特性），而且顶端刻着的是一条美人鱼（融合异教杂交性和基督教义的物种）（如图 1.8）。这座石刻十字架高约 3 米（11 英尺），上面还装饰着精致的凯尔特式的树叶状（近似“绿人”和尾巴被树叶代替的美人鱼雕像）。但是这座十字架并不是异教的。雕塑上面用拉丁文刻着建造者的名字，这位基督教牧师只希望用十字架来装饰教堂入口。现在该十字架被移至坎贝尔敦市中心，游客可以去那里欣赏十字架和美人鱼。

图 1.8

“美人鱼”，细节取自坎贝尔敦十字架，于 14 世纪用绿泥石片岩雕成，图片取自《苏格兰雕塑》，卷Ⅱ（1867）

基督教会将这条美人鱼作为所谓女性欲望、性与力量的危险象征，但他们还在这座教会雕像中挖掘出了更多含义。意识到朝拜者会将美人鱼与其致命的“塞壬歌”联系到一起后，教会领袖便利用这些石刻来警示信徒世俗音乐的危险以及这种旋律所带来的女性诱惑。学者伊娜·纳洛迪斯卡瓦（Inna Naroditskava）和琳达·菲利斯·奥斯汀（Linda Phyllis Austern）曾说：“在西方文化中，塞壬经常被视为危险与诱惑并存的雌性水怪，她的歌声将听者笼罩在巨大的虚无中，由此，空间与音乐艺术通常被视为女性主义的。”所以，埃克塞特大教堂中的美人鱼和特里同抬着一架鼓并不是什么稀奇事，林肯郡的圣博托尔夫教堂中还存着演奏双管乐器的美人鱼雕像。为了让世人认识到美人鱼之歌的危险，公元 1600 年，一位英国诗人警告男人不要“用女声歌唱或者模仿她们的步伐”，否则，他们会因为哼唱了“塞壬歌”而被当作女人。中世纪的雕刻家极力渲染美人鱼不可控制的歌喉，反对她们的混血特质，警示世人保护好自己的眼睛和耳朵，守护好自己的肉体与灵魂。[16]

雕刻家始终对美人鱼变幻无常的特性感到好奇，她们可以让观者的脑海中浮现出现世与未来的关联，赞叹上帝能够以如此奇幻、看似不可能的手法改变自然规律。美人鱼雕刻通常回归原始的神秘形象，布满树叶的鱼尾和夸张的女性身体。正是如此形象配上其怪物本质，使人类忧心忡忡。教会不仅希望用这些骇人形象训诫世人（尤其是在女性的危险、欲望和音乐等方面），他们还希望教徒可以时刻感叹上帝无尽的力量。当美人鱼的混血状态以三维立体的方式展现在最神圣的殿堂时，信徒们被迫在其信仰及自身罪恶间产生了一种难以忍受的亲密联系。

中世纪时期，在教堂中装饰美人鱼石刻或许是最为盛行的，她们的形象多半是根据中世纪的文字塑造的，尤其是动物寓言和带插图的手稿中提供的描述。意识到中世纪的观众对奇幻的浓厚兴趣之后，作家和插画师开始大量制作手稿，帮助人们了解这些奇怪的物种：人鱼。通过人鱼的混血体质和神秘特性，作家和插画师们可以在他们身上深挖出人类的踪迹。为了回应杜兰度对教堂雕塑的推崇，13世纪的英国教徒托马斯·科伯姆（Thomas Cobham）曾说："上帝创造出本质各异的不同物种，不仅是为了男性人类的延续，更是为了传授他们知识。因为整个世界充满了各种生物，就像一卷手稿，我们可以模仿想要的，逃离厌恶的。"[17]

与雕塑家一样，中世纪的作家及动物寓言和手稿的插画师都渴望通过其作品，向大众传达一种信息和神迹，抑或是"教导"。公元77—79年，罗马自然学家老普林尼用拉丁语完成了巨著《自然史》，这部作品并没有跳出亚里士多德式的叙述方法——只是对各种自然现象的简单罗列，将其分类为奇谈、不解之谜和奇异事件。但普林尼的作品可谓是包罗万象，包含了航天学、植物学、冶金术和动物世界等。[18]其中对人鱼的描述如下：

一位来自里斯本的大使向罗马皇帝提交庇留报告时说，有人在一处山洞中亲眼看见特里同浮于贝壳之上演唱歌曲，他的外貌也如大家所熟知的那样。关于海神涅瑞伊得斯的描述也与现实相差无几，除了他们属于人类的那部分，身体布满了鳞片。[19]

后来，中世纪的学者在探索美人鱼和特里同的过程中，逐渐理解了老普林尼的话，知晓了所谓“为世人所熟知的”外貌就是半人半鱼。他们逐渐将“海神涅瑞伊得斯”（特里同的女性伴侣）的形象转变为现代人鱼。到目前为止的资料显示，中世纪教会并不需要样子模糊骇人的涅瑞伊得斯，而是需要性感的海中少女。

中世纪的动物寓言和带插图的手抄本中充斥着美人鱼画像，作者希望“通过这类引人入胜又具有娱乐性质的图示，向世人传播基督教信条”。在《博物学者》手抄本（写于公元3—5世纪，盛行于中世纪）中如此形容美人鱼：

少女一般，她拥有柔软的胸部和身体；
又非少女，肚脐之下的却是布满鳞片；
天籁之音，这位塞壬拥有无数种声音；
余音绕梁，冥冥之中却充满危险气息；
传闻之中，这位塞壬是如此丑陋奇异；
半人半鱼，什么东西正藏在这外貌里。[20]

由此，我们脑海里可以清晰地浮现出现代人鱼的模样，但仅用文字来描绘还远远不够。

公元 7 世纪末至公元 8 世纪初，拉丁文动物寓言集《异兽录》问世，然而书中记录的美人鱼形象与斯库拉有一定区别。像《博物学者》这类书，着重描写人鱼的危险、欲望和性诱惑力，开篇就写道：“塞壬就是美人鱼，她们利用美貌和歌声诱惑水手，少女般的上半身与人类无异，藏在水中的下半身却是可怖的鱼尾。”[21] 美人鱼并不是毫无杀伤力的弱小海怪，她们将人类诱至怀中，然后将其拖入无尽的地狱。《博物学者》平铺直叙，告知读者小心美人鱼的迷惑，而《异兽录》则另辟蹊径，直接用图示将这骇人怪物展示给读者（图 1.9）。这就是中世纪的美人鱼，这个迷人又危险的尤物手持铜镜玉梳，肆意飘动的长发勾勒出结实的上半身，柔软的胸脯裸露在空气中。可怜的水手见此情景，无一不受诱惑，陷入昏睡之后被拖入罪与欲的深渊。人们或许会好奇，既然虔诚的基督教会对性诱惑如此外露的图像不以为然，那么他们看到此情此景会作何感受呢？并不是所有人都同意科伯姆的说法，圣伯纳德（St Bernard of Clairvaux）发出疑问：“这种扭曲的美丽有何意义？使基督教同胞看到这种生物又有何意义？”[22] 不论会产生何种影响，好与坏，性总是卖点。

图 1.9

一只塞壬正拽着水手的头发，企图将其拉下船，另一个水手捂住耳朵，防止受到塞壬歌的诱惑，船下有一只拿着弓的人马兽

经过时间的沉淀，《异兽录》中的形象逐渐被大众接受。此后，仍有大量的插图手抄本，如《凯尔经》（公元 9 世纪），用越来越吸引人的方式展现人鱼的形象（图 1.10），12 世纪的赫尔曼·瓦朗西曼（Herman de Valenciennes）在其《诗集》中赋予美人鱼以音乐器具，弱化了她们的胸部和其他女性特点（图 1.11）。《拉特兰圣咏集》（公元 1260 年）中的插图更类似《异兽录》中的色情版本：结实的人鱼裸露着胸部，手里抓着鱼（图 1.12）。但是，这些插图并没有显示过多的女性气息。相似的例子还有很多，如现收藏在剑桥大学基督圣体学院图书馆的《里圣经》中，人鱼并没有硕大的胸部和飘逸的长发（如《异兽录》中所示），也不似之前那样骇人。巴塞洛缪·安格理克斯（Bartholomew Anglicus）在《万物性理大典》（13 世纪早期）中详细地描写出美人鱼的可怕之处，夹杂着色情的描写，但仅有语言描写并没有配图，“壮硕的荡妇面容姣好，用靡靡之音诱惑水手堕入罪恶深渊”。[23]

图 1.10

圣徒科伦巴《凯尔经》中的塞壬，9 世纪

直到 13 世纪末 14 世纪初，西方动物寓言和插图手抄本才开始应用中世纪美人鱼性感外露的形象。这种转变收到的成效甚

图 1.11

赫尔曼·瓦朗西曼等人编撰的《诗集》中的塞壬，13 世纪

图 1.12

《拉特兰圣咏集》中的塞壬（约 1260）

图 1.13

13 世纪初期艾希摩尔动物寓言中的美人鱼

图 1.14

13 世纪动物寓言中的水手和塞壬

好，由于人气越来越高，到了中世纪盛期，这种作品变得遍地都是。下面两幅图（图 1.13、1.14）摘自 13 世纪的动物寓言。图中的美人鱼顶着美丽的容颜，金色的秀发在空中飘动，裸露的身体结实光滑，赤裸的胸部微微凸起，当然身后还挂着一条鱼尾。她同样具备蛊惑人心的能力，也仍然散发着危险的气息。《飞利浦 · 肖恩动物寓言集》(公元 1300 年) 的作者将塞壬比作“世界首富”，她们通过音乐和美貌偷走人类的灵魂。[24]

《勒特雷尔圣诗集》（1325—1340）中描写的美人鱼形象，可称得上是最佳约会对象。书中主要展现了中世纪英国的日常生活，但也包括了一系列奇特又神秘的生物，精美的羊皮纸上的一幅幅画像栩栩如生，其中就有一条美人鱼。插画师认为美人鱼是个蛊惑人心的尤物，与之前的形象差距不大，中世纪的读者一定会好奇地扫视她赤裸的身体（图 1.15）。为了吸引读者的目光，本书的插画师将美人鱼手中的镜子和梳子镶上了金边。当中世纪的读者点蜡烛阅读此书时，金属边缘甚至会反射蜡烛的光芒，他的眼睛会不受控制地陷入塞壬的怀抱中。

15 世纪末，插图手抄本中的美人鱼画像如暴风雨般席卷

图 1.15

《勒特雷尔圣诗集》中的美人鱼

图 1.16

安东·科贝格的《德语圣经》中木质手绘“美人鱼与诺亚方舟”

而来，其中不乏中世纪风格和现代风格的画像。《德语圣经》(1483)的作者在诺亚方舟的木板旁刻画了两条美人鱼(图 1.16)。其中一条凝视着自己在镜子中的面容，一边梳着金色的秀发。紧实的胸部下紧连着曼妙的腰身，无缝衔接起她骇人的鱼尾。她的同伴也裸露着胸部，留着一头金色的长发，好像在示意诺亚过去，而诺亚则在人潮拥挤的船上，透过窗户充满恐惧地望着她。八年之后，雅各布·迈登巴赫(Jacob Maydenbach)出版的《百科全书》中有一章专门记载海洋生物，其中将美人鱼的性感描写得淋漓尽致(图 1.17)。

图 1.17

《百科全书》中的美人鱼

书中的美人鱼不再藏于水下，像阿德伯里美人鱼雕像一样，在岩石上尽力展开自己的尾鳍。她们的外貌也符合当代人的想象，飘逸的金色长发，令人神魂颠倒的面容，还有曲线动人的裸体。《百科全书》中展现的美人鱼形象性感诱人，为 15 世纪末的西方教会、艺术家、雕刻家和插图画家提供了灵感。无论从哪方面来看，她们都无疑是个怪物，时时刻刻提醒着世人，女人是危险的。

图 1.18

《动物志》中的“鱼僧”

但这些创作者又将雄性人鱼置于何处呢？在美人鱼被刻成三维立体石刻时，雄性人鱼着实是被艺术家们忽略了。但这也不是没有原因，因为雄性人鱼的形象确实没有什么警示意义，对世人的影响也较小。13 世纪中期，《动物志》对雄性人鱼的形象描述，更加证明了上述观点。与赤裸性感的美人鱼相反，雄性人鱼身披道袍，头戴风帽，完美展示了男性对宗教虔诚与自制的追求（图 1.18）。与美人鱼性暗示意味浓厚的前倾姿态不同，雄性人鱼似乎带着上帝的祝福，要为读者献上一条鱼。这种人鱼僧人的形象是从未有过的。16 世纪下半叶，康拉德·格斯那

（Conrad Gessner）在文艺复兴时期推出了百科全书式巨著《动物史》，其中就描写了一种叫“海僧”的生物，并配有插图。这位海僧全身裹在道袍中，故意留着短发，但与《动物志》中不同的是，这个海僧神情恍惚地展示着自己的胳膊和鱼尾（图 1.19）。雄性人鱼的形象清楚地反映出基督教会将奇幻融入宗教的能力，贬低女性的同时将男性置于统领地位。

基督教会在利用美人鱼贬低女性这方面，似乎擅长过了头。毕竟，中世纪大部分西方民众都信任教会，将其视为提供指引的权威。教会频繁改换美人鱼的形象，让其不断性感动人，不仅使世人时刻警惕女人的肉体，还会激发普罗大众对人鱼的信仰文化。无论是基督教学者还是一般信徒都逐渐接受了这种文化，中世纪的制图者已经开始在世界地图中画上基督教美人鱼了[25]，这使西方世界的人们更加相信，美人鱼和特里同一定生活在世界最远处。

受人鱼文化（以及对教会信仰）的熏陶，西方人经常参考前人做法，将人鱼编入各种民间传说。老普林尼在《自然史》中写道，人鱼不仅存在，而且曾多次被人类目击过。相传，亚历山大大帝同父异母的姐姐塞萨洛尼基，死后变成了一条美人鱼，不停地诱惑来往的水手，寻找弟弟的下落。还有一个流传甚广的中世纪传说，曾有一条名叫美路辛的美人

图 1.19

古依劳莫·朗德勒《海洋鱼类锦集》中的“海僧”（以格斯那的原型为基础）

鱼，嫁给了凡夫俗子，最后却发现丈夫违反了当初许下的诺言，在她洗澡时闯进房间。[26] 当然，这两个传说大部分都基于神话，而不是事实（中世纪的人们也接受了这一点），然而老普林尼的描述仍然获得了很多支持。随后，人鱼不仅存在于基督教会的动物寓言和石刻壁画上，世人还为他们发明了很多民间习俗。[27]

英格兰、苏格兰和爱尔兰的人们尤其推崇人鱼传说，其中苏格兰的传说数量“远远超过其他岛屿”。[28] 大体上来说，这些早期的民间传说仍然延续教会传统，将美人鱼描述为危险的塞壬，引诱男人坠入悲伤、危险与死亡。人鱼通常喜欢男人的灵魂：在苏格兰罗斯郡有一个传说，一个男人正坐在岸边阅读《圣经》，一条美人鱼来到他身边，问这本圣书是否能救赎她。男人否定地摇摇头，美人鱼尖叫着逃回海中。其他传说中，人类总是娶美人鱼为妻，久而久之却发现他们的妻子总是忧心忡忡，有时还会为自己的家族带来死亡。[29] 这些传说越来越贴近于西方社会现实，作者或用一整章（或一整本书）来描写这类故事，他们笔下的美人鱼可归纳为以下特点：通常都能够预言未来，或者实现别人的愿望；当有人违背她们的意愿时，会为此进行报复；通常会嫁给凡人，而她们的丈夫十有八九不得善终。这些危险的人鱼会让男性人类及其后代陷入不幸。[30]

据说中世纪时期，西欧人与人鱼有过肢体接触。与民间传说中的一样，人类与人鱼的相遇都很符合基督教会的想象，也都暗含着对女性的贬低，富含训诫意味。重要的是，这些相遇缩短了神话与现实之间的鸿沟，中世纪的信徒由此认为，基督传说不仅仅存在于石头和书本之上，这使上帝的权威和力量再放光芒。恺撒·西塞利亚诺（Cesare Cesariano）于1520年曾说，人类懂得利用上帝的无所不能，创造出海陆都不存在的生物，对于他们，美人鱼不需要具有可信度。[31]

例如，1187年，英格兰岛的渔民在岸边遇见了“状似野蛮人”的奇怪生物体。他们立即将这条“雄性人鱼”送至萨福克郡的奥福德城堡，但这条人鱼的境遇并没有改善多少。抓获他的人每天只喂给他生肉和鱼，他在城堡中的每一秒都痛不欲生。不难猜想，这条走投无路的人鱼一找到机会就逃回了海底。[32]

然而，中世纪的人们可不止遇见了这一条人鱼。1211年，英国贵族杰维斯·迪尔博（Gervase of Tilbury）在其《皇帝读物》中写道，英格兰岛附近海域随处可见美人鱼和雄性人鱼，1250年，一位挪威作者解释说，特里同和美人鱼频繁出没于格陵兰岛附近水域。在基督教会所描写的美人鱼的形象基础之上，作者还写道，这些美人鱼“腰部以上是女人的身体，因为她们长着硕大的乳房，长长的手掌垂在身体两旁，头发厚而密，脖子和头怎么看都是人类的样子”。他还结合了民间传说，如果美人鱼手里拿着鱼朝船只游来，“船上的男人都会瑟瑟发抖，害怕命丧人鱼之手”。[33] 这些传说并不是毫无意义的，也不是为了欺骗大众，而是中世纪作家和学者可以通过它们，不断地扩大自己的基督教世界观。

中世纪时期的这些传说又为人鱼增加了奇幻色彩与可信度，其中最受欢迎、流传最为久远的是 15 世纪初在荷兰的一个故事：一群女人在艾丹姆镇外亲眼看见了一条“赤身裸体又无法言语的”美人鱼在水中挣扎。她们将她带到了附近的哈勒姆，将她培养成基督徒，教她如何“穿衣服”，给她吃面包和白肉。有位作家甚至说，她们赋予了哈勒姆美人鱼“一些神性，每当她路过耶稣像时，都会虔诚地礼拜”。[34] 与奥福德逃走的人鱼和其他文献中神出鬼没的人鱼不同，哈勒姆美人鱼是基督教使命化最成功的例子。荷兰人将这只雌性水怪调教成了亭亭玉立的基督信徒，并使她接受了自己在人类社会中扮演的角色。世人会想，既然基督徒都能使美人鱼变成文明社会的一员，那还有什么是他们不能做的呢？

到中世纪末期，西方人已经对人鱼有了详细的记载，并且形成了一系列根深蒂固的印象。他们有大量历史遗留下来的参考书籍，教堂上的石刻、动物寓言中的插图和文字描述都细细地描绘着人鱼的形象，一直以来，关于他们的传说流传不止，甚至还有人亲眼看见过这类生物，人鱼逐渐融入了西方人的日常生活。尤其是在航海业发达的城市，人鱼存在的合理性甚至成了一种流行文化。在文艺复兴时期的威尼斯，人鱼在很多方面都具有重要意义，有时也充满政治色彩。[35] 在第二章，将展开讲述文艺复兴时期，或“地理大发现时代”，美丽的意大利港口小镇威尼斯的人鱼文化。实际上，美人鱼和特里同将西方人与更广阔的外部世界联结起来，帮助他们审视自身对帝国权威、宗教信仰和哲学好奇心的看法。欧洲人开始了世界航海，渴望找寻人鱼的踪迹，实际上，他们确实做到了。

这位水手已经精疲力竭了。两个月前，作为船员，他跟随着船长亨利·汉德森开始了驶向东北航道的旅程。两个月以来，他一直被使唤来使唤去：擦洗甲板，在桅杆上爬上爬下（他恐高），还要给蔬菜削皮。然而，在1508年6月15日的下午，他趁机偷了几分钟的懒，倚在栏杆上凝视着海浪中泛起的白沫，高高竖起的衣领不足以抵挡冰凉的风霜。他的思绪飘回了家乡，渴望快一些回到伦敦。他已经开始想念齐普赛街的那家小酒馆，想念里面的大酒缸和赌桌。印象中的酒馆吵吵嚷嚷，有时还可以结交到一两个志同道合的朋友。但现在，他眼前只有兑了水的啤酒和满屋子住吊床的孱弱水手。同伴的尖叫声将他拉回现实。他匆忙跑到船尾，看见同伴正围着一条试图攻击船只的人鱼谈论不休。他对美人鱼很熟悉，经常有老水手喝多了之后，就开始谈论这些生活在海洋中的美丽女人。当然，年轻水手对老水手的话也是半信半疑，毕竟他们已经退出江湖很多年。但他是相信托马斯·希里斯和罗伯特·雷纳的，此时他们两个正围着一条活生生的美人鱼大声尖叫。他走上前想一睹其真容，微微俯身却什么也没看见，回想起来，他好像确实在浪涛中瞥见了一条鱼尾。“我得告诉船长去！”希里斯一边说着一边和雷纳跑开了。他跟在后面，失神地用手指挠着湿透了的木质栏杆，眼神向海底深处望去。这片海好像比之前更奇怪了。

chapter 2

新大陆，新奇观

在文艺复兴时期（1450—1700），人鱼已经完全融入西欧人的文化、宗教、艺术和帝国主义观念。威尼斯、热亚那和伦敦等城市的艺术场景中经常充满美人鱼和特里同的形象，似乎每年基督教都会在教堂墙壁上增添更多人鱼。尤其是15世纪中期，印刷术的出现彻底重构了文学，作家、艺术家和航海家都致力于用文字或图像描绘这类奇异的怪物。[1]突然间，人们不需要在手绘的画像或手写的文字中领略人鱼的风采，任何人都能搞到一张印刷厂出品的复印件。

人鱼文化在欧洲盛行之时，西方人开始向新大陆前进。从非洲到远东再到新大陆，欧洲探险者们同时扩大并收缩了时空概念，并做出精确的地图和文字描述，西方人可以舒舒服服地坐在书桌前，更精确地探索新世界。在这些里程碑式的航行中，欧洲人发现了大量的人鱼。

或许，有人会产生疑问：对人鱼的迷恋和15世纪对未知世界的探索，二者之间是否是互相促进的关系？很大程度上，这个“鸡生蛋，蛋生鸡”的谜题对本章尤为重要，因为当地的人鱼信仰以及其他地区人鱼目击事件的发展，奠定了文艺复兴时期普遍的人鱼信仰的基础。对早期现代欧洲人来说，美人鱼和特里同就应该生活在世界上最远、最陌生、最“野蛮”的角落。因此，欧洲人每到达一处新大陆，都要寻找人鱼的踪迹，由此，基督教会也开始了对这类怪物长达数世纪的故事叙述，这也使西方人对人鱼的兴趣变得合情合理。欧洲人不仅想要在国内外“看见”人鱼，而且极其盼望这样的事情发生。进入一个全新时代，各种学术调查和研究接连不断，早期现代欧洲人对美人鱼和特里同的接受度并没有因此大打折扣。如今也是一样的，当人们开始假定一个信仰的合理性时，他们会调整自己的世界观，以符合假定的事实。同时，这种信念是具有传播性的，周围的人也会开始相信这些事实。简单来说，悟性决定一切。[2]

对于那些门外汉，如传教士和哲学家，他们长期以来对地球和人类在其中的位置持有一种假想，而人鱼和其他怪物的“奇怪事实”不仅使他们坚定了自己的想法，而且使这些假想变得更加复杂。[3]在这种框架下，人类逐渐揭开新世界的神秘面纱之时，也在解开这些怪物的秘密。

尽管欧洲人力图扩大自己的知识面，但根深蒂固的偏见仍然左右着他们的世界观。尤其是在早期现代欧洲人的观念中，贬低女性之风盛行。当然，这并不是什么新鲜事，在此之前的十个世纪中，基督教会一直将女性视为下等生物。因此，文艺复兴时期的女性持续处于社会边缘。一个英国人曾说：“没有任何一种语言（能像英语这样）有如此多辱骂女性的谚语”，其他语言只是简单地用脏话攻击：“你是这世上最廉价的生物：你是大自然的渣滓，你就是个看粪的，是禽兽、巫婆、是各种野兽的结合体。”[4]美人鱼仍然作为贬低女性的标志存在，代表着宗教习俗以及民间暴风雨、厄运和死亡的象征。更露骨的是，16世纪的西方人经常将妓女称为“美人鱼”或“特里同”。[5]古老的美人鱼被赋予了新的含义后融入现代意识形态，这一次她不是一个人。

欧洲人在美洲发现了各种各样的奇怪物种。马可波罗（Marco Polo）在他的东方游记中记录了很多奇异的动植物和其他物种，新大陆的探险家也是如此，像罗利爵士（Sir Walter Raleigh）和克里斯托弗·哥伦布（Christopher Columbus），他们声称自己见过无头人、独眼巨人和犬面狒狒等神奇生物（图2.1）。尽管科学发展证明了这些生物大都是人的想象，但也有其他物种是真实存在的，并且足以让早期现代欧洲人心生恐惧。如雌性负鼠，就是一种发现于新大陆的“合成生物”，旧大陆动物的部分肢体和人类的部分器官组成了这个“无级混合体”。[6]这种生物尤其暴露了欧洲人对新大陆的看法，他们认为这是一处能够混合其身体和思想的地方，从而将这些所谓来自文明世界的人们转化成野蛮孱弱的族群，与周围的原始环境融为一体。[7]某种程度上，新大陆的原始环境使欧洲人不由得开始担心，自己或许也会变成野兽。[8]

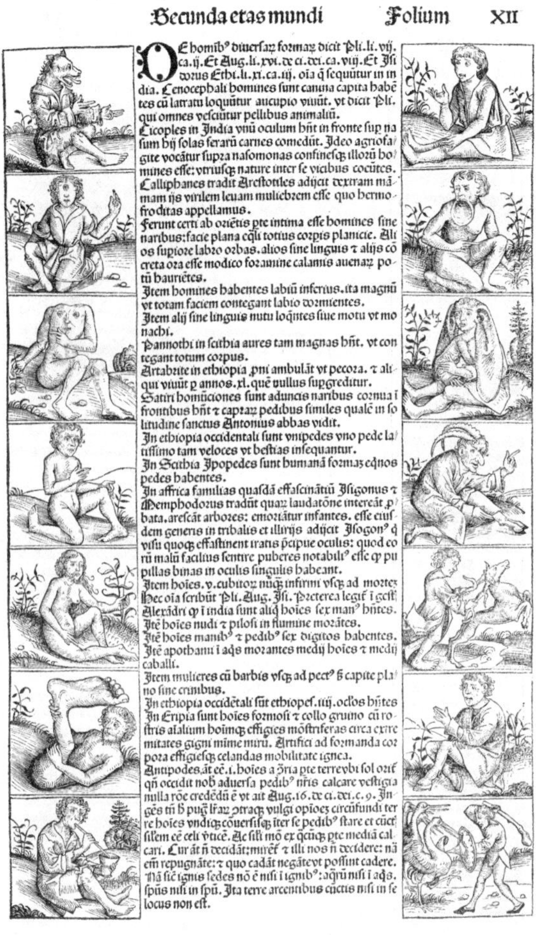

Secunda etas mundi Folium XII

De homib⁹ diuersar formar dicit Pli. li. vij. ca. ij. Et Aug. li. xvi. de ci. dei. ca. viij. Et Isidorus Ethi. li. xi. ca. iij. oia q̄ sequūtur in india. Cenocephali homines sunt canina capita habētes cū latratu loquūtur aucupio viuūt. vt dicit Pli. qui omnes vescūtur pellibus animaliū.
Cicoples in India vnū oculum hn̄t in fronte sup nasum hij solas ferarū carnes comedūt. Ideo agriofagite vocātur supra nasomonas confinesq̄ illorū homines esse: vtriusq̄ nature inter se vicibus coeūtes.
Calliphanes tradit Arestotiles adijcit dextram mamam ijs virilem leuam muliebrem esse quo hermofroditas appellamus.
Ferunt certi ab oriētis pte intima esse homines sine naribus: facie plana eqli totius corpis planicie. Alios supiore labro orbas. alios sine linguis τ alijs cōcreta ora esse modico foramine calamis auenar potū haurietes.
Item homines habentes labiū inferius. ita magnū vt totam faciem contegant labio dormientes.
Item alij sine linguis nutu loqntes siue motu vt monachi.
Pannothi in scithia aures tam magnas hn̄t. vt contegant totum corpus.
Artabatite in ethiopia pni ambulāt vt pecora. τ aliqui viuūt p annos. xl. quē nullus supgreditur.
Satiri homūciones sunt aduncis naribus cornua i frontibus hn̄t τ capraz pedibus similes qualē in solitudine sanctus Antonius abbas vidit.
In ethiopia occidentali sunt vnipedes vno pede latissimo tam veloces vt bestias insequantur.
In Scithia Ipopedes sunt humanā formaz eqnos pedes habentes.
In affrica familias quasdā effascinātiū Isigonus τ Memphodorus tradūt quar laudatōne intereāt pbata. arescāt arbores: emoriātur infantes. esse eiusdem generis in triballis et illirijs adijcit Isogon⁹ q visu quoq̄ effascinent iratis pcipue oculis: quod eorū malū facilius sentire puberes notabili⁹ esse q pupillas binas in oculis singulis habeant.
Item hoies. v. cubitor nūq̄ infirmi vsq̄ ad mortez
Hec oia scribūt Pli. Aug. Isi. Preterea legit i gestis Alexādri q i india sunt aliq hoies sex man⁹ hn̄tes.
Itē hoies nudi τ pilosi in flumine morātes.
Itē hoies manib⁹ τ pedib⁹ sex digitos habentes.
Itē apothami i aqs morantes medij hoies τ medij caballi.
Item mulieres cū barbis vsq̄ ad pect⁹ s capite plano sine crinibus.
In ethiopia occidētali sūt ethiopes. iiij. oclos hn̄tes
In Eripia sunt hoies formosi τ collo gruino cū rostris aialium hoimq̄ effigies mōstriferas circa extremitates gigni mīme mirū. Artifici ad formanda corpora effigiesq̄ celandas mobilitate ignea.
Antipodes. āt eē. i. hoies a 9ria pte terre vbi sol oritq̄n occidit nob aduersa pedib⁹ nr̄is calcare vestigia nulla rōe credēdū ē vt ait Aug. 16. de ci. dei. c. 9. Ingēs tn̄ h pug lrar 9traq̄ vulgi opiōez circūfundi terre hoies vndiq̄ couersisq̄ iter se pedib⁹ stare et cūctis ilem eē celi vticē. Ac simi mō ex qcūq̄ pte mediā calcari. Cur āt n̄ decidāt: mirēt τ illi nos n̄ decidere: nā eēi repugnāte: τ quo cadāt negātevt possint cadere. Nā sic ignis sedes nō ē nisi i ignib⁹: aqrū nisi i aqs. spūs nisi in spū. Ita terre arcentibus cūctis nisi in se locus non est.

图 2.1

哈特曼·史黑德（Hartmann Schedel）在《纽伦堡纪年报》中记录的怪物（1493）

这些气候、环境以及生理上的恐惧影响着欧洲人对人鱼的看法。西方探险家不停地在美洲大陆的海洋、河流和湖水中找寻美人鱼和特里同的踪迹。毕竟，欧洲人都能在家乡的岸边碰到人鱼，在这如此遥远、如此鱼龙混杂的异国他乡肯定会有更多人鱼。找寻并且分析这些人鱼或许可以帮助欧洲人揭开新世界的面纱，更加了解人类进化的过程。更实际一点来说，加深对人鱼的了解可以使西方人更容易适应（甚至征服）新大陆。英国博物学家约翰·乔瑟琳（John Josselyn）曾听说过缅因州的雄性人鱼目击事件，随后表示说："在伦敦和斯坦尼（今斯塔内斯）见到的奇珍异兽不足为奇，世界上还有很多比这更令人惊奇的东西。"[9]

15 世纪之前，欧洲人目睹人鱼真容的次数寥寥无几，大多都是在听了古代传说、动物寓言和民间传说后，才略知一二。[10] 人类与人鱼的联系在 12 世纪的英格兰与荷兰是最持久的，但是也局限在寓言故事和宗教传播中。当欧洲人向布满新奇事物的新大陆进发时，他们与人鱼的关系突飞猛进，无论是在欧洲还是在神秘的蛮荒之地。如上文所述，我们无从得知这两件事的因果关系——是欧洲人对人鱼高涨的兴趣促成了大航海事件，还是与新大陆人鱼的接触鼓舞着他们在故乡的海域搜寻人鱼的身影？15 世纪的欧洲人逐渐与外部世界产生联系，他们的世界观也随之发生改变。美人鱼和特里同不仅仅存在于文艺复兴时期的宗教训诫或民间传说，欧洲人与他们的关系也反映着前者的帝国威严，彰显其丰厚的自然资源以及哲学奇观。[11]

说到 15 世纪西欧人在美洲大陆的探索，不得不提及克里斯托弗·哥伦布，1493 年到达西印度群岛后，这位探险家就声称，在船的周围看到了三条美人鱼在滔滔的波浪中戏水。然而，哥伦布发现美人鱼“不如画像中的好看”，不过他也承认“她们的脸的确有几分与人类相似”。哥伦布对人鱼的描述不容小觑。他是第一个踏上新大陆（当时大多数西欧人认为最远的地方）的欧洲人，他第一眼看到的珍稀物种是什么呢？是一条美人鱼。[12] 哥伦布为欧洲人描绘了一个“大门敞开”或“被发现的”新世界，同时也为欧洲人编织了一个梦：人鱼就生活在大西洋彼岸。这个神奇的陌生国度被描述为“富足的乌托邦”，同时也是“骇人怪物的聚集地”。[13]

有趣的是，在接下来的几百年，除了这片新大陆，欧洲人在世界各地都发现了人鱼。7 世纪之前，西班牙的大型无敌舰队控制着美洲的海域，运输着南美洲的金银财宝，英格兰、法国和葡萄牙捞不到一点好处。其他国家并没有条件横跨大西洋，也不可能建立永久殖民地。西欧人只能在离欧洲比较近的地方发展，也就是在那里，他们与人鱼的联系日益密切。[14]

15 世纪初，很多人鱼目击事件都发生在意大利及其周边地区。神秘的伏尼契手稿（15 世纪初在意大利某处发表，其文字至今未被破译）描述了一种半人半鱼的混合物种（图 2.2），1522 年，意大利律师阿莱桑德罗·亚历山德里（Alessandro Alessandri）表示，人鱼是真实存在的，在希腊的伊庇鲁斯海岸曾有一条雄性人鱼与一名人类女子搭讪。1523 年，瑞士哲学家康拉德·格斯那声称“有人在罗马看见了一条雄性人鱼，与人类男孩一样大小”。[15] 意大利就此成为人鱼目击事件的温床，如威尼斯、罗马和热那亚等城市一样，文艺复兴时期的意大利到处可见人鱼装饰，从墓碑到餐桌再到文字和纪念碑。意大利人随处都能看见美人鱼的身影，包括他们的现实世界。

当西欧人与非洲、奥斯曼帝国和亚洲开展贸易往来时，他们也（不出所料地）在这些地区发现了美人鱼。根据传统，离耶路撒冷（通常被认为是世界中心）越远的国度，其环境和物种就越离奇骇人。这也是为什么中世纪西方人称亚洲为“人类和丑陋畸形的物种杂居的地方”。[16] 对于 15 世纪的欧洲人来说，非洲、奥斯曼帝国和亚洲如美洲大陆一样神秘，因此他们也希望在这些国度发现人鱼的蛛丝马迹。并且他们真的做到了。

图 2.2

伏尼契手稿中的“伏尼契美人鱼”

1533 年，西班牙人蒂亚戈·乌尔塔多（Diego Hurtado）声称，他在波利尼西亚的海岸边与一条雄性人鱼发生了冲突。“所有船员都看见了，在一座荒岛旁边，离大陆有 30 里格远”，这条雄性人鱼一跃而起，“就像一只猴子，他的眼睛死盯着我们，好像是个有人性的生物”。23 年之后，法国的一位神父安德烈·德外（André Thevet）在阿比西尼亚（今埃塞俄比亚）遇见了一条美人鱼和一条雄性人鱼。显然这条雄性人鱼被洪水冲到了岸边，在“苦苦哀号”。他的女性伴侣也跟着一起“大声哭喊，释放失去伴侣的悲痛”。看到如此“震撼人心的陌生场景”，这位法国人只能说：“大海与土地一样，滋养着各种各样的神奇生物”。1560 年，渔民在“锡兰岛（印度东南端）的西海岸抓到了七条雄性人鱼和美人鱼”。幸运的是，船上的人都见证了这一切，其中包括耶稣会神父以及“内科医生亨·亨瑞克（F Hen.Henriques）、迪马斯·波士戈（Dimas Bosquez）和印度果阿的总督”。内科医生们（作者确信他们可以代表真实性）“为人鱼做了详细的检查，并对其进行了解剖”，发现“无论是外观还是内脏都与人类男性无异”。[17]16 世纪的西欧人在贸易往来的航行过程中，曾在通往远东、非洲和印度的三条航线上真真切切地见过人鱼。这些目击事件不仅确定了人鱼的真实存在，也使这些陌生的国度又蒙上了一层奇幻色彩。

比起宗教传说和民间故事，这些目击事件在很大程度上与科学分析相结合，但基督教作家仍将人鱼作为传播教义的工具。根据中世纪基督教会的传统，英国作家安德鲁·劳伦斯（Andrew Laurence）在其动物寓言《高贵生活与本质：人类、野兽、蛇类、鸟类及最著名的鱼类》（1527）中对美人鱼进行了文字描述，并附上插图。依照传统的图像和文字描述，劳伦斯认为“美人鱼是可怕的野兽，她能使人类男子心甘情愿地去死。腰部以上是女人的身体和一张令人胆寒的脸”。法国百科全书编撰者参考传统的人鱼形象，并根据早先留存的图像（图中人鱼带有前腿）画了一对人鱼（如图 2.3），英格兰的一位古文物研究专家皮特·约翰·莱森尤斯（Peter John Resenius）宣称，1577 年有一条美人鱼预言，丹麦未来的国王克里斯汀四世（Christian Ⅳ）将要出生。欧洲人在其他国度看到美人鱼，并不意味着他们抛弃了基督教的核心教义。[18]

然而，无论是人鱼的存在，还是他们对传播基督教义产生的影响，都不是完全令人信服的。正如法国人皮埃尔·博阿斯托（Pierre Boaistuau）在 1566 年所说，很多欧洲人“进行自我暗示：世上根本没有人鱼这类生物”，并且“在发现如此权威的《圣经》中并没有提及这类生物后，更加坚定自己的观点，毫无疑问，地球仅仅是男人的安身之所”。中世纪基督教徒只能依靠根据口口相传得来的二手《圣经》，16 世纪之

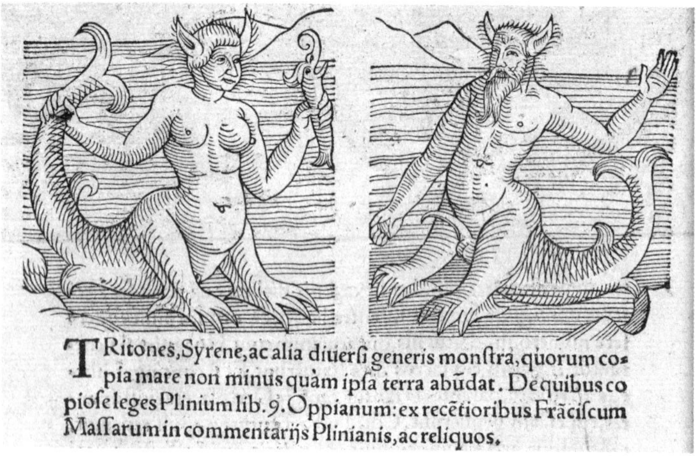

图 2.3

“一对人鱼”，《编年史预言集》，康拉德·里克提恩（1557）

前，印刷术的诞生使得《圣经》在欧洲拉丁文学家之间流通。欧洲人终于相信，《圣经》是“上帝最直接、最朴实无华、最不加解释的文字”。就这样，就像我们发现了美洲和非洲的新大陆一样，文艺复兴时期的《圣经》也被重新发现和定义。[19] 对于某些虔诚的欧洲信徒来说，因为《圣经》中没有提及人鱼，所以这种生物一定不会存在。西班牙人安东尼奥·托克马达（Antonio de Torquemada）将这种信仰写进其作品《西班牙曼德维尔的奇迹》（1600）并带回了故乡，详细叙述了各种美人鱼目击事件，最终得出结论：“本文中所提及的任何作者都不值得信任，而且美人鱼仅仅是‘无稽之谈’而已。”[20]

17 世纪初期，西欧人在以往人类与人鱼互动的基础上添枝加叶，融合了中世纪时期受基督教影响的原始版本和现代受航海和贸易影响的新版本。随着新世纪大门的敞开，欧洲人对新旧大陆上与人鱼的互动早就见怪不怪了，英国哲学家布朗恩（Thomas Browne）在 1646 年就说过：“没有人没见过美人鱼的画像。”人鱼在欧洲学术界也深受欢迎，1670 年，名扬世界的丹麦医生托马斯·巴托林（Thomas Bartholin）在其巨著《解剖学新发现之胸腺与淋巴管》的卷首插画中使用了美人鱼形象（图 2.4）。从艺术界到科学界，人鱼对欧洲人世界观的形成具有重要意义，而人鱼目击事件和人类与之产生的互动在这一过程中显得尤为重要。[21]

图 2.4

"美人鱼沐浴图",《解剖学新发现之胸腺与淋巴管》的
卷首插画,托马斯·巴托林

16 世纪，在欧洲和新大陆周边海域的人鱼目击事件此消彼长，开创了一种与美人鱼和特里同互动的潮流。1601 年，一位名叫安东尼·聂维特（Anthony Knivet）的英格兰水手声称，在巴西附近海岸（今里约热内卢）“看见了一条美人鱼和其他许多奇怪的鱼类”。而后萨缪尔·珀切斯（Samuel Purchas）将这段论述写进其巨著《珀切斯游记》中，聂维特与人鱼的互动才显得更加真实可信。[22] 七年之后，著名的英格兰探险家亨利·哈德森（Henry Hudson）于 1608 年 6 月 15 日在其航海日记中提及，他的两名水手在大西洋北部看到了一条美人鱼：

今天早上，我们的一位同伴在甲板上看到了一条美人鱼，他叫其他人来看，另一位同伴起身去看，就在那时，美人鱼竟向船边游来，目光炯炯地看向这些男人。过了一会儿，一个浪头打来，将她淹没在水中。从船上看去，她的后背和胸脯与人类女性相似（根据目击者所说），她的身体跟我们一样强壮，皮肤白皙，乌黑的长发垂在身后，向海底深处游去的时候依稀可见她的尾巴，像海豚一样，尾巴上的斑点像鲭鱼一样。目击者的名字是托马斯·希里斯（Thomas Hilles）和罗伯特·雷纳（Robert Raynar）。[23]

就像 1560 年将被捕于锡兰岛沿岸的人鱼解剖的医生一

样，哈德森不仅提供了目击者的姓名还仔细描述了美人鱼的外貌。仅仅三年之后，另一位资深的英国探险家理查德·怀特伯恩（Richard Whitbourne）也声称在纽芬兰岛的圣约翰港口看见了一条美人鱼。根据怀特伯恩回忆，这条美人鱼“迅速朝他游去，兴高采烈地四处看，她的眼睛、鼻子、嘴巴、脸颊、耳朵、脖子和前额都和人类女性相差无几，她美丽无比，身上的每一处都长得恰到好处，姣好的脸庞，蓝色的条纹和垂到脖子的长发”。和哈德森一样，怀特伯恩也提供了另一个目击者的姓名：威廉·霍克里奇（William Hawkridge）。不幸的是，这两个人对这条美人鱼都不是很友好。当“她用双手抓住船沿”时，水手吓坏了连忙“在她头上打了一拳，然后她才掉回海里”。[24] 仅仅十年间，就有三次人鱼目击事件，目击证人个个言辞凿凿，详细地描述事情经过。以后还会发生更多此类事件，故事情节也会越来越奇幻。

哈德森和怀特伯恩的遭遇在西方世界流传甚广，对欧洲的人鱼形象影响较深，使人鱼形象尤其是在出版界大受欢迎。例如，1631 年，德国学者路德维希·格特菲尔德（Ludwig Gottfried）和马特乌斯·梅里安（Matthaeus Merian）一同出版了《新西兰和澳大利亚，或新大陆历史》，书中展示了著名西班牙雕刻师西奥多·布莱（Theodore de Bry）在《美洲地图》（1628）中的一系列作品。[25] 其中一幅图（图 2.5）就描写

图 2.5

“理查德·怀特伯恩与新大陆美人鱼相遇”，《新西兰和澳大利亚，或新大陆历史》，路德维希·格特菲尔德和马特乌斯·梅立安

了理查德·怀特伯恩（Richard Whitbourne）在圣约翰港口遇见那条美人鱼的故事。那条美人鱼长着一头飘逸的长发，光着上半身，露出紧实的胸脯，好似在示意这个英国人投身于海浪之中。1647 年，乔治·史丹格（George Stengel）发表了《怪物志》一书，不过他将怀特伯恩的事迹安到了著名英格兰探险家约翰·史密斯（John Smith）的头上。至今不知道他为什么要这么做，但或许跟 17 世纪中期史密斯的名气有关——《约翰·史密斯和一条美人鱼》？书要这样写才会大卖吧。[26]

当出版商疯狂投资这场美人鱼浪潮之时，航海家们继续在新大陆偶遇这类混血生物。约翰·乔瑟琳（John Josselyn）是英格兰的一名航海家，以其对美洲大陆动植物的科学研究而闻名于世，他在 1638 年声称，最近有一位米特林先生——一名“绅士”，也是个“怪胎”，在缅因岛遇见了一条特里同。显然，这条雄性人鱼吃力地爬上了米特林的渔船，强迫这位绅士用短斧砍掉他的双手，随后，这条人鱼潜入海底，只留下紫色的血迹在水中蔓延开来，此后，他再也没有看见过这条人鱼。[27]1671 年，三名法国人和三名来自马提尼克岛（西印度群岛）的加勒比黑人称，他们看见了一条雄性人鱼，他“长着一张相貌平平的大脸，短而扁的大鼻子，黑色的头发中夹杂着几缕白发，一直垂到肩膀部分”。[28] 四年之后，一位法国耶稣会教士路易·尼古拉（Father Louis Nicolas），为新大陆存在雄性人鱼这一论点增添了新论据。这位教士声称自己不仅在新法国（加拿大）看见了雄性人鱼，还把他画在了《西印度群岛自然史》图文手稿的第三十五页。尼古拉画中的“海怪被一位法国人杀死，尸体就躺在新法国的黎塞留河畔”，旁边还有昆虫和青蛙（图 2.6）。这幅作品使人想起 16 世纪康拉德·格斯那（Conrad Gessner）的那幅“人鱼主教”，长着蛇一般的长臂和鱼尾。然而，这位教士画的人鱼还长着长胡须，留着乱蓬蓬的头发，这可能是当时新法国流行的发型。最重要的是，尼古拉神父——一位在新法国社会举足轻重的人物，不仅画出了如此奇异的生物，还在他旁边添上了生活中真实存在的动物，暗示了人鱼在如此神秘莫测的新大陆是真实存在的。[29]

17 世纪时期的两个人鱼目击事件引发了后续的调查，目击者不仅声称人鱼是真实存在的，还要求进行下一步的调查研究。1676 年，常年居住在弗吉尼亚州的“一位资深的外科医生”托马斯·格罗夫（Thomas Glover），向西方世界最有权威性、最公正的学术团体——伦敦皇家学会提交了一份文件，里面详细记载着他与一条雄性人鱼的相遇经历。17 世纪末，伦敦皇家学会的上流社会成员成立了一个组织，作为英语世界关于突破性科学研究的信息交流所。[30] 格罗夫向一个如此权威的机构提交了一份看似不切实际的文件，由此

图 2.6

《西印度群岛自然史》中的美人鱼，耶稣会教士路易·尼古拉

可以看出，科学与奇幻的融合在 17 世纪末的西方世界已是大势所趋。下一章将详细讲述这一部分，伦敦皇家学会等科学团体对接下来 150 年的人鱼研究具有重要影响，哥伦布（Columbus）、哈德森（Hudson）、怀特伯恩（Whitbourne）、乔瑟琳（Josselyn）、尼古拉神父（Father Nicolas）和格罗夫（Glover）等可靠来源的证词也尤为重要。正如历史学家达斯顿（Daston）和帕克（Park）最近所说："17 世纪末刊登在学术杂志上的大多数奇异事件都未接受过仔细调查。"对作者的如此信任其实归因于一条社会规则：在早期现代的英格兰，质疑"一名绅士的语言"是"一种严重的冒犯，甚至是一种挑衅行为"。伦敦皇家学会中的大部分会员都自认为是绅士，因此同意将这些水手的经历发表在学术期刊上。17 世纪末期，文明社会规则、奇幻和哲学思想等多种因素汇集到一起，使人们打心底里认为美人鱼和特里同是真实存在的。[31]

回到格罗夫身上，这位绅士兼外科医生在他的分析报告中声情并茂地做了详细论述，并把这次有趣的经历写进了简单易懂的《弗吉尼亚概况分析报告：包括环境、温度、产物、原住居民及其植物和烟草的耕种方式》。在描述弗吉尼亚的河流时，格罗夫写道："说到此，我要讲讲之前在拉帕汉诺克河遇见的一条非常奇怪的鱼，或者说是一个怪物。"那时，格罗夫的船正好行到了一处平缓的流域，他便让船员上岸休息，自己在船头安静地看书。不过宁静的阅读时光不久就被打断了，“河中的水忽然变得激烈异常”。这位博物学者大吃一惊，“距我不远处出现了一只巨大的生物，外貌好似一个男人，但身形要比人类更庞大，这个生物直挺挺地站在水中，头、脖子、肩、胸脯、腰和手肘都露在水面上，深褐色的皮肤好似印第安人”。长着一颗“金字塔形的”光滑头颅，眉毛下面生着一对漆黑的大眼睛，血盆大口之上还长着胡须，腰部跟人类长得一样，这条特里同的外表实在是“阴冷骇人”。作为一名训练有素的外科医生，格罗夫对人类和动物的解剖学了如指掌，他在报告结尾说道：“最后，特里同头朝下投入水中，将尾巴甩出水面，那俨然是一条鱼尾，末端长着宽宽的尾鳍。”伦敦皇家学会考虑到这段经历的重要性，便将这篇分析报告刊登在 1676 年 1 月份《皇家学会哲学学报》的期刊上。[32]

约翰·巴伯特（John Barbot）和基罗莱姆·梅罗拉（Girolame Merolla）也曾发表过有关新大陆美人鱼的调查报告，为欧洲人所信服。1678 年至 1682 年，法国人约翰·巴伯特（John Barbot）曾经到非洲西岸探险，在 1682 年随即发表了《刚果河之旅》，书中他详细描述了该地的人文地理、风俗习惯和动物种类，那时，这片地区仍被称作“黑暗大陆”。毫不奇怪，他在刚果河中也发现了美人鱼和特里同。巴伯特写道："在马新安省，渔民经常能捉到人鱼，'男性和女性都有'，有些人鱼长达 8 英尺，胳膊短小，手上有着长长的手指。雄性人鱼的生殖器如马一般大，女性人鱼有着硕大的胸部。"[33] 无独有偶，意大利神父基罗莱姆·梅罗拉（Girolame Merolla）在他的《南非刚果王国之短篇游记》一书中也记载了同样的生物。虽然梅罗拉差不多逐字逐句地抄袭了巴伯特的书，但他在书中配了一张有趣的插图（图 2.7）。[34] 据梅罗拉所说，从上面看，人鱼看起来像海豹或海牛，但当他们跃入水中露出后背时，就会展现出美人鱼或特里同所有的标志性特征：类似人类的脸庞，裸露的腰部和鱼尾。这些调查报告都是以近似科学的方式探究这类生物，必定会吸引西方世界那些雄心勃勃的哲学家。

确实如此。17 世纪，当欧洲人为了帝国威严和宗教地位征战全世界时，欧洲附近的人鱼热潮仍未消减。旧大陆的人鱼目击事件逐渐增多，并且附有可靠的目击证人的姓名，深入调查这类奇怪生物的呼声越来越高。例如，1603 年，来自潘汀岛（威尔士南岸）的托马斯·雷诺尔（Thomas Raynold）（记录者称其为"非常诚实，身强力壮的自耕农，头脑理智清醒并有自己的判断力，比那些没受过教育的人强多了"）声称，他在"位于格尔梅恩和托尔文之间的好罗格虎教区的波因特高地的不远处"看见了一条美人鱼。记录者立即将目击

图 2.7

“刚果美人鱼”，《南非刚果王国之短篇游记》（最新版），
基罗莱姆·梅罗拉

者的证词以及他本人的品性一并写了出来，接着记下事件发生的具体地点。雷诺尔接着详细描述了这个“无比奇怪又神奇的东西”，她的“身形就像一个活生生的女人，从腰部往上全都暴露在空气中，每一处都俨然是个人类女子”。接着，为了符合潮流，作者还在后面附上了一张美人鱼的画像（图2.8）。她看起来像女人、鱼和其他动物的结合体，长着狗头，留着女人的长发，腰部好似人类，却拖着一条鱼尾。更重要的是，她的存在已得到证实。看到此情此景，雷诺尔连忙跑回镇子，叫其他人来看这一异常景象。雷诺尔还算聪明，他

图 2.8

《最奇怪但真实的报告：外貌似女人，上身赤裸的鱼怪》中的美人鱼（1603）

只挑了“品德正直的人”来看美人鱼，他们也确实看见了。结束之后，这些德高望重的见证者（记住，在 17 世纪，阶级就是真理）心甘情愿地在报告上签了字，使这份报告更具真实性。[35]

接下来的一个世纪中，如此证据确凿的报告充斥着整个欧洲。1619 年，德国历史学家约翰·菲利普·爱柏林（John Philip Abelin）称，一位丹麦的法庭议员在挪威和瑞典之间航行时，亲眼看见了一条雄性人鱼。显然，他们用一片培根引诱人鱼来到近船处，随后人鱼便逃跑了。就像民间和宗教传说中的那样，这条人鱼“威胁”要使船只沉没后，才被船员放走。往后一百年，这场经历一直被无数学者当作真实事件。[36] 大约 1636 年，法国也开始产生了人鱼热潮。例如，皮埃尔·伽桑狄（Pierre Gassendi）在他为尼古拉·克劳迪亚斯·法布里克斯（Nicolas Claudius Fabricus）（佩雷斯克勋爵，艾克斯议会议员）写的传记中曾提及，水手们报告说，他们“在布列塔尼（北面就是法国海岸）的贝尔岛附近看见了一条雄性人鱼”。法布里克斯向贝尔岛区长提交了这份报告，并“保证内容的真实性”，他在报告中写道：“我们所能得到的信息就是，目光所及之处，这条雄性人鱼貌若人形，多而密的白发垂至肩膀处，长长的胡须垂到腹部。”尽管水手们用渔网捉住了人鱼，但最后他还是在枪林弹雨中逃走了。几天之后，另外一群水手报告说，在同一地点看见了一条美人鱼。[37]

这类报告仍然层出不穷。1669 年的夏天，哥本哈根的居民信誓旦旦地说，他们看见了“长着一张人脸”和“一条鱼尾”的美人鱼。七年之后，在法罗岛（位于挪威海和大西洋北部之间）沿岸，一条美人鱼“出现在陆地附近”。像哥本哈根美人鱼一样，她“直挺挺地站在水中，长发在水中铺散开来”。然而，法罗岛的目击者将这条美人鱼与中世纪的美人鱼形象联系到一起，声称她“手中拿着一条头朝下的鱼”。因为不能确定这条美人鱼“接下来是否会兽性大发”，记录这件事的丹麦教父只好写道：“以上记录只是冰山一角，人鱼的大部分特性仍藏在水下，但在不久的将来，人鱼之谜一定会被揭开。”[38]

同样地，一位英格兰博物学家，菲利普·法勒（Philip Falle），在 1694 年将“塞壬或美人鱼”列入英国夏日泽西岛鱼类大全中；英格兰的约翰·布兰德（John Brand）宣称，他在 1698 年至 1700 年期间于奥克尼岛多次目睹人鱼，布兰德的描述完美地显示了现代和中世纪两个时期人鱼形象融合的趋势。就某种意义上来说，作为现代哲学家，布兰德在报告中提供了可靠的目击证人，详细分析了整个事件的经过。“几名绅士”乘船经过时，看到了一个“长着老人脸，脸上挂着长胡须”的生物。这几位绅士觉得这个场景“实在是太怪异恐怖了”，便在雄性人鱼靠近时逃走了。然而在第二个报告中，布兰德开始夸大中世纪时期的人鱼形象，在目击事件发生的同一时刻，另一群奥克尼岛渔民捕到了一条美人鱼。其中一个人迅速将刀子插进美人鱼的身体，尽管下颚还被插着钩子，这条美人鱼还是逃回了水中，渔民只能呆呆地望着。杀死这种带有凶兆的生物让这位水手触了霉头。如布兰德所说，这位将刀子插进美人鱼身体的男人现在已不在人世，但据说，这件事发生之后，他就再也没交过好运，而且一直被幽灵缠身，这个幽灵是个年迈的老人，总缠着他问：“是你吗？是你杀了那个女人吗？”[39] 从这些证据确凿的目击事件到女性带来的凶兆，美人鱼和特里同不断迫使欧洲人与基督教起源以及所谓的现代“文明”对抗。

尽管 17 世纪充斥着中世纪时期的民间传说和根深蒂固的观念，但“逐渐现代化的”奇观和哲学思想开始在西方世界独占鳌头。[40] 西方人对珍奇柜或多宝阁的迷恋就完美体现了这种怀旧又极具创新的情感。在很多方面，珍奇柜就好比中世纪动物寓言中的展览，其中包含了各种古老奇异的物件、样品、艺术品和古董，这些展品超越了文艺复兴时期的分类和知识体系。柜中的大多数物品（尤其是像独角兽的角或异形生物等）对任何一个熟悉中世纪动物寓言的人来说都不陌生。

然而，这些优秀的展品也将欧洲人对世界的理解推向了一个新维度，尤其是对现实认知的理解。动物寓言多半来自道听途说和传奇故事，而且是用二维手法展示出来的，但文艺复兴时期的收藏家可以将三维的收藏品握在手中细细抚摩。珍奇柜使 17 世纪的收藏家和观赏者在现实世界中与这些“奇异事件”建立联系。[41]

毫无疑问，美人鱼和特里同标本当然也被列入展品。然而，珍奇柜中的标本并不是 18 世纪和 19 世纪那些完整无缺的、用于科学研究的样本。17 世纪末，私人收藏家会收集美人鱼手掌、人鱼皮，偶尔会得到一整个人鱼样本，这些标本也会出现在公开展览会上。

这种收藏癖好在 16 世纪就开始流行了。1565 年，德国哲学家克里斯托弗·福尔（Christopher Fürer）声称，他在埃尔托（今埃及）获得了一张“美人鱼皮”，是“多年前从人鱼身上剥下的，只有中间部分和胸部，胳膊和头部早已丢失”。17 世纪初，伦敦的一家小酒馆为顾客提供“全天候观赏活美人鱼的机会，她上半身五彩缤纷，下半身却十分奇异”。为了显得自己才识渊博，酒馆老板还在广告上面添了法语和拉丁语的名人名言，承诺这条“五颜六色的人鱼身上还暗藏着许多秘密”。[42]

与此同时，17 世纪的私人收藏家整个世纪都在全世界搜寻美人鱼的标本。1638 年，伦敦的博物学家约翰·特拉德斯坎特（John Tradescant）建了一座私人博物馆，收藏各种各样的奇珍异宝，从“鲸的两条肋骨”到“人类尸骨”再到“美人鱼的一只手掌”。1654 年，闻名世界的丹麦外科医生托马斯·巴托林（Thomas Bartholin）将珍奇柜中的美人鱼标本拿到了解剖室，进行解剖研究。居住在莱顿时，巴托林曾解剖过一条美人鱼，并于 1654 年将其画入《稀有物种解剖学史》中，因此，他并不满意他的朋友让·德莱（Jan de Laët）（一位荷兰地理学家）最近为他提供的美人鱼手掌和肋骨。未来的科学家见到巴托林的“塞壬”（图 2.9）一定会大惊失色。那是一个令人毛骨悚然的生物，有着美人鱼身上最具标志性的外表（外露的胸脯和人类的面孔），还有其他一些不常见的形象（怪异的带蹼手掌，长在身体正面的臀部）。过于自信的巴托林断言：

过去和现在的目击者所描述的美人鱼形象差别如此之大，也难怪有些人认为美人鱼是虚构的。我本人就收藏了一对美人鱼手掌，非常吸引眼球，我认为这些美人鱼是真的被人类目击过。这些手掌和肋骨都是真材实料，骗不了人的，我已经依据事实画出了美人鱼画像。[43]

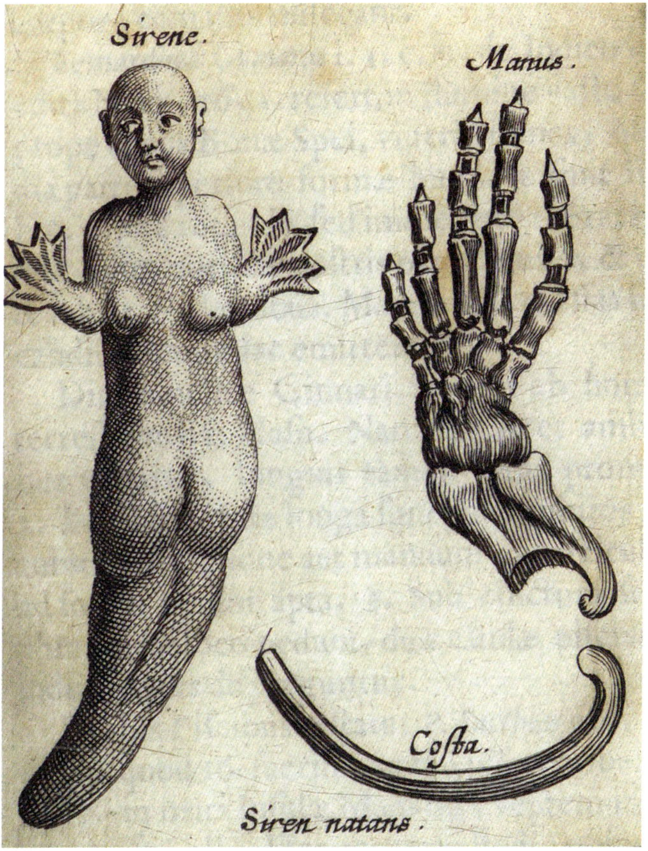

图 2.9

塞壬，《稀有物种解剖学史》，托马斯·巴托林（1654）

最终，17 世纪在欧洲崭露头角的权威学术团体——伦敦皇家学会结束了这场找寻人鱼标本之旅。1681 年，英国植物解剖学家尼西米·格鲁（Nehemiah Grew）（被称为“植物解剖学之父”）完成了他的著作,《自然和人造稀有物种之分类描述》——（属于皇家学会，现藏于格雷沙姆学院）。一开始，这些注释偶尔还算有趣，但大部分内容都很乏味，一会介绍“巴西的一窝小鸟”，一会儿描写“鳄鱼的骨架”。“方格图案”的贝壳也被拿来凑字数，格鲁在另一章还描写了皇家学会最感兴趣的“反射式望远镜”。总之，整部书看起来还算不错，内容也井然有序。然而，皇家学会并不是毫无疑虑，在《第一章：胎生鱼类》的题目下方，格鲁云淡风轻地写道：

特里同（或雄性人鱼）的肋骨。长度与人类肋骨无异，但更粗大结实；弯曲程度严重。肋骨的主人是一条在巴西附近被发现的人鱼。沃尔密乌斯的博物馆中也有很多类似标本，以及其他几个物种的文字描述，让·德莱的作品中也有类似内容。巴洛斯（巴西人称为 Ypupiapra）指取自美人鱼头部的骨头，大小形状与海牛相似，但凹凸之处略有些不同。[44]

有一点需要注意，格鲁对这些奇珍异宝并未产生一丝怀疑，但也没有加以解释。他描述雄性人鱼肋骨时的语气并没什么特殊，与接下来描述“鲸的颈椎骨的一个关节”时的风格相同。有趣的是，像格鲁和他在皇家学会的同人们这样的思想家，好像都理所应当地将雄性人鱼的一条肋骨看作用于科学收藏的仿品，与鲸的颈椎骨和巴西的一个鸟巢没什么区别。随着时代变迁，人鱼成了西方学者探索周边世界一个重要媒介。

欧洲人致力于将不断扩大的世界呈现在一张地图上，这尤其反映出他们逐渐变化的世界观，在以欧洲为中心——抑或是天生有缺陷的世界观中，不论是地理、人文还是动物领域，都不断出现人鱼的身影。早期现代的哲学家和制图者在已知世界的尽头徘徊，恐惧又好奇。他们经常把某些特殊动物归属到某个特定的地区。历史学家威尔玛·乔治（Wilma George）称“长尾鹦鹉、长尾猴以及长着育儿袋的动物是南美洲的特有物种”，梅里·劳（Meri Lao）说：“非洲地图正中央写着‘这有狮子’字样，暗示这片蛮荒之地充满危险和神秘气息。”制图者们用同一种方式看待美人鱼和特里同（以及其他怪物），他们将这些物种视为探索遥远海域所带来的危险与机遇。在当时的其他调查研究中，早期现代欧洲人将人鱼视为世界奇迹，暗示人类最终或许能战胜他们。[45]

虽然 16 世纪和 17 世纪的大部分地图都毫无装饰（通常

是因为客户不愿意为装饰品付钱），但这些地图和航海图仍然着重突出人鱼。大体来看，文艺复兴时期的制图者在绘制美人鱼和特里同时，要遵循三条规则：第一，这些艺术家凭借人鱼美丽的外貌，彰显自身技艺的高超，同时还暗示着陌生海域的神秘；第二，虽然 17 世纪的欧洲海岸发生过无数起人鱼目击事件，但几乎所有人鱼都被画在远离欧洲的海域，这是个有趣的选择，在制图者眼中，美人鱼和特里同在很大程度上代表着一种带有奇幻色彩的危险，这种危险时刻等待着世界边沿的欧洲探险者；第三，制图者掀起了一场特里同画像的热潮。17 世纪之前，无论是在动物寓言中还是在教会壁画上，图像中最常出现的是代表着欲望和危险的女性美人鱼。然而，随着人鱼目击事件越来越多，更多的欧洲人声称他们不但看见了美人鱼，还看见了特里同，因此，制图者开始更频繁地描绘这些富有男性气息的生物。[46]

文艺复兴时期地图中有关美人鱼和特里同的详细描述不在这本书描写的范畴，我会举几个例子来说明一下制图者和艺术家对美人鱼的理解，以及早期现代人是怎么诠释这些地图的。[47] 例如塞巴斯蒂安·明斯特（Sebastian Münster）的《世界图志》（1554），这是第一部德语版世界地图，其中包括六卷，收录了 471 幅版画以及 26 幅地图，这部作品一出版便风靡整个西方世界，为今后的地理学思想奠定了基础。这部世界地图本身就使人大为震惊，它在当时是对世界最精确的诠释。此外，明斯特还记载了一条被发现于印度东岸的硕大美人鱼，印度这个地方在当时被哲学家和制图者描述为“人类与丑陋野兽的聚居地”。他笔下的这条美人鱼充满中世纪色彩，上半身显出优美的线条，留着长长的秀发，丰满的胸脯暴露在空气中，下半身的鱼尾散开，露出她的阴部。她与她遥远的故乡一样，布满了奇幻色彩，令人想要进一步探索，但也隐隐透出危险的气息。[48]

明斯特并不是个例。1562 年，西班牙制图者迪亚哥·古铁雷斯（Diego Gutiérezz）声称，在南美洲西岸的麦哲伦海峡，两条中世纪风格的美人鱼在一艘船上搔首弄姿，1550 年，在法国制图者皮埃尔·戴瑟里埃（Pierre Desceliers）的《世界地图》中，南海区域就画着一条类似的美人鱼（图 2.10）。[49]1570 年，荷兰人亚伯拉罕·奥特利乌斯（Abraham Ortelius）绘制了第一本现代世界地理图册——《世界概貌》。其中运用了当代最前沿的制图技术，这本图册成了西方世界哲学家、科学家和探险家人手必备的书籍。这种“现代主义”当然不会落下人鱼。实际上，这本地理图册中散落着各种美人鱼和特里同。比如，意大利西南海岸紧紧拥抱的两条人鱼（图 2.11）、在爱尔兰西岸弹奏弦乐器的特里同（图 2.12），还有在东印度群岛孤芳自赏的一对美人鱼（图 2.13）。这些图

图 2.10

“持镜美人鱼”,《世界地图》，皮埃尔·戴瑟里埃

示都是经过计算的结果。爱尔兰和意大利一直都是人鱼目击事件的多发地，艺术和雕塑中的人鱼也数不胜数，而亚洲也一直被看作奇珍异兽的栖息地。仅一年后，吉拉德·麦卡托（Gerard Mercator）绘制的世界地图中，就出现了骑着海马的涅普顿驰骋在南太平洋的景象，1593 年，在格尼鲁斯·乔迪（Cornelius Jode）绘制的地图《新几内亚岛地貌》中，一对人鱼在新几内亚岛的岸边紧紧拥抱在一起。[50]

这种调查分析仍在继续，毋庸置疑，17 世纪之前，欧洲

图 2.11

“意大利人鱼夫妇”,《世界概貌》，亚伯拉罕・奥特利乌斯（1570）

图 2.12

“手拿乐器的美人鱼”,《世界概貌》，亚伯拉罕・奥特利乌斯（1570）

图 2.13

“孤芳自赏的一对美人鱼”，《世界概貌》，亚伯拉罕 · 奥特利乌斯（1570）

人在许多权威的世界地图上发现了人鱼的身影。[51] 结合人鱼目击事件、人鱼样本以及人鱼在宗教中的象征意义，地图中的人鱼形象不仅让世人更加确信人鱼的存在，而且又增添了不少信徒。这种意识形态的转变在西方世界引起了轩然大波，尤其是在政坛和艺术领域。对于文艺复兴时期的欧洲人来说，“塞壬潜伏在各个角落”。[52]

16 世纪晚期，美人鱼甚至潜入政治文化，尤其是英格兰的君主立宪制。这也不无道理，因为英国的一些最富智慧、最具影响力的绅士都虔诚地相信这些生物的存在。他们也知道，美人鱼的形象在广大的人民群众当中颇受欢迎。1567 年 3 月，苏格兰的批评人士曾利用美人鱼画像来嘲弄苏格兰女王玛丽（Mary，Queen of Scots）和她的追求者，詹姆斯·赫本（James Hepburn）（博斯威尔伯爵）。在这幅《美人鱼与野兔》（图 2.14）中，宣传者将女王玛丽画作一条中世纪风格的美人鱼，用这种丑陋且好色的形象来侮辱她的名声。赫本在图中以野兔的形象出现，在他已婚的情况下，女王玛丽仍与他行鱼水之欢，赫本还涉嫌谋杀了玛丽的上一任丈夫，达恩利勋爵（Lord Darnley）。这场丑闻迅速被曝光在公众面前，引来阵阵嘲讽。虽然学者仍然对海报中的其他图案感兴趣，如星星、宝剑、字母以及整体布局，希望挖掘出更深层次的含义，但将玛丽作为美人鱼呈现是这部作品最具

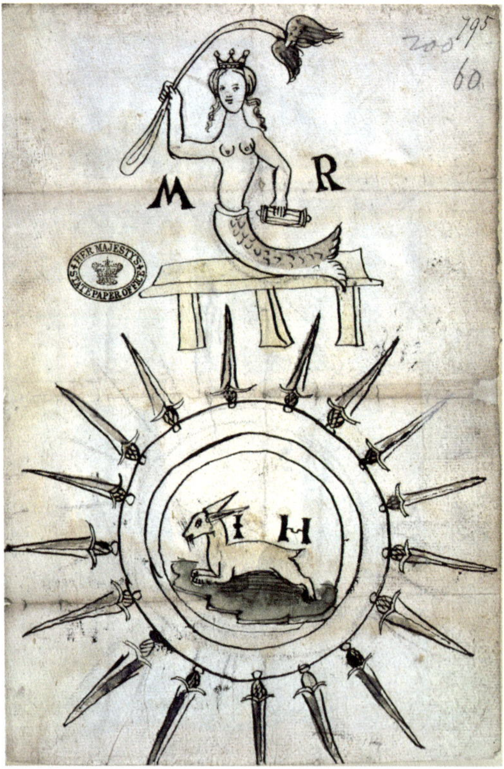

图 2.14

《美人鱼与野兔》(1567)

深意之处，体现出美人鱼在西方社会产生了更深的影响和联系。[53]

1588年，美人鱼与君权的联系仍未间断，最经典的例子就是伊丽莎白一世（Queen Elizabeth I），苏格兰女王玛丽的死对头。伊丽莎白下令将玛丽斩首，一年之后，乔治·高尔（George Gower）就完成了这幅《无敌舰队肖像》，庆祝伊丽莎白攻破了看似毫无破绽的西班牙无敌舰队。在这张雍容华贵的肖像中，坐在椅子上的伊丽莎白女王身着最华贵的礼服，右手搭在地球仪上，英格兰王冠被放置在她的右肩旁边，身后的两张图像，一张画着英格兰舰队胜利归来，此刻正沐浴在阳光之下，而另一张则是昏暗的海面，浮着西班牙舰队的残骸，两幅画形成鲜明对比（图2.15）。无论从哪方面来看，伊丽莎白都是“胜利一方的统领者，野心勃勃的世界女王”。但这并不是这幅画的全部内容，《无敌舰队肖像》的右下角立着一座美人鱼雕像。但与可怜的玛丽情形不同，这条美人鱼在这里的含义并不是为了贬低伊丽莎白。相反，高尔在此处画上美人鱼雕像是为了歌颂“女王的纯洁”。但学者们对此存有疑虑，这样的混血生物怎么能歌颂纯洁呢？一些人认为，高尔笔下放荡的美人鱼恰恰可以与伊丽莎白的禁欲行为形成对比，然而，克里斯顿·布鲁克斯（Kristen Brookes）提出，这幅肖像“将伊丽莎白作为色情主体，她将权力玩弄于股掌

图 2.15

《无敌舰队肖像》（1588）

之中，通过占有并操控他人获得快感，与此同时保有自身的理智”。具体的含义先搁置一边，总之，高尔是有意将美人鱼雕像安置在肖像之中的。他并不是唯一这么做的人——16 世纪，佛兰德画家弗朗斯·弗兰肯（Frans Francken）运用美人鱼来展示荷比卢三国与天主教西班牙之间的政治斗争。在弗兰肯的《国家舰队传奇》（图 2.16）中，他将西班牙天主教会画成一艘船，航行在充满美人鱼和暗礁的危险水域。想看懂这幅画，观赏者并不需要具备过多的政治知识。不论是代表贬低（如《美人鱼与野兔》），还是危险（如弗兰肯的作品），抑或是庆祝帝国权威（如《无敌舰队肖像》），西方社会的美人鱼就如同君权一样，根深蒂固又摇摆不定。[54]

在文艺复兴时期，西欧的人鱼文化已经发展至顶峰，这些艺术作品仅是其中的冰山一角。17 世纪，英格兰文豪如本·琼森（Ben Johnson）和威廉·崔奇（William Strachey），每月都要在伦敦的美人鱼酒馆相聚一次，威廉·莎士比亚（William Shakespeare）也将美人鱼写进他的三部作品中：《仲夏夜之梦》《错误的喜剧》和《暴风雨》。近日，历史学家塔拉·佩德森（Tara Pedersen）表示，在早期现代英格兰，美人鱼“在各大著名作家的作品中都占有一席之地”，“其中包括莎士比亚（Shakespeare）、斯宾塞（Spenser）、马洛（Marlowe）、琼森（Jonson）、卡文迪许（Cavendish）、德克尔

图 2.16

《国家舰队传奇》（16 世纪末，画板油画）

（Dekker）、米德尔顿（Middleton）和弥尔顿（Milton）”。这并不是什么巧合，佩德森继续说道，这些大文豪和艺术家利用塞壬和特里同来“展现具有性别差异和性诱惑力的身体之美，打破既定的框架”。[55] 这种做法的动力来源至少要追溯到10个世纪之前。文艺复兴时期的欧洲精英们喜欢用各种珠宝、盘子和钢制的甲胄来装饰自己的身体和房屋（图2.17）。英国哲学家托马斯·布朗恩（Thomas Browne）在17世纪中期曾断言：“没有人没见过美人鱼的画像。”对于欧洲人来说，没有比这句话更合适的了。[56]

只有深入了解文艺复兴，才能对欧洲的人鱼信仰、人鱼

图 2.17

美人鱼状的坠饰（经过西班牙或西班牙殖民时期的修改）（1575—1600）

目击事件以及人鱼文化产生更全面的理解。中世纪基督教徒创造了美人鱼和特里同，而文艺复兴时期的欧洲人赋予了他们现实意义，这一过程需要经过深思熟虑，显示了出西方人对帝国、宗教和奇幻等领域更深层次的理解。领导者和门外汉都开始将人鱼作为一种合理存在的生物，赋予他们文化和国家层面的意义。这并不是一种盲目的追求，在 18 世纪的“启蒙时代”，当代学者和历史学家一同称这一时期为科学与真理的时代，西方世界中最富智慧的学者投入大量的时间、金钱和精力，运用最先进的科学方法搜寻这些看似真实存在的怪物，对他们进行研究和解剖，不仅将他们画在纸上，还对其进行理论研究。随着所谓“现代主义”的盛行，人们对美人鱼的兴趣也愈发浓烈。

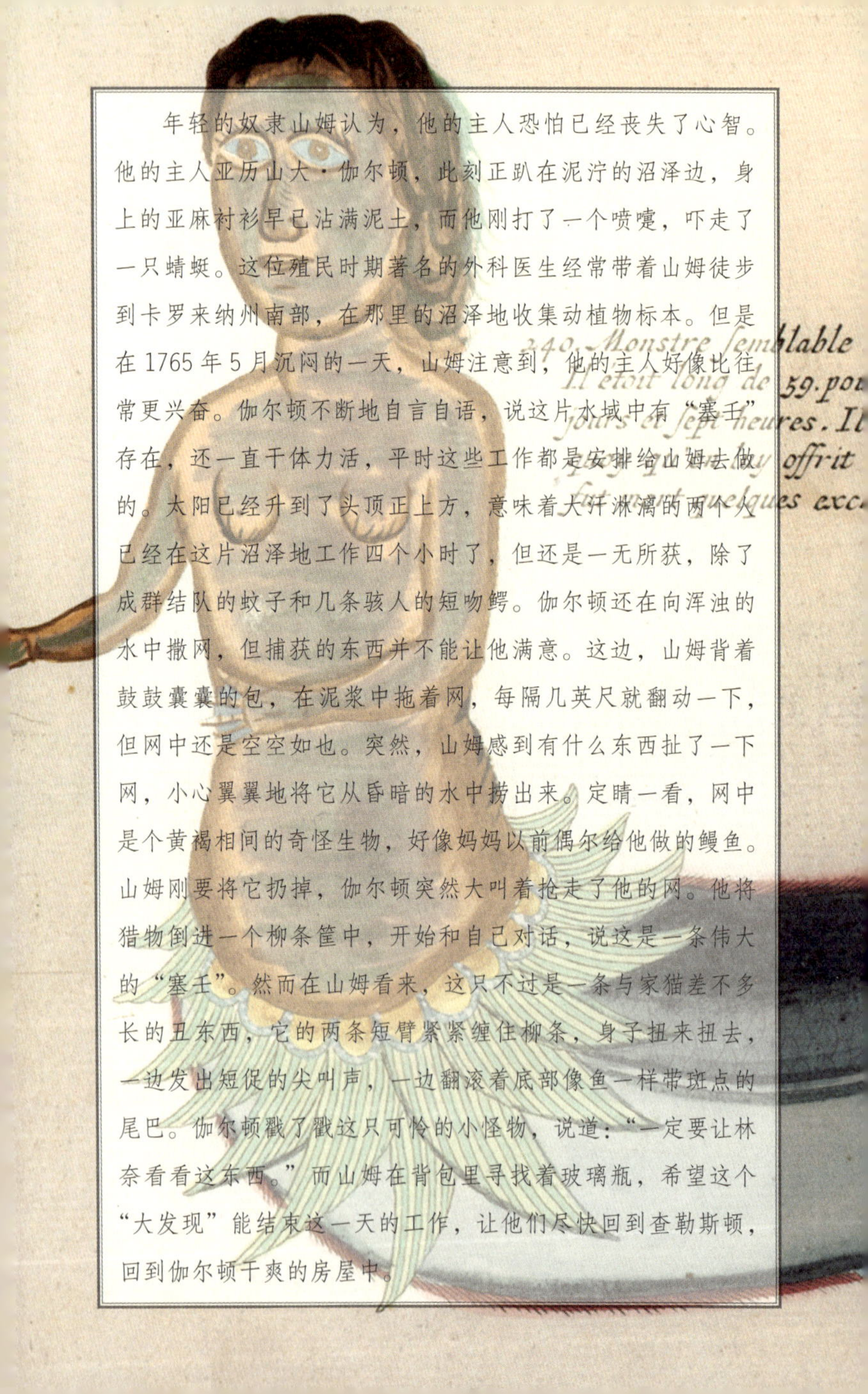

年轻的奴隶山姆认为，他的主人恐怕已经丧失了心智。他的主人亚历山大·伽尔顿，此刻正趴在泥泞的沼泽边，身上的亚麻衬衫早已沾满泥土，而他刚打了一个喷嚏，吓走了一只蜻蜓。这位殖民时期著名的外科医生经常带着山姆徒步到卡罗来纳州南部，在那里的沼泽地收集动植物标本。但是在1765年5月沉闷的一天，山姆注意到，他的主人好像比往常更兴奋。伽尔顿不断地自言自语，说这片水域中有“塞壬”存在，还一直干体力活，平时这些工作都是安排给山姆去做的。太阳已经升到了头顶正上方，意味着大汗淋漓的两个人已经在这片沼泽地工作四个小时了，但还是一无所获，除了成群结队的蚊子和几条骇人的短吻鳄。伽尔顿还在向浑浊的水中撒网，但捕获的东西并不能让他满意。这边，山姆背着鼓鼓囊囊的包，在泥浆中拖着网，每隔几英尺就翻动一下，但网中还是空空如也。突然，山姆感到有什么东西扯了一下网，小心翼翼地将它从昏暗的水中捞出来。定睛一看，网中是个黄褐相间的奇怪生物，好像妈妈以前偶尔给他做的鳗鱼。山姆刚要将它扔掉，伽尔顿突然大叫着抢走了他的网。他将猎物倒进一个柳条筐中，开始和自己对话，说这是一条伟大的“塞壬”。然而在山姆看来，这只不过是一条与家猫差不多长的丑东西，它的两条短臂紧紧缠住柳条，身子扭来扭去，一边发出短促的尖叫声，一边翻滚着底部像鱼一样带斑点的尾巴。伽尔顿戳了戳这只可怜的小怪物，说道：“一定要让林奈看看这东西。”而山姆在背包里寻找着玻璃瓶，希望这个“大发现”能结束这一天的工作，让他们尽快回到查勒斯顿，回到伽尔顿干爽的房屋中。

chapter 3

先进实验

基于文艺复兴时期的文化与科学想象，18 世纪的欧洲学者抛弃了丑陋骇人的人鱼，创造了一个与教堂装饰和游记故事中完全不同的人鱼形象。[1] 德高望重的哲学家们不顾反对的声音，将充满传奇色彩的美人鱼和特里同转变为具有高度科研价值的样品范例。总之，西方世界最富智慧的学者们用了将近一整个世纪的时间满世界追寻人鱼的踪影。[2]

哲学家对美人鱼和特里同展开了激烈的辩论，他们想通过这种奇怪现象来解释人类的起源。博物学家利用一系列方法来辩证地研究这类奇特的混血物种，并断言人鱼的出现表明人类是由水生生物演化而来的。除了在相关领域的报纸上发表文章之外，学者还会在一些有名的刊物上交流信息，发表一些通常比较有争议（但科学性较高）的调查。在研究航海过程中遇见的其他物种时，欧洲哲学家运用各种理论（包括种族、生理、分类学和地理等不同方面的理论）来深入了解人鱼，进而看清人类在自然世界中所处的位置，一些哲学家将人鱼作为探索人类起源的证据，这使我们又回到了最初的起点。[3]

启蒙时代的学者是在人鱼文化中成长起来的，西方帝国在美洲的崛起促使他们进行更加“先进的”实验调查。英国人打响了第一枪。尽管在 16 世纪和 17 世纪，英国相比于邻国处于劣势，但是18世纪以来，英国在北美洲的殖民地越发繁荣昌盛，每过十年，其人口、经济和交通网络都有一个飞跃式的发展。这种进步让人们对这片热土跃跃欲试，伦敦的哲学家希望能在他们大西洋殖民地的“自然环境”中，提取一些奇特的动植物标本。富商和哲学学会便开始资助博物学家、植物学家和制图者到新大陆探索，希望后者能够拓宽人类对整个世界的认识，以及自身在其中的位置。民间资助也是一种选择，想象一下，一个英国绅士在自家花园里种上来自北美洲的植物，他该有多么自豪。[4]

人鱼所代表的文化含义完美地反映出西方人的好奇心以及帝国的扩张欲望。18世纪时，美人鱼标本，尤其是美人鱼手掌、肋骨等其他身体部位的标本，越来越受追捧。1713年，密德赛斯的一位收藏家在私人展览中展出了“一条特里同（或美人鱼）的肋骨”。1722年，英国地理学家帕特里克·戈登（Patrick Gordon）在莱顿和哥本哈根的稀有物种博物馆看到了美人鱼的手掌。1741年，伦敦市民的注意力都被“一条被捕于阿库阿普雷海岸的年轻美人鱼”吸引了过去。查林十字架的老板向读者保证，好奇的观众在看到如此不同寻常的生物之后都心满意足，它一半女人身，一半鱼身，这是有史以来在公众展览中最棒的奇物。[5]欧洲人的珍奇柜以及公共展览仅仅是日益崛起的人鱼文化的一小部分，从这些奇闻轶事中可以看出世人愿意相信和探究这类神奇的物种。

人鱼文化并未止步于标本，而是渗透到每个人的日常生活中。这并不是什么新奇的现象，自文艺复兴早期，美人鱼和特里同就已经到处被雕刻，从墓碑到餐具。然而，美洲大陆的英国殖民地在 18 世纪早期才刚刚开始将人鱼融入本地的艺术与雕刻。史蒂芬·怀斯特（Stephen West）是位于伦敦马里兰的拉姆尼酒馆的老板，他收藏了一套 1725 年的盘子（图 3.1），上面画了一条看似浮在浪尖上的美人鱼。有趣的是，这条美人鱼的脸像男人一样，还有着其他的男性特征及 18 世纪殖民地流行的男士发型。怀斯特之前是个水手，所以存有美人鱼装饰的盘子很正常。但是人们并不清楚，为什么这些盘子上的美人鱼都长着一张男人的脸。或许，这种图案是为了嘲讽 1714 年的乔治一世，向 1567 年女王玛丽的画像致敬？又或者，这只是为了模仿史蒂芬·怀斯特？我们唯一能确定的是，酒馆的客人在吃盘子里的肉和布丁时，会逐渐看清盘底这幅异乎寻常的画像。[6] 无独有偶，1761 年，一位匿名的“雕刻大师”在自己的火药桶上刻了一条典型的美人鱼（图 3.2）。伦敦的人鱼雌雄难辨，然而这条无疑是一条美人鱼：肥硕的胸脯、飘逸的长发、右手拿着一只梳子。这种形象在中世纪教堂中和 18 世纪的火药桶上特别常见。[7] 简单了解英国人在殖民地和伦敦市中心所施展的想象力之后，我

图 3.1

“美人鱼盘”
发现于伦敦城和花园中的拉姆尼（或怀斯特）酒馆（约 1725）

图 3.2

“刻在火药桶上的美人鱼”（约 1761）

们可以得知这些人鱼形象仅仅是幻想。

然而 18 世纪，大量的美人鱼和特里同目击事件出现在英国本土和美洲殖民地的报道上，幻想和现实之间的差距逐渐被缩小。1736 年 5 月 6 日，博学多才的本杰明·富兰克林（Benjamin Franklin）在《宾夕法尼亚公报》中讲述了最近在百慕大看见的“海怪”，“身体上半身的形状大小与一个十二岁的男童无异，头上留着黑色的长发；下半身是鱼身”。显然，这个生物利用“类似人类的样貌”逃过一劫。1769 年，《普罗维登斯公报》也刊登了相似的事件，一艘英国船从法国布雷斯特出发，过了一段时间，船上的水手看见“一只长相类似人类男子的海怪围着船游来游去，有一次，他们将其捕获，却发现海怪变成了一个貌美的女人”。船长、领航员、“一整船水手和三十个男人”都能证明故事的真实性。随后，1738 年，《弗吉尼亚州公报》上刊登了一则消息，一群英国人在埃克斯茅斯抓到了一条长相奇怪的鱼，“人们猜测可能是一条特里同，或者古时候的雄性人鱼，身长 4.5 英尺，身形更像一个人类男性”，仅一年后又称，一群渔民在“那个海岸（西班牙维格海岸）捕到一个水怪，可能是雄性人鱼，身长 5.5 英尺，头部状似山羊”。[8]

关于 18 世纪英国及英国殖民地报纸中提及的人鱼目击

事件（图3.3），虽不能一一列出，但上面几则故事足以代表早期现代英国人在报纸中看到的内容了。将此类故事刊登在报纸之上，足以引发我们的深思。如本杰明·富兰克林（Benjamin Franklin）等有才学的知识分子认为这类目击事件合情合理，并投入大量时间和金钱，将它们刊登在报纸之上。如此一来，印刷界和文学界帮助人们保持着对这种怪物的好奇之心。当一个伦敦人拿着报纸坐下（也许恰巧坐在了美人鱼酒馆中），阅读其他美人鱼或特里同的目击事件时，他对这种生物的怀疑之情就会转化为求知欲。[9]

图 3.3

"美人鱼地图："公元1800年前西方人目击到的每一条人鱼的位置（已证实来源者）

● 17世纪之前

● 17世纪

● 18世纪

对许多大英帝国时代的报纸读者来说，情况确实如此。17 世纪的人通常在航海日记或百科全书中才能看到其中记录的人鱼目击事件，然而，18 世纪的一些业余学者将这些故事刊登在报纸上，与大家一同讨论人鱼的真实性。1762 年，一个新英格兰人在写给《波士顿晚报》的一封信中写道："我发现贵报喜欢用一些引人注目的自然奇观来取悦读者。"这个作者将自己命名为"W.X."，他提出了一个问题：美人鱼和雄性人鱼真的存在吗？文章一开始，W.X. 表示"几位最伟大的博物学家都曾主张，美人鱼和特里同的出现只是为了嘲笑海牛的外貌"。W.X. 对这种说辞一笑置之，并表示"海牛和美人鱼在外貌上相差甚远"，不可能互相认错。他认为，人鱼与人类之间极有可能存在深层联系，并进一步在"众多证明人鱼存在的例子中"挑选了"几个"。他在分析过程中引用了不同的刊物，包括学术著作、学术杂志以及旅行叙事。然而，当意识到他的论述"不足以反驳嘲笑他的人时"，W.X. 引用了怀特伯恩船长 1610 年的经历来结束全文。因为怀特伯恩的事例并未遭到世人质疑，所以 W.X. 以为这会堵住批评者的嘴。当然，他想错了。[10]

在大西洋彼岸，同样的争论也持续了数百年。1710 年，一位作家质问《英国阿波罗》的编辑是否相信过去几个世纪中发生在英国的人鱼目击事件。在详细了解了 15 世纪早期著名的荷兰美人鱼目击事件之后，这位作家解释说："好了，先生们，我想向大家求证'荷兰美人鱼'事件的真实性，并恳请大家向我解释为什么雄性人鱼和美人鱼不仅仅是寓言故事，因为我实在不能说服自己，相信这种生物是真实存在的。"编辑首先回复他说，荷兰美人鱼的故事"是被很多德高望重的历史学家所承认的，不应该怀疑他们所说的话"。接着，这位编辑又说："人鱼一定是存在的，因为他们常出现在古代作家笔下，被称为特里同和塞壬。"像 W.X. 一样，编辑也列出了一整张人鱼目击事件的单子，并详细介绍了发生在 1636 年法国沿岸的特里同目击事件，编辑声称："我们认为将这个故事公之于众并没有什么不妥，因为它是一位信誉颇高的作家留下的，不仅符合我们的信仰（人鱼是真实存在的），还为我们描绘了他们的形象。"对于编辑来说，这件事就到此结束了。[11]

18 世纪的人鱼目击事件层出不穷，人鱼信仰和文化的历史也源远流长，但是面对那些认为此类生物或许真实存在的人，很多博物学家还是会嘲弄一番。1740 年，托马斯 · 铂尔曼（Thomas Boreman）开始讨论美人鱼，他说这些生物"似乎只是古代作家、雕塑家和画家自己发明的生物，而不是出自大自然之手"，而本杰明 · 马丁（Benjamin Martin）用更加平和的方式来否定美人鱼的存在，他曾说："美人鱼的原型一定是某种动物，在某种程度上，这种动物在外貌和特征上与人类相似。陆地生物中可能性最大的就是猴子和黑猩猩，海洋生物中最有可能的就是这种名叫美人鱼的鱼类（虽然与人类差别很大）（图 3.4）以及其他特别的海洋生物。”18 世纪的最后十年里，《博物学家口袋杂志》的作者认为，海豹才是“美人鱼真正并且唯一的原型”，《理性革命》的作者称，美人鱼只不过是“寓言故事中的动物”，存在的可能性极低，人们却认为这种想法是无用的。[12]

针对美人鱼和特里同的研究越来越多，尽管存在争议，但是这些博物学家们仍然表现出对这些奇妙生物的向往。更重要的是，他们揭示了科学调查过程在过去两百年中翻天覆地的变化。18 世纪的博物学家并没有完全相信古代文献和道听途说，他们结合了不同的“现代”资源——全球通信网络、发表文章、跨大西洋航海、人鱼样品以及各种学术团体的研究，来理性分析到底人们眼中的奇怪生物究竟为何。因此，越来越多的绅士对所谓开明的逻辑叙述方式既赞同又回避，他们开始使用有效的调查手段，来探究这类神秘又奇特的生物。如此一来，科顿·马瑟（Cotton Mather）、萨缪尔·法鲁尔（Samuel Fallours）、卡尔·林奈（Carl Linnaeus）和汉斯·斯隆（Hans Sloane）等 18 世纪的哲学家加深了当代人以及现代人对科学、自然和人类的理解。

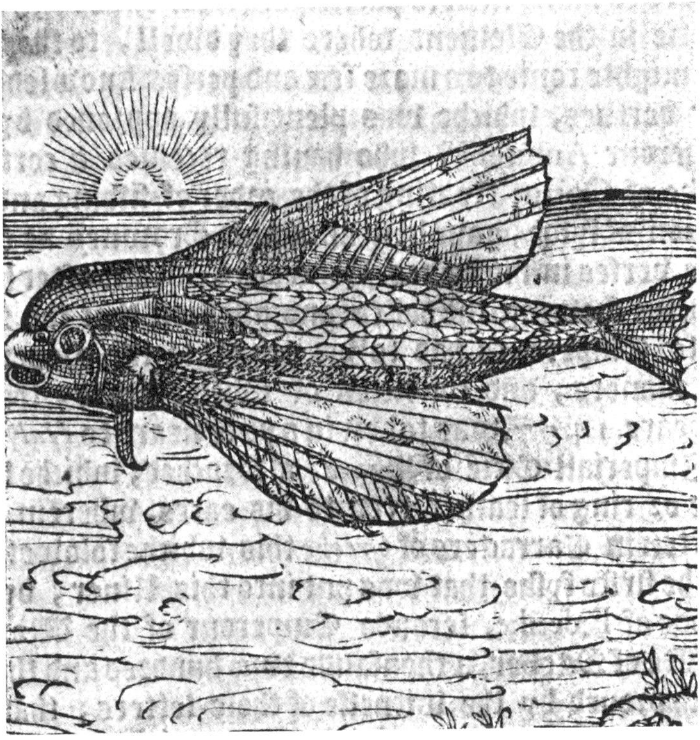

图 3.4

皮埃尔·博阿斯托《浅谈自然奇观》中的木版画（1569）

其中，伦敦皇家学会作为合法的科学调查交流所和发起人，为这项事业做出了巨大的贡献。罗伯特·西巴尔德爵士（Sir Robert Sibbald）是一名受人尊敬的苏格兰外科医生和地理学家，他非常理解皇家学会渴望在研究方面的突破。1703年11月29日，他写信给皇家学会主席汉斯·斯隆伯爵（Sir Hans Sloane），信中表明，西巴尔德和他的同事们在苏格兰发现了一种两栖类动物，还附有铜版画像，他希望将这些资料上交给皇家学会。在意识到皇家学会只对前沿领域的研究感兴趣之后，西巴尔德告诉斯隆，他在其中"还添加了一些两栖类水生动物的资料，其中还有混种体，就像在我们海域常看到的美人鱼和塞壬那样"。[13] 这便是18世纪两位顶尖学者针对人鱼互相交流意见的开始。

1716年7月5日，科顿·马瑟（Cotton Mather）也给伦敦皇家学会写了一封信。这并不是什么稀奇事，因为这位波士顿博物学家经常给皇家学会写信发表一些科学成果。然而，这封信的主题有些稀奇古怪——以"一条特里同"为题，这封信的内容证明了马瑟由衷地相信人鱼的存在。他表示，一直以来，他都认为人鱼和"人马兽或斯芬克斯猫"一样是虚构的。马瑟找出了很多记载人鱼的历史文献，包括在古希腊"塔纳格拉镇亲眼见过一条干巴巴的特里同"的迪莫斯德哈特斯以及老普林尼有关美人鱼和特里同存在的断言。然而，正如马瑟所言，因为“普林尼在我们这个时代已经没有什么可信度了”，他便把大部分古代文献视为谬误。直到读著名的欧洲学者（如博阿斯托和贝罗尼厄）的文献时，他才越来越相信这种生物的存在。马瑟发现，那些美人鱼和特里同的目击事件不再能与古代传说归为一类：根据不同的书籍，在约翰王统治时期，一群英国人在牛津的萨福克抓到了一条雄性人鱼；1404 年，在荷兰埃丹，一条美人鱼被拖上了岸并学会了纺织；1610 年，英国船长理查德·怀特伯恩在纽芬兰岛探险时看见了一条美人鱼。[14]

至此，马瑟并没有完全被说服，直到 1716 年 2 月 22 日，“三名诚实可靠的男人，从米尔福德乘船到布伦特福德（康涅狄格州）”，途中遇见了一条特里同。一听到这条消息，马瑟只好说：“现在我所有的疑虑都被打消了，我只好相信特里同的存在。如今，在我自己的国家就有一条刚刚被展出的特里同，如果再加以质疑，那就是我的问题了。”那条特里同逃跑的时候，这三个男人看到了他的全貌：他的头、脸、脖子、肩膀、手臂、手肘、胸部和后背都与人类相似。下半身的样子是鱼尾，颜色类似于鲭。虽然“这条特里同”并没有被抓住，但他使马瑟相信了人鱼的存在。为了向皇家学会证明故事的真实性，马瑟表示，他还将继续向《自然新事件》投稿。[15]

1743 年，英国植物学家彼得·柯林森（Peter Collinson）给伦敦皇家学会写信称，他的朋友塞万奴斯·贝文（Sylvanus Bevan）（伦敦人）获得了“一件奇物，一个美人鱼手掌和一条美人鱼的胳膊”。柯林森解释说，贝文从巴西海岸驾船出发之后，“某种似人生物逼近船边，并将手臂攀到船舷上缘”，紧接着一个水手将其胳膊砍下。这无名生物便退回水中，只给他们留下“一条美人鱼胳膊”。然而，直到 1747 年，“贝文先生向兴趣广泛的伦敦皇家学会展示这些在巴西海岸发现的类似人类胳膊和手掌的鱼骨”时，斯隆才第一次看见这条胳膊。[16]

著名的博物学家（也是柯林森的同事）卡尔·林奈（Carl Linnaeus）也专注于美人鱼和特里同的调查研究。读了有关瑞典尼雪平美人鱼目击事件的报道之后，林奈于 1749 年写信给瑞士科学研究院，力劝其开展追捕行动，抓到这真实存在或是存于幻想之中的生物。林奈承认，“关于美人鱼到底是真实存在的还是由某种海洋鱼类引发的想象，科学界并未给出一个明确的答案”。然而，在林奈看来，追捕人鱼是利大于弊的，对如此奇异的现象有所突破“可能会是科学院有史以来的最大成就，全世界都会感激科学院所做的一切”。或许，这类生物可以揭开人类起源之谜。对于林奈——因生物分类法而闻名世界的博物学家来说，这个古老的谜团必须被破解。[17]

荷兰艺术家萨缪尔·法鲁尔（Samuel Fallours）也声称在遥远的国度发现了人鱼，由此开启了长达数十年不分地域与媒介种类的激烈讨论。1706 年至 1712 年，法鲁尔住在印度尼西亚的安汶岛，并在荷兰东印度公司当文员助理。在“香料之岛”就职期间，他画了很多本地动植物的图像。其中一张（图 3.5）碰巧画了一条美人鱼，或塞壬。法鲁尔笔下的“塞壬”与传统美人鱼极其相似：海藻绿的长发和美丽的脸庞，裸露的腰部连着一条蓝色或绿色的鱼尾。然而，这条美人鱼的皮肤是黑色的（有一条绿色的花纹），与当地人的肤色相近。[18]

法鲁尔画稿旁边还附着文字，这位荷兰艺术家声称，“这条塞壬被放在安汶岛住宅的一个水桶中，不过四天之后就死了”。这是他儿子在附近的布鲁岛用两埃尔布匹从一群黑人手中买来的。最终，这条呜咽不停的塞壬死于饥饿，“它不吃任何东西，鱼或贝类都不喜欢，苔藓和草类也不吃”。美人鱼死后，法鲁尔“好奇地抬起它身体前后的鱼鳍，发现它的身体构造和人类女子无异”。不过据法鲁尔称，这条美人鱼样本在送往荷兰的途中丢失了。然而，这条安汶美人鱼的故事才刚刚开始。[19]

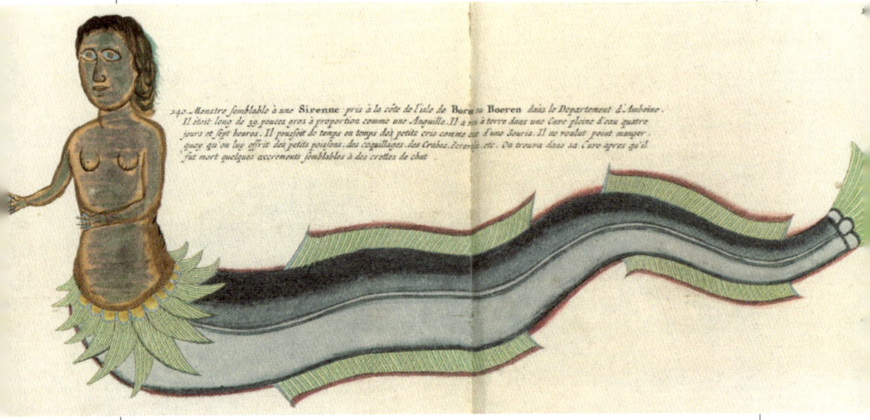

图 3.5

“塞壬”

《鱼类、淡水龙虾和蟹类》，路易·雷纳德

法鲁尔的美人鱼画像风靡全球几年之后，一位出生在法国，现居住在阿姆斯特丹的书商，路易·雷纳德（Louis Renard）在其《鱼类、淡水龙虾和蟹类》（1719）一书中印上了法鲁尔的塞壬图。然而，法鲁尔画像中异常鲜艳的颜色以及图中生物的奇特性，使很多人质疑画像的准确性和真实性。雷纳德尤其怀疑法鲁尔图中塞壬的真实性，声称“隐藏在美人鱼名下的怪物必须得到证实”。这位书商动用了整个文学界来澄清这件事，他“将一些复印件送往巴达维亚和安汶寻求证实”。他向读者承诺：“如果有必要做出改动的话，我一定会向公众表明情况。”1716 年（雷纳德重新印刷画像的三年前），这件事的影响进一步扩大，俄国的沙皇彼得一世（Catherine I）和妻子凯瑟琳一世（Catherine I）来到雷纳德书店，看到了法鲁尔的美人鱼画像。凯瑟琳不相信法鲁尔在自己家养过一条美人鱼，并要求雷纳德找出证据。后者立即写信给法鲁尔的两位熟人：一位是弗朗索瓦·瓦朗提（François Valentijn），他是一位荷兰牧师，与法鲁尔的传教士主教是好朋友；另一位是阿伯拉哈姆斯·巴朗特（Abrahamus Parent），法鲁尔在安汶岛任职期间，巴朗特是荷兰改革宗的首领。[20]

可惜这两位男士并未起到什么作用。瓦朗提称自己“并不是这件事情的见证者”，并且“今天是第一次听说这件事”；而巴朗特告诉雷纳德，当他在安汶岛看见法鲁尔的时候，并未听说囚禁美人鱼的事情。值得欣慰的是，这两个人分别向雷纳德讲述了自己偶遇人鱼的事情。但是雷纳德并不需要其他美人鱼的故事，他仅仅需要这一条美人鱼存在的证据，然而并未如愿。[21]

学者们在法鲁尔的画像中同时看到了积极和消极的一面，并且注意到了雷纳德在信件开端的一段对话。在 1754 年新版的《鱼类、淡水龙虾和蟹类》的前言部分中，这位荷兰的收藏家、动物园经理和自然博物学家艾尔诺特·沃斯麦尔（Aernout Vosmaer）一同声称："大众对美人鱼的关注度远远不够，美人鱼需要更多的热度。她的存在已被证实。"沃斯麦尔随后反对将人鱼的存在感"弱化"，并说"这种怪物，如果非要这么称呼他们的话（虽然我不知道原因）"，比任何一种生物都善于躲避人类的陷阱，因此非常少见。因为人鱼的生理构造与人类相似，沃斯麦尔认为，他们"死后要比其他鱼类更容易腐烂"。正是由于尸体无法长时间保存，所以人鱼被目击的次数逐渐减少，这也解释了为什么珍奇柜中很少会有保存完整的人鱼样本。如历史学家西奥多·皮特什（Theodore W. Pietsch）所说，雷纳德所做的一切代表了"大自然的描述者，尤其是科学界的插图师，对如何准确详细地描述真实存在的生物产生了越来越大的兴趣"。雷纳德详细的调查研究都是基于直接且理性的观察和启蒙时期的哲学，然而，他将美人鱼列入调查对象的做法激怒了一些学者同事。[22]

英国自然学家埃玛纽埃尔·蒙德·达·柯斯达（Emanuel Mendez da Costa）是伦敦皇家学会的成员，极其专注于“探索大自然”，然而他对法鲁尔（还有瓦连京和雷纳德）的作品却不太感兴趣。1776 年，在回顾贝壳学最近的学术发展时，达·柯斯达评价瓦连京（Valentyn）的《新旧东印度》（1724—1726）为“一部新奇却不科学的作品”。最主要的原因就是，瓦连京“用低俗的手法呈现了一条纤细的美人鱼”，他将其置于“两个大铁盘之间，并在盘子中画上了一些海藻和鱼”。达·柯斯达称，这种“可笑的背景使（瓦连京的）作品流传于各种活跃的收藏家手中”。[23]

彼得·柯林森并不同意达·柯斯达的看法，他支持将被证实的科学与思辨性的人鱼研究结合到一起。1755 年，柯林森写信给伦敦著名的学术期刊《君子杂志》，重提了（之前被“W.X.”提到过的）理查德·怀特伯恩（Richard Whitbourne）1610 年在纽芬兰沿岸的美人鱼目击事件。作为伦敦皇家学会的成员和一名受尊敬的自然学家，柯林森的意见当然要比一个在美洲殖民地的报纸上刊登文章的匿名者的意见要重要得多。因此，柯林森在文章的开端引用了怀特伯恩的经历，并表示“如今仍有很多人质疑美人鱼的存在，也许他们有自己的理由，但所有的自然历史学家都认为美人鱼是真实存在的，很多信誉良好的航海家所持的证言也不容小觑”，他说的话读者应该会相信。最重要的是，从柯林森在 1755 年给《君子杂志》（英语世界的著名期刊）的投稿中，可以看出 18 世纪中期欧洲学者是如何解决人鱼这一科学议题的。尽管很多人“仍然质疑美人鱼的存在，也许他们有自己的理由”，但也不得不考虑大量正直诚实的航海家所持的证言，不得不尊重“所有的自然历史学家都认为美人鱼是真实存在的”这一事实。虽然 21 年之后才发生了达·柯斯达贬低瓦连京作品的事件，但是这篇文章与达·柯斯达在 1776 年发表的意见有着千丝万缕的联系，这篇文章使《君子杂志》（以及其他学术性杂志）在接下来的半个世纪中，充满了有关人鱼的科学研究文献。总而言之，柯林森公开宣布自己对人鱼的信仰，偶然间激起了大西洋世界对美人鱼和特里同的研究浪潮。然而在这一发展过程中，达·柯斯达对瓦连京作品的消极评价就不是那么具有代表性了。[24]

18 世纪中期，越来越多的医生不仅相信人鱼的存在，还开始思考这种生物对研究人类起源和未来所产生的影响。正如爱德华·罗宾逊（G.Robinson）在《世界之旅：大自然的风光与艺术》（1764）中所说：“虽然自然历史学家通常将美人鱼和雄性人鱼视为寓言中的生物，但随着越来越多的作者发表可靠证言，相信人鱼存在的理由也随之增多。”四年之后，尊敬的托马斯·史密斯（The Reverend Thomas Smith）将罗宾逊的话视为信条并断言，尽管“还有很多人质疑雄性人鱼和美人鱼的存在，但是更多的证言是为了证实其真实存在”。如罗宾逊、“W.X.”和《英国阿波罗》的编辑一样，史密斯也随即列出了一张长长的单子，列出有史以来被名人目击过的人鱼。但是问题仍没有被解决：罗宾逊和史密斯等人只依靠古代的，甚至玩笑似的目击事件和站不住脚的假说来充当“证据”，他们需要用科学调查来维护自己的立场，并且他们做到了。[25]

1759 年至 1775 年间，《君子杂志》刊登了两篇尤为重要的文章——每篇文章都运用了科学的研究方法来研究人鱼。第一篇发表于 1759 年 12 月，其中附有一张“塞壬或美人鱼的图像（图 3.6），并称这条美人鱼是 1758 年在圣日耳曼的（巴黎）集会上被发现的”。作者表示，这幅美人鱼图像是“著名的哥蒂埃先生（Gautier）出品的写生画”。雅克·法比安·哥蒂埃（Jacques-Fabien Gautier）是一位法国印刷商，同时也是第戎科学院的一名成员，他能够非常准确地印刷科学题材方面的绘画，因此非常著名。[26] 将哥蒂埃的名字与画稿联系到一起，就会迅速积攒人气，尽管是一幅奇怪的画像，但就算与哥蒂埃没有关系，这幅画和这篇文章也会因其现代的

图 3.6

《体型庞大的美人鱼》，哥蒂埃（1757）

科学方法而受欢迎。显然，哥蒂埃与这种生物接触过，还发现它“大约 2 英尺长，有完整的生命迹象，性格很活泼，在水中嬉戏的时候看起来很开心，很灵活”。虽然哥蒂埃认为，当观赏者喂它面包和小鱼时，它表现得很友好，但是他还认为，这只是“天性使然”。对于哥蒂埃来说，这个生物体仍然是一只陌生的野兽，需要对其进行更加深入的科学调查。[27]

根据哥蒂埃的记录，“它的生殖器就算在放松状态下也是直立的，该生物是雌性，但其生理特征极其丑陋”。正如画中所展示的那样，哥蒂埃发现它的皮肤“很粗糙，耳朵异常肥大，背部和尾巴长满了鳞片”。图片中所示的美人鱼与一直以来在欧洲教堂中展示的美人鱼形象相去甚远，与其他自然学家和探险者所描述的形象也不相符。大多数为大家所熟知的美人鱼都具备出众的女性身体特征，拥有蓝绿色的飘逸长发，而哥蒂埃这条美人鱼的头部光秃，只露出两只“异常肥大的”耳朵，生理特征“极其丑陋”。而且这只塞壬的身形也要比传统的美人鱼小，大约只有 60 厘米（2 英尺）高。最重要的是，哥蒂埃的美人鱼反映了 18 世纪中期探究大自然奇观的方法：这位法国人应用了备受推崇的科学技术（在这篇文章中是指，对该生物进行解剖学层面上的探究以及精准的画像）来向读者展示大多数人认为奇特的生物。[28]

哥蒂埃的主张在英国科学界掀起一阵浪潮。1761 年，伦敦的《环球杂志》重新刊登了一则 1671 年发生的见闻：一群法国人和非洲奴隶声称在马提尼克岛（西印度群岛）看见了一条雄性人鱼。作者详细描写了这条“特里同，或雄性人鱼”，并解释说，“由于时间充裕，这些目击者仔细观察了这条特里同的全貌，它的身形类似于人类，上半身与人类十五六岁的男孩无异”。然而，这条特里同留着长长的白胡子，胸部长满了白色毛发，“就像老年人一样”。这位作者的配图（图 3.7）要比哥蒂埃的那张更像人类，人鱼的长相更容易被人接受，身体和鱼尾也很好辨认。然而更重要的是，作者为这样一个奇特的事件提供了确凿的证据。显然，第一次听说这件事的船长和耶稣传教士“认为这只是杜撰出来的故事，为了防止世人被报告欺骗，他们还进行了非常严格的调查。分别询问目击者之后，他们谨慎地”承认了目击事件的真实性。因此，就像哥蒂埃的画像和文字描述一样，《环球杂志》刊登的文章也有信任度较高的资料来源（一名船长和耶稣会神父）、清晰的文字描述以及一张精确的配图。

其他学者将哥蒂埃的出版物作为参照物来探究人鱼存在的合理性。1762 年 6 月，《君子杂志》的一位匿名投稿者称，哥蒂埃的作品“似乎毫无争议地认定了这个事实，即这种怪物的确存在于大自然”。但是，这位投稿者还有其他证据。

图 3.7

“马提尼克岛的特里同”

《法国信使》1762 年 4 月份的刊物称，前一年的 6 月份，在耐亚牟替亚岛（法国西南海岸）沙滩上嬉戏的两个女孩“在一个天然洞穴中发现了一种类似人形的动物正靠在自己的手上”。然而，事件朝着病态的方向发展，其中一个女孩用刀刺伤了这个生物，它“像人一样发出低吼声”。接着，这两个女孩砍掉了这个可怜生物的双手，“它的手指和指甲已经成形，手指之间还有网状物”，然后，她们向当地的外科医生寻求帮助，这位医生看到这个生物之后，记录如下：

它的体型与最高大的人类一般大……皮肤发白，好似溺水之人……它的胸脯与发育完整的女人无异，扁平的鼻子，大大的嘴巴，下巴上细小的贝壳看起来像胡须一样，整个身体都遍布着同样的白色贝壳。它长着一条鱼尾，身体末端长着一双脚。

这是一个由训练有素、信誉颇高的外科医生所证实的故事，增加了哥蒂埃调查研究的可信度。对于越来越多生活在 18 世纪的英国人来说，人鱼是真实存在的，他们的外貌与人类极其相似，并且人类需要彻底地对其进行调查研究。[29]

1775 年 5 月，《君子杂志》发表了一则有关美人鱼的调查，这条美人鱼是一位商人于 1774 年 8 月前往纳头利亚的途中，在爱琴海群岛（或爱琴海）的斯坦利海湾发现的。与哥蒂埃 1759 年的“塞壬”一样，这个样本附有精确的文字描述和画像（图 3.8）。然而，这位作者有意拉开自己与哥蒂埃的距离，声称自己的美人鱼与“许多年前圣日耳曼集市中的美人鱼相去甚远”。最有趣的是，作者还将两条美人鱼放在种族和生物学的领域中进行对比，称“我们有理由相信，人鱼有两类，更确切地说，是同一属中的两个种类，其中一类类似于非洲黑人，另一类类似于欧洲白人”。哥蒂埃的塞壬“无论从什么角度来看都像个黑人”，作者发现自己的美人鱼具备

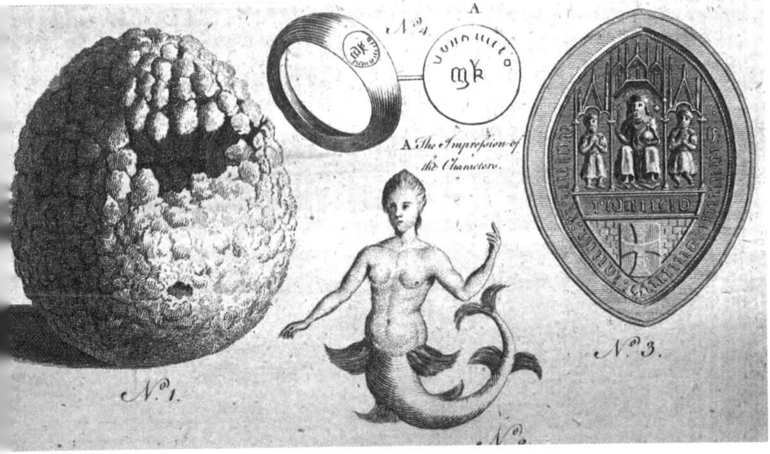

图 3.8

“角色模仿”

《君子杂志》，卷 XLV 塞万努斯·厄尔本（1775）

“欧洲人的特征和外貌。它的脸就像一个年轻的女人，眼睛是好看的浅蓝色，鼻子小巧玲珑，再加上樱桃小嘴和薄薄的嘴唇”。[30]

以前的作者运用详细的描述、求证以及图解等科学方法，来证明自己手中样本的真实性，1775 年的笔者引入种族和生物学方面的现代理论，将人鱼和人类二者进行对比，称哥蒂埃美人鱼“异常肥大的”耳朵、扁平的鼻子和“极其丑陋的”生理特征与“黑人的样貌”相似。然而，他自己的美人鱼样本就长着“好看的浅蓝色”眼睛、“小巧玲珑的”鼻子、樱桃小嘴上覆着两片薄薄的嘴唇，这就是所谓“欧洲人的特征和外貌”的具体表现。[31]

在当时有很多描绘非洲女人的画像，其中一幅是弗朗索瓦·勒·维兰特（François Le Vaillant）的作品《咖啡色女人》（图 3.9），这幅作品完美地呈现了 18 世纪欧洲人眼中的非洲女性。正如历史学家詹尼佛·摩根（Jennifer L. Morgan）所言，早期现代的英国作家通常会运用两种刻板印象来贬低非洲女性，并将其商业化。首先，他们“按照惯例将黑人女性放在白人女性身边，并以此为美”。1775 年的那位作家就很好地做到了这一点，他将哥蒂埃“极其丑陋的黑人”美人鱼与自己“具备欧洲人长相和特征”的漂亮美人鱼做对比。其次，

图 3.9

《咖啡色女人》

《从好望角到非洲腹地之旅》，勒·维兰特（1790）

早期现代欧洲人将重点放置于所谓的非洲女性“野性的美以及顽强的生殖能力”上——尤其是她们能够不间断地给不同的孩子喂奶，以此“用非洲女人来证明其文化的低等性，并将这种低等性固定为种族差异”。哥蒂埃的美人鱼与勒·维兰特的黑人女性都具有肥硕的胸脯，但前者并没有与小孩联系到一起，她的胸脯暗指欧洲人重复提到的非洲女人将孩子放在肩上喂奶（毫不意外，勒·维兰特在非洲女人怀中画上了一个正在吃奶的小孩）。然而，1775 年的美人鱼却只有小小的乳房，这或许代表了英国自然学家眼中一项重要的种族差异：所谓乳房更小的白人女性忍受痛苦的能力也更小，而拥有硕大乳房的黑人女性承受痛苦的能力也更高，可以不痛不痒地生养孩子（就像“野生”动物一样），因此白人女性要比黑人女性更加文明。植物学家不仅利用人鱼科学来深入探究海洋生物的自然秩序，而且他们将对这些神秘生物的解读作用于人类——尤其是白色人种在不断变化的种族和生物学框架中的位置。[32]

人鱼的科学调查不仅限于学术杂志。法国自然学家贝努瓦·德·梅耶（Benoît de Maillet）在《特里梅德》（1748）一书中，试图“将人类与地质学和整个宇宙联系在一起”。他认为，地球表层的地理和地质结构完全是由海洋决定的，并且其作用过程已经持续了数十亿年。这项论点开创了科学研究的新兴领域，之前从未有人提出时间跨度如此之大的假说。梅耶提出的有关“人类起源于海洋”的论点同样备受关注，按照他的说法，陆地动物和人类都起源于海洋。当海洋逐渐消退（部分原因是淹水期和落干期的循环交替），陆地才露出其本来面貌。随后，动植物和人类慢慢地迁徙到这片新陆地上，经过“普遍持续的进化过程”转变成“陆地生物”。梅耶认为，美人鱼和特里同不仅是真实存在的，而且还是人类的祖先。与其他学者一样，他也为读者列出了从古至今世界各地发生的美人鱼目击事件，并承诺说：“我拒绝一切可能是诗人想象力的产物，只关注于证据充分的事实。”马瑟（Mather）曾说，植物学家根本不相信老普林尼的人鱼童话，但梅耶认为他漏说了一句话，“把普林尼称为骗子或许不是很公平”。梅耶相信普林尼口中那个会吹笛子的特里同的存在，尽管他也加上了自己的科学见解，特里同的“音乐肯定不会是和谐动听的，因为他可能只是用嘴吹着有孔的芦苇秆罢了”。用辩证的眼光梳理这些“奇怪但又真实”的资料之后，这位哲学家得出结论：“这是人类起源于海洋的强有力证明，依我所见，思维固化的人大多相信陆地起源说，而也有一些人倾向于其他起源论，这些资料已经足以证明他们的想法了。”梅耶认为，是宗教蒙蔽了世人的双眼，使他们不相信海洋起源说。就算亚当真实存在过的，那他的祖先也一定是美人鱼和特里同。[33]

如此激动人心的假说当时引起了广泛的争议。一些传统的自然学家怒斥梅耶反宗教的理论。例如，1757 年，法国哲学家德加里耶·阿让维尔（Dezallier d’Argenville）称：“妄想用特里梅德代替摩西简直愚蠢至极，这位作者怕我们将亚当奉为祖先，提出人类起源于深海，还将水生怪物当作人类祖先！只有无神论者才会做如此美梦。”但也有其他学者支持梅耶的假说：伏尔泰（Voltaire）将《特里梅德》视为重要的理论参考，帮助自己理解地球历史。法国共有 500 家私人或公共图书馆，其中 72 家都藏有此书（其在 18 世纪中期法国图书馆最受欢迎的书籍中排名第六）。他从图书馆借来古代作家——如卢克莱修（Lucretius）、伊壁鸠鲁（Epicurus）和希罗多德（Herodotus）的书籍细心研读，他发现梅耶不仅重塑了欧洲人对世界地质起源的观念，而且详细讲述了大量美人鱼和特里同目击事件的来龙去脉，为其提供进一步的证据。在他的论述中，人鱼完美地融入了人类与地球的地理、自然和科学历史的变化。[34]

艾瑞克·彭托皮丹（Erik Pontoppidan）是卑尔根的主教以及哥本哈根皇家科学学会的成员，他的作品《挪威自然史》（1752—1753）就是基于梅耶的理论写成的。当读者读到有关美人鱼和其他海洋生物的章节，或许会“认为他（彭托皮丹）毫无主见，人云亦云”，但这位自然学家称：“我可以耐心地听完他们的批评，等到他们读完一整章之后，我自认为也就无须道歉了。”彭托皮丹开始论述自己的调查结果之前，就承认：“我们掌握的大多数（有关人鱼的）资料都掺杂一些想象的成分，也许看起来像传奇故事。”他继续说道：“如果叙述者说雄性人鱼是‘预言家或先知’，美人鱼是‘歌姬’，不用怀疑，但凡具备思辨能力的人都不会相信这类荒谬之事，更不会相信他们是真实存在的。”彭托皮丹认为，当这些“传奇故事”和“虚构小说”与科学分析联系起来之后，人鱼的真相就会水落石出。[35]

彭托皮丹的研究中最重要的一点是，他认为陆地上的每一个物种在海洋中都有与其对应的生物。[36]他表示，深海里生活着很多“大家熟知的”与陆地动物相似的生物，如海马、海牛、海豚和海狗。“虽然这看起来很合理，但是仍然有很多人反对，这完全归因于人类的利己主义和强烈的自尊心。”他继续说道。这与梅耶非正统的理论相似，很多人不能接受其他生物与人类相像，因为人类是“是按照上帝的样子被创造出来的，是万物之主”。他还找到了一个非洲“伐木工”的例子作为论据，据说这个非洲人是“人类男子和类人猿女子或类人猿和人类女子结合的产物”。彭托皮丹以此来支持当时有关人类进化的新观点，即人类和类人猿是有内在关联的（19世纪的科学家肯定同意这一点）。同年（1753年），俄国自然学家史蒂芬·克拉舍宁尼科夫（Stepan Krasheninnikov）对一只被发现于美洲海岸的所谓的“海猿”或“海猴”做了详细分析。他将这种奇怪的生物与16世纪自然学家康拉德·格斯那（Conrad Gessner）虚构的海猴联系到一起，并将其作为海猴进一步存在的证据。梅耶、彭托皮丹和克拉舍宁尼科夫等人认为，虽然自己的研究与主流不符，颇受争议且未得到证实，但至少也是有理有据的。[37]

18年之后，卡尔·林奈（Carl Linnaeus）和他的学生亚伯拉罕·奥斯特丹（Abraham Osterdam）进一步完善了分类学说，使其变得更加合理。1749年瑞士科学院寻找美人鱼无果，林奈和奥斯特丹打算自己动手调查，并于1766年发表了关于大鳗螈（蜥蜴塞壬）的专题论文。他们在论文首页附上一张列表，记录了有史以来所有的美人鱼目击事件，接着列举了与传说中的动物外貌相似的“陆生动物和两栖动物”，这使分类学变得更加错综复杂。二人的调查对象锁定在卡罗来纳州南部的亚利山大·伽尔顿（ Alexander Garden）身上，他家有一条与美人鱼非常相似的生物。这篇论文的主题是为了探究这类神奇的生物——他们口中的“大鳗螈”。受卡罗来纳州潮湿气候的影响，这条生物长着像鸭子一样的鼻子，但叫声比鸭子“更尖锐清亮”。解剖之后发现，它的胸腔内长着“肺和鳃”（将哺乳动物和鱼类联系到一处），原本应该是双腿的地方却长出了鱼尾，两条短小的手臂从身体中伸出来（图3.10）。虽然并没有与17世纪丹麦医生托马斯·巴托林描述的美人鱼那样与人类相似，但这条“塞壬”确实符合18世纪人们对人鱼的印象。接着，林奈和奥斯特丹运用现代解剖学的知识仔细分析了这条生物，对其全身器官（包括小小的牙齿、扁平的头颅和尾部底端的肛门）进行分类研究。最终，他们认为这条生物的长相是前所未有的，确实值得展示出来满足人们的好奇心。显然，这位“分类学之父”在自然谜题中发现了一处“有价值”的地方，这个发现在人类与两栖生物之间建立起了联系（尽管这种联系很薄弱）。[38]

1749年，林奈开始寻找人鱼，想要找到一条符合巴托林描述的美人鱼：上半身是人身，下半身是鱼尾。但这并不是一件容易的事，需要林奈和其他欧洲哲学家在满世界航海的过程中，使用最先进的科学方法。林奈的很多同事都发现了状似美人鱼和特里同的生物，而林奈发现的样本却与流行的人鱼形象不太相符，这个生物并没有人类的头颅和身体，也不像《君子杂志》中的人鱼那样长着鱼尾。林奈和他的学生还在卡罗来纳州南部的偏远地区发现了新物种大蝾螈，这种动物确实具备这些特征——像人一样的手臂，复杂的内脏（如肺和肛门）以及水陆生存的能力，他们认为这条“塞壬”是他们遇见过最像人鱼的生物。最重要的是，大蝾螈同时也

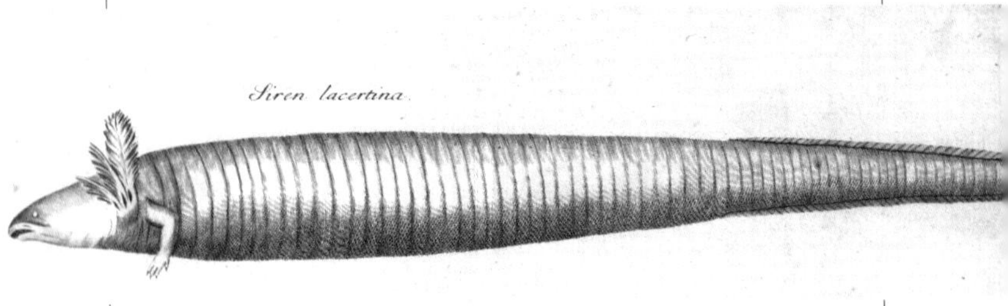

图 3.10

“大鳗螈”

卡尔·林奈，亚伯拉罕·奥斯特丹，《爬虫学》，卷 VII（1789）

使林奈引以为傲的分类学的界限变得模糊，并表明两栖动物可能是人类的远亲。

18 世纪的哲学家对人鱼开展调查研究，代表了在启蒙时代不仅保留了奇幻色彩，还创造出了理性科学。以神话为主，科学调查为辅，现在美人鱼和特里同逐渐占据了哲学家的视线。一开始这种调查研究仅限于发表在报纸上的文章以及航海家短暂的陈述和道听途说，但是 18 世纪下半叶之后，自然学家开始使用现代科学方法对人鱼进行解剖和保存，用最精准的笔法画出人鱼图解。将近 18 世纪末时，美人鱼和特里同标本成为分析人类起源海洋最有效的工具。人鱼存在的可能性（或者，对一些人来说是事实）促使很多哲学家开始重新考虑之前的分类行为、种族特征，甚至进化模型。正是因为许多的欧洲学者相信，或者说，至少是支持“这种怪物确实存在于大自然中”的观点，因此启蒙时代的哲学家通过一种奇幻又理性的视角来探索自然世界以及人类在其中的位置。

一些善意的哲学家为研究工作创造了一个成熟的环境。1795 年，伦敦流传着这样一段话，“虽然很多人认为航海日记中提到的美人鱼都是幻想，充其量是一部《航海童话》”，但是现在去伦敦春园街就可以“亲眼见证（人鱼）的存在”。这条美人鱼于 1784 年被捕于地中海，现在“由国王授权”向大众展示，这条美人鱼标本“正好 3 英尺长，上半身像女人，下半身是鱼尾”。然而，讽刺文章的配图实在令人胆战心惊（图 3.11），图中的美人鱼根本没有展现出曼妙的女儿身，也毫无神秘气息。没有飘逸的长发，取而代之的是长着角的光头，而且这条美人鱼的面部特征更偏向于男性，身体畸形扭曲，胳膊好像发育不良。[39] 类似有关美人鱼标本的“现实主义”展览在 18 世纪下半叶就已经生根发芽，到了 19 世纪又发展

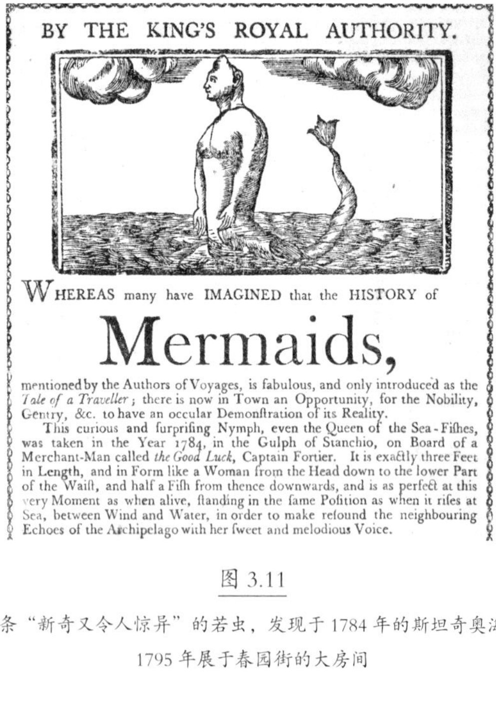

图 3.11

一条“新奇又令人惊异”的若虫，发现于 1784 年的斯坦奇奥海湾

1795 年展于春园街的大房间

到了一个新高度。如此一来，西方世界那些自吹自擂的推销商进一步推动了人鱼文化，与此同时也损害了人们对人鱼的信仰，迫使科学家们开始埋头深思：人鱼这种生物到底是如何影响人类对世界以及人鱼本身进行分类的。

纽约，百老汇大街，一个行色匆匆的女人。马上就要进演奏厅时，一张传单从她的靴子旁边飘过，微风随即将它贴在炭黑色的砖墙上，就像胶水干了一半的墙纸。除了瞥一眼上面的日期（1842 年 7 月 17 日），她只能在这张皱皱巴巴的纸上辨别出一张图片：三条美人鱼性感地卖弄着自己裸露的身体、长长的头发和蛇一般的尾巴。对她来说，这种场景并不新奇，美人鱼是剧场上的常客，而且她自己也很喜欢，各种各样的报社经常刊登美人鱼的图片。但这次不同，最近有个名叫菲尼尔斯·泰勒·巴纳姆（P. T. Barnum）的美国人带着他的“斐济美人鱼”来到了纽约，他发誓这是一条真实的、保存完好的美人鱼标本。女人并不相信人鱼的存在，但她也不反对。她所知道的就是，身边的朋友们一直在兴高采烈地谈论这场“奇迹”，但她要自己找寻真相。一到演奏厅，她就拐进了一间昏暗的密室，一个主持人正在训斥人鱼。美人鱼的爪子旁边，一个坐在爸爸腿上的小男孩问道：“美人鱼在哪呢？”当女人终于看见巴纳姆吹捧的美人鱼时，她的大脑一片空白，不敢相信自己的眼睛。这根本不是美人鱼，这是个野兽：一个蜷缩成一团，皱巴巴的，可怜的小生命，它看起来好像永远被困在死亡的痛苦中无法自拔。当观众慢慢聚集在玻璃罩外，为了看一眼这枯叶般的生物时，女人逃出了房间。胃里翻江倒海，她又走进了纽约大街的雾霾中，寻找最近的茶馆。“奇迹，”她用嘲讽的语气自言自语，“我看就是浪费时间。”

chapter 4

畸形展与无尽幻想

19 世纪开启了一个新时代，经济增长伴随着城市化规模扩大，科学技术发展迅速，人口规模膨胀。这个时代充满着对立：富翁与穷人、智慧与无知、全球化与地方化、战争与和平、科学与神学。种种对立使 19 世纪充满了现实主义的困惑以及意识形态的矛盾对立。科学家发明出了能够观察地球生物最小组织的显微镜，但是直到 1890 年，医生才会在做外科手术时佩戴橡胶手套；煤炭使西方工业蓬勃发展，节约了人们的时间，缩短了地理距离，但也催生了很多雾霾城市，以及肺部疾病；1783 年，美国从世界上最强帝国手中独立，随后于 1861 年分裂。然而，杂种生物人鱼糅合了同质性和异质性，同时具备了神话色彩以及生物学上的不适感。这种生物与 19 世纪的西方世界，尤其是英国和美国，完美融合，可以从中感受到 19 世纪铿锵有力但又不可预测的脉搏。

随着每十年（有时是每年）的发现，世人对人鱼的看法也起起落落，19 世纪西方人对人鱼的看法总体上可分为三个（独立或重叠的）阶段。第一阶段（1800—1822 年），普通大众和哲学家仍对启蒙时代的科学与奇幻坚信不疑，报纸新闻不断地刊登人鱼目击事件、人鱼标本和科学调查的文章。有趣的是，19 世纪几乎所有的美人鱼或特里同目击事件都发生在英国不列颠群岛或美国，而文艺复兴和早期现代时期，这类事件都发生在国外。而且，亚洲的“东方”诱惑力仍然蛊惑着西方民众，1820 年，无数日本制造的美人鱼“标本”涌入英国和美国市场。

第二阶段（1822—1845 年），西方观众由衷地相信美人鱼和特里同的存在。新闻报纸在这场文化浪潮中扮演着至关重要的角色。1810 年到 1845 年间，西方人平均每年能在当地报纸中至少看见四次关于人鱼的文章。[1]1822 年的伦敦美人鱼样本和 1845 年的纽约美人鱼样本在大众和科学界激发了前所未有的浪潮，大家对人鱼存在的关注度激增。但是，这也是把双刃剑。最典型的例子就是美国海军上校塞缪尔·巴莱特·伊德斯的美人鱼标本和费尼尔司·泰勒·巴纳姆的“斐济美人鱼”标本，大批观众购买门票只为一睹美人鱼真容，这两条人鱼标本引发了一阵文化狂热。然而这群美国推销商的运气并未持续多久，科学家仔细研究了他们的美人鱼，发现那只不过是日本制造的仿品：用粗暴简单的手法将一只猴子和一条鱼缝合在一起。接下来的半个世纪，一系列的论文和报纸文章都将人鱼视为一种漏洞百出的仿制品和哄骗手段。伊德斯和巴纳姆的美人鱼将西方（伦敦和美国）的人鱼浪潮推至顶峰，同时也摧毁了人们心中的美好幻想。[2]

但是，这并不意味着这类附带节目突然就从美国和英国消失了。相反，为满足观众的要求，公共展览和“畸形展”

仍然在英美两国陆续举办。[3] 然而，在第三阶段，大众便开始用一种更“科学”“更理性”的角度看待所谓的畸形生物（1845—1900 年），比起窥探神秘的奇观，他们更想短暂逃离自己艰难的日常生活。另一个可以代表 19 世纪充满矛盾又令人困惑的现代化进程的例子是，科学家试图将人鱼从地球与生物的科学研究领域中剔除出去，但是通过不同的手段，反而激发了人们对人鱼的兴趣。19 世纪上半叶，欧洲人和美国人挤到玻璃柜前观赏那些干枯缺水的赝品，到了 19 世纪末，他们便到水族馆的玻璃缸前看着“美人鱼”海牛懒洋洋地游来游去。西方世界的报纸上也开始刊登有关人鱼调查历史的文章，人鱼骗局的故事、有关人鱼神秘起源的科学调查也层出不穷，各种戏剧、科幻小说、诗歌和歌曲都或多或少穿插着美人鱼和特里同的元素。自中世纪开始，西方人对人鱼就产生了不同程度的怀疑和信任，害怕和好奇。

本章的分析框架大部分是建立在 19 世纪大众媒体的繁荣发展之上的。19 世纪初期，报纸和期刊是向普罗大众传递信息的最主要媒介。每十年，这些刊物的种类似乎都会增加。每一个村庄都有属于自己的报纸，像伦敦和纽约这样的大城市如果没有几十种，也有十几种不同的报纸了，并且是以多种语言形式发行的。1800 年，美国拥有 200 家报社；到 1860 年，美国人可以买到超过 3000 种不同报社发行的报纸。[4] 西方读者可以在墨水印刷的外国报纸上看到很多信息，包括卖鞋广告、政治新闻、诗歌和寻物启事。至于杂志，一位19世纪的读者称为天地间的“鲜花与繁星”。[5]因此，从贪婪的商贩到博学的学者都想在大众媒体中占有一席之地，此外再无范围如此之广、速度如此之快的传播途径了。由此可见，报纸和期刊是研究1800年到1900年间西方人关于人鱼研究的理想途径。

19世纪的西方报纸共刊登了31起经查证的人鱼目击事件。其中有24起是发生在1850年之前的，之后的9起事件大多都是信誉不佳的编辑写出来的，这些编辑在19世纪上半叶就已经发表过类似的文章，毫无真实度可言。当然还有其他形式：在1845年人鱼信仰被费尼尔司·泰勒·巴纳姆破坏之前，报纸喜欢刊登一些经查证的人鱼目击事件和人鱼标本，也会印上一些人类与美人鱼和特里同的美好故事，以及诗歌和歌曲等致敬人鱼文化的内容。总而言之，报纸不仅激起了人们对美人鱼和特里同的兴趣，还助长了这种趋势。然而，1845年之后，这种报纸杂志却发生了翻天覆地的变化。过去的三十年，报纸一直在追捧伊德斯和巴纳姆的美人鱼赝品，如今转眼间就开始刊登批评美人鱼和特里同的虚假文章。这些文章通常采用讥讽（如果不是嘲笑）的口吻，有时候甚至将枪口对准某个政治团体或政界人物。

科学调查也发展迅速，证明了传统人鱼并不存在，只不过是人们将海牛、海豹和儒艮错看成了神兽。人类一直以来对神秘的人鱼存有幻想，巴纳姆事件之后的讽刺刊物不断出现，毁灭了人鱼存在的最后一丝可能性。但事情并没有这么简单，在很多领域人鱼信仰仍然坚不可摧，也仍有人认为或许这些神秘生物是真实存在的。或许在 19 世纪，美人鱼和特里同信仰变得黯淡无光，但这些神秘生物仍然具有重要的文化意义。

1800 年至 1830 年间，西方人仍然运用启蒙时代科学与奇幻结合的方法探索人鱼。毕竟，19 世纪初，许多启蒙时期的权威学者还尚在人世，他们继续沿用前人的科学方法（如林奈的分类系统）来为自然界和自然生物分别。19 世纪刚开始的几年，欧洲科学家开始研究袋鼠和鸭嘴兽等澳大利亚杂种生物，因此，人鱼（看似两种现存生物合体）的存在似乎很合理。1818 年，人们怀疑巨爪地懒（现代认为 11 000 年前就已经灭绝了的一种地懒）也许仍生活于北美洲，启蒙时代的美国学者托马斯·杰斐逊（Thomas Jefferson）称："像美人鱼、龙和凤凰这种生物是真实存在过的吗？居维叶（Cuvier）通过解剖它们的尸体得出结论：其中的几种生物确实是真实存在过的。但地球上所有生物是否都被深入调查过，它们的存在是否都具有可信性？我们无从得知。"西方人似乎日复一日地开拓科学和地理的研究领域。谁敢说下一个被证明存在的生物不会是美人鱼和特里同呢？[6]

19 世纪被证实的人鱼目击事件的三分之一都是在前二十年发生的，并且广泛流传于大英帝国和美国。其中最受欢迎也是当时争议最大的一个发生在 19 世纪早期：苏格兰凯斯纳斯的一位小学校长威廉·蒙罗（William Munro）发誓，他亲眼看见了一条美人鱼。伦敦的《晨间纪事报》于 1809 年 6 月 3 日对此事进行跟踪报道。显然，蒙罗“在大约十二年前航行桑德赛德湾时”，看见了这条奇怪的生物。她看起来像一条美丽的美人鱼，梳着长长的秀发，长着一张女人的脸和身体，身后拖着一条鱼尾。因为这条人鱼正坐在石头上沐浴着阳光，所以蒙罗断言自己“将她的特征看得非常清楚”。为了证明自己所说，蒙罗解释说，他曾听当地人提到过美人鱼，但自己当时并未相信：“只有亲眼所见，我才完全相信人鱼的存在。”至此，又增加了一位可信的证人，一开始他并不相信，但最后在无法反驳的现实证据面前，他还是屈服了。就像之前的马瑟一样，蒙罗希望“证实美人鱼的存在，尽管这对自然学家来说很不可思议，并且打消别人的怀疑，他认为这些人对自己无法理解的事情都持不相信的态度”。他的做法效果甚佳。英国和美国的报纸期刊使蒙罗的目击事件“吸引了无数观众”，1809 年 10 月，苏格兰的启蒙先驱——格拉斯哥哲学学会加入了这场讨论。他们与当地的一位绅士大卫·麦凯（David Mackay）取得联系，麦凯向哲学学会保证，“这所小学校长的信件里讲的都是真的，这位校长是一位绅士，他的人品是不需要怀疑的”。他还声称其他人也见过这条美人鱼，[7]并且找到了可以信任的证人，哲学学会进行了一番调查之后也支持蒙罗所持的证言，这个人鱼事件似乎已经落幕。

不出所料，蒙罗事件所获得的关注度以及所谓的真实性使报纸编辑尝到甜头，他们继续刊登更多此类事件。1810 年的 3 月，伦敦《晨间纪事报》报道称，维特岛（距英格兰南岸 2 公里）的一位居民最近目击并攻击了一条所谓的美人鱼，“面色红润，一头又长又密的绿色秀发，在肩膀下面飘动”。[8]1811 年，又发生了两起被证实的目击事件。6 月，一位英国船长在拿索靠岸时，亲眼看见一条美人鱼“在船侧徘徊”。当他试图开枪射击时，“船上的黑人反应很强烈，坚持说射杀美人鱼会带来厄运”。这个短暂的经历更像是 18 世纪的传闻，发现与迷信并存。同年稍晚些，一个更加无懈可击的目击事件发生了，苏格兰的约翰·艾萨克（John M’Isaac）在法官面前发誓，他在 1811 年 10 月真的亲眼看见了一条美人鱼。采访了艾萨克和其他证人之后，法院了解了更多细节，治安官、法官和坎贝尔镇德高望重的绅士们声称，他们“不知道以什么理由怀疑艾萨克的真诚”。这些人签了自己的名字，并得出结论："艾萨克描述的美人鱼样貌是真实所见的。"[9]

本章篇幅太短，不足以对19世纪所有的美人鱼和特里同目击事件进行彻底调查。然而，这些目击事件、人鱼样本和骗局充斥在1812—1817年的报纸期刊上，从中可以看出，19世纪早期的哲学家和科学家是如何将启蒙时代的完美幻想展现给大众的，然而这一过程开始与科学信仰和资本利益纠缠不清。仅仅五年时间，英国和美国出版社就刊登了五起目击事件，印刷了两张"真正的"美人鱼画像，还发生了一场人鱼骗局。例如1812年8月，伦敦《观察者》报告说，"约翰·图平先生（Mr J. Toupin）"和"一群绅士名媛"乘坐一艘从埃克斯茅斯（英格兰西南部，距埃克塞特大教堂12公里）出发的游轮时，发现了"一个特别像美人鱼的动物"。这个故事在英语世界掀起了轩然大波。一位"学医的绅士"对这个动物非常感兴趣，花费18畿尼（超过当时80%民众四个月的工资）对其进行捕捞，受到埃克斯茅斯故事的启发，另一位英国人向《利物浦商报》投稿，在文中坦白道："我曾认为美人鱼只是人们想象的产物，现在我承认我错了。"除了披露更多埃克斯茅斯目击事件的细节外，这位绅士还提供了人鱼目击事件的历史发展，希望"有才识的自然学家能够通过同样的方法为大众服务，认真考虑自己有关人鱼商业用途的意见"。1812年11月4日，美国《宾夕法尼亚公报》重新刊登了《观察者》的这篇埃克斯茅斯目击事件，并写道："一家法国报纸声称，7 月 31 日，五名渔夫在梅林（莫尔比昂省）河边看见了一条特里同或美人鱼。"[10] 简简单单的一起目击事件就能让整个西方世界的人们集结起来，一起寻找这种奇怪的生物。

埃克斯茅斯目击事件的影响非常广泛。从 1814 年 8 月到 10 月，一系列目击事件、人鱼样本和恶作剧频频进入大众视野，西方人对美人鱼和特里同的信仰越来越坚定，尤其是对人鱼潜在的商业利益感兴趣。整个事件起源于 1814 年 8 月 20 日，《阿伯丁纪事报》刊登了一则有关苏格兰小学校长乔治·麦肯基（George McKenzie）的新闻，他声称，最近在苏格兰东北部的波特哥敦沿岸，有两个渔民看见了美人鱼和特里同。像麦凯、艾萨克和图平一样，麦肯基也采用了科学方法来研究这个生物，他在给编辑的一封信中开门见山地表达了自己的愿望，"长久以来，美人鱼的存在一直是一个热点话题"，希望他的这封信"能够在某种程度上为自然学家解决这个问题"。作为一个严谨的审判者，麦肯基提供了渔民的名字——托马斯·约翰逊（Thomas Johnson）和威廉·戈登（William Gordon），对这两条生物进行了详细的描述（"她长着一对乳房，头发没有卷，第二条人鱼的皮肤比前一条更白皙"），并且证明了审问过程的严格（"他们来拜访我，对我讲了上述经历，两个人的叙述如出一辙”）。麦肯基是一位德高望重的教育者，而且对证人进行了交叉询问，因此这个目击事件受到了哲学家和西方大众的广泛支持。英国的主要报纸重新刊登了他的信件，12 月 6 日，这则新闻出现在了美国报纸上。[11] 更重要的是，麦肯基的新闻引发了为期两个月的人鱼热潮，使 19 世纪上半叶的英国人和美国人更加不遗余力地探索美人鱼和特里同，并从中获益。

不出所料，在接下来的一个半月中，英国报纸刊登了一起被证实的目击事件、一起恶作剧式的目击事件、一张“仿生的”人鱼图像印刷版和一个人鱼样本骗局。从坚定的信徒到小商贩再到挖苦讽刺者，似乎所有人都想在人鱼事件中分到一杯羹。在伦敦，《观察者》拿麦肯基目击事件大做文章的第二天，这家报纸又刊登了一篇讽刺文章，文中称“一位受人尊敬的公民的妻子喜欢穿着绿色裙子在马盖特沐浴，很多人却把她当作了美人鱼”。当然，这仅仅是一场闹剧。然而，四天之后，伦敦《晨报》发现了与麦肯基相似的目击事件，报社称最近收到了来自苏格兰安吉尔郡的一封信，信中称“很多人都多次在那个岸边看见过一条美人鱼”。他们说那条美人鱼身形优美，上半身的特征像一个女人，身后拖着“一条巨大的鱼尾”。第二天，有人给《利物浦商报》投稿称：“我知道你们肯定不会相信，但是真的有很多不同的人经历过相同的人鱼目击事件，我们相信这是事实。”[12] 这不是讽刺。这是当代人对人鱼存在的兴趣。当然，报纸会不分青红皂白地刊登这些文章，销量越多他们越高兴。其他人也是如此。

掺杂了科学、资本主义、娱乐和骗局（19 世纪城市的显著特点），1814 年 9 月到 10 月，伦敦和贝尔法斯特举办了两场展览，试图从大众的人鱼热中牟取暴利。[13] 第一场展览展示的是一个人鱼样本，与 1714 年收藏者家中的珍奇柜里的一样。在这种情况下，有点闲钱的伦敦人会去莱斯特广场看“一场最奇幻的自然史收藏品展览，其中都是最珍奇的动物，包括仿真美人鱼”。展品负责人将样本载回家，与各种神奇动物样本放置于一起，包括猛犸象“以及其他收藏家没有的动物”。这并非寻常之事，还可以让商人赚点小钱。[14]

然而，1814 年 10 月，一个骗子利用过去两个月报纸上的美人鱼热潮，狠狠地耍了贝尔法斯特的市民。10 月 8 日，《贝尔法斯特纪事报》收到一封信，信中称“有人在麦基岛（北爱尔兰）的马克港捕到一条美人鱼，并将其放置在充满盐水的船上，有意者可以自行去观赏”。更聪明的是，这个骗子在信的结尾签上了威廉・麦克利兰（William McClelland）的名字，他是真实生活在麦基岛的“一位声望很高的人”。写信者还附上了声称见过这条美人鱼的目击者的姓名，这些人“在贝尔法斯特也不是无名小卒”。简而言之，一个老练的骗子将人们一直沿用并信任的调查过程当作一种欺骗手段：他有可信任的资料来源、经过证实的证言以及人鱼标本。正如一家报纸过后断言：“即便是在如此昏暗的时期，美人鱼仍然是人们每天谈论的话题。就连咄咄逼人的怀疑论者也做出了让步，没人怀疑这件事的真实性，因为事实就摆在那里，威廉·麦克利兰（William McClelland）的话也不容置疑。”麦克利兰的故事登上报纸之后，“人们蜂拥而至，乘着马车、火车、私家车，甚至骑马或步行，路上挤满了人，都为了去一睹美人鱼真容。”但是，马克港的居民也和他们一样赶去寻找人鱼标本。当成群结队的人涌进村庄想要观赏美人鱼标本，最后却生气地发现是一场骗局时，可以想象客栈老板的表情如何。

深感失望（更多的是尴尬）之后，“顾客们”陆续返回贝尔法斯特，卡里克弗格斯（返回途中经过的一个村庄）的村民“用一条背上挂着马尾的大鳕鱼为他们鼓劲加油”。第二周，麦克利兰的蠢行立刻刊登在了英国和美国的各大报纸，1814年10月21日，伦敦《晨报》上刊登了一首精美的小诗，将这个丑闻推向了高潮：

美人鱼骗局

有人欺骗人类，临近卡里克弗格斯，

有人浑身泥泞，在清洗秋沙鸭，
是梦中情人，还是醉酒后的幻想，
难得一见的，是那海洋中的少女；
而芸芸众生，是上了当的可怜虫，
他口中的真相，吸引了世人的目光，
真相戴了面具，为小聪明沾沾自喜，
附上名人签名，名气为他保驾护航。
很多人都怀疑，但还是选择相信他，
用网把它捉来，打算瞒天过海。
奇珍异兽立刻准备就绪
人们四处征用车辆——
双轮马车，四轮马车，叮叮当当各种马车，
所有人都赶到麦基岛，
所有人都涌入马克港，
只为一睹可爱的海中仙女，竟来到陆地上！
啊！最后却发现是卑劣的骗子，
编织的一场精美骗局，
人们该有多愤怒。
邪恶的人四处行骗，
谁来为这场愚蠢的恶作剧负责，
应该被木棍狠狠击打。[15]

虽然被戏耍之后深感尴尬，英国科学家们和其他非专业人士仍专心调查，试图证明美人鱼和特里同存在的合理性。随后，1817 年，一位德高望重的伦敦雕刻家约翰·帕斯（John Pass）（也称帕斯）出版了一张版画：《1758 年、1775 年和 1794 年陆续展出的美人鱼》（图 4.1）。对那时的读者来说，这些美人鱼并不陌生，因为 1758 年和 1775 年的人鱼标本就是《君子杂志》中美人鱼的彩绘版，而 1794 年的美人鱼版画就是以伦敦春园街展出的美人鱼为基础绘制的。与贝尔法斯特的赝品不同，帕斯的作品并不是为了哄骗观众。相反，这是走近人鱼最科学的方法，人们之前一直认为帕斯会创造出一些令人尊敬的作品，如约翰·米尔纳（John Milner）的《温切斯特的历史、人文、宗教及古董概述》（1798—1801 年），以及现代运河和机器的精确图稿。但是，帕斯当然知道，大众对有关人鱼的一切都感兴趣，他可能也知道这幅人鱼版画是最容易也是最快赚钱的。往后的三十年中，有很多人像帕斯一样，利用人鱼的名气赚得盆满钵满。[16]

然而，在上校塞缪尔·巴莱特·伊德斯（Captain Samuel Barrett Eades）和费尼尔司·泰勒·巴纳姆（P. T. Barnum）的人鱼骗局发生 25 年之后，大众的警惕心理有所提高，花钱也变得谨慎了许多。历史学家详细记录了伊德斯上校是如何在 1822 年迷惑伦敦观众的。[17] 故事起源于巴达维亚（荷兰东印

图 4.1

《1758 年、1775 年和 1794 年陆续展出的美人鱼》，约翰·帕斯，伦敦（1817）

度群岛）的一次交易，这位美国的海军上校痴迷于一条风干的美人鱼，决定以6000英镑（相当于2020年的13万英镑）卖掉了船只和货物（虽然这些货物只有八分之一属于他），然后买下这条神秘的小生灵。那时，伊德斯并未意识到他的美人鱼只不过是个仿造品。荷兰商人对他说，这条美人鱼是日本渔民捕到的，当伊德斯到达伦敦时，人们会为他唱赞歌（甚至向他扔钱）。一开始，伊德斯似乎如愿以偿。当他到达南非的开普敦时，观众简直不敢相信自己的眼睛，一位传教士大吃一惊，随后在信中写道："今天，我亲眼看见了一条美人鱼，现在她就在这个小镇上。我之前一直认为人鱼都是虚构的传说，但现在我所有的疑虑都被打消了。"（后来这封信被刊登于《伦敦慈善公报》）1822年秋天，伊德斯的美人鱼到达伦敦，那场面简直是一场盛会，人们在草皮咖啡屋为伊德斯准备了展览区，英国报纸已经刊登了无数个关于这条人鱼的故事。[18]

毫无疑问，伊德斯的美人鱼标本使西方人对人鱼的信仰和调查研究达到了高潮，但这并不是空穴来风。毕竟，此前的数十年，伦敦观众一直对伊德斯的美人鱼翘首以盼。仅二十年之前，被证实的人鱼目击事件频频登上新闻，有名气的作家在受众广泛、声誉较高的报社期刊发表文章称："自然学家曾怀疑美人鱼和特里同的存在，批评者们也对动物的双重性持怀疑态度，但现在我们有能力打消这些疑虑。”与此同时，科学家陆续发表有关袋鼠和负鼠等奇怪生物的研究报告，再次证明了大自然的矛盾性，美人鱼和特里同开始成为诗歌、故事、戏剧和其他文化形式的内容常客。伊德斯的人鱼标本并不唯一。仅在一年之前，伦敦就有过“一条来自苏门答腊的真正的美人鱼”。从伦敦到费城的报纸全部都登满了那条人鱼的跟踪报道，但是伦敦的科学家最终认定那是一只海豹，一定是她丰满的胸脯“迷惑了世人双眼，让人误以为是美人鱼”。不过没关系，她现在仍然被展示在“外科博物馆”的大厅里，被标为“美人鱼”。[19]

我们有必要对伊德斯的美人鱼进行研究，这是一条干枯的小生物，大约 90 厘米（3 英尺）长。最近，科学家对保留至今的不同美人鱼标本进行了 X 光检查，揭开了她们原来的面貌：金属元素（金属丝和钉子）、木头（身体的内部构造、肩膀和尾巴）、粗线（头颅内部）还有一种相同性质的材料，可能是黏土，更稀薄的那层可能是布料。[20] 日本的工匠大师用不同的材料，将一只猴子的上半身和鱼的下半身缝合到一起。我们至今也不知其原因。第六章内容将展开说明，日本也存在与人鱼（或人形）互动的历史。与欧洲建立联系之前，人鱼在日本仅仅被视作类人的生物。如今，日本的佛教和神道教的圣龛中还供奉着小小的人鱼仿制品，据说有一部分历史悠久。所以，我们现在又回到“鸡生蛋，还是蛋生鸡”的谜题了：到底是江户时代的工匠想寻求人鱼的踪迹，才制作出这些仿制品，带到远东卖给那些轻易上当的欧洲人，还是日本一直以来就有制作人鱼的文化宗教习俗，而恰好有一些流传到了欧洲人手中？这是研究人鱼经常会出现的问题，然而对于这种模棱两可的问题并没有一个准确的答案。[21]

我们所能确定的是，随着 19 世纪的发展，尤其是 1854 年日本向欧洲打开国门，日本美人鱼开始在西方世界广泛流传。学者将日本美人鱼分为两类：一类是“滑稽型”（直立的畸形美人鱼，如伊德斯美人鱼），另一类是“匍匐型”（肚皮贴在地上，横躺着的美人鱼）。日本美人鱼长相平庸，与早期基督教会和动物寓言中面容姣好的美人鱼和雄性人鱼毫无相似之处。他们是这个丑陋时代的丑陋之物。如果想要大众接受人鱼，那这个生物就要完美地融合异域风情之奇幻和自然科学之严谨。日本的手工制品恰好符合这两项，这也就是为什么伊德斯上校一定要将他的美人鱼带回伦敦，甚至不惜倾家荡产，身败名裂，毁掉一切商业关系，这条美人鱼值得他如此冒险。

一开始，伦敦的海关人员扣押了伊德斯的美人鱼，认为这是走私品。但这个小插曲却带来了意想不到的收获，伊德斯借此机会为自己在伦敦草皮咖啡馆赢得一席之地，并在英国报纸上刊登大量广告。他甚至聘请了著名的英国艺术家乔治·克鲁克尚克（George Cruikshank）为他的美人鱼画像（图 4.2），伊德斯称为“世界之奇迹，时代的艺术之巅，哲学家、历史学家和诗人永恒的主题”。但并不是所有人都相信他。一个自誉为“鉴赏与科学大师”的男人曾于 1822 年 8 月初给《康沃尔皇家公报》投稿，警告大众不要轻信谣言，文中称：“名言警句告诉我们信人只能信一半。我也这么认为，对于这个故事，除非我亲眼看见，不然我是不会全信的。”文章结尾他言辞激烈：“有些人可能会觉得我难以置信，或者认为我是个怪胎，那我告诉你，我就是个怪人。一个少见的人类男子（可不是能被美国上校抓住的那种）。”一位“苏格兰人”也给伦敦的《晨间纪事报》寄了一篇文章，文中称“人鱼到达巴达维亚之后，他接手并仔细检查了这个生物”，并发现这是个赝品。这位苏格兰人要求伊德斯“将人鱼提交给皇家外科学院进行解剖，如果发现这是一个真正的人鱼，届时他会站出来，自觉赔偿一切损失（如果有的话）”。《卫报》评论道：“我们强烈怀疑这条人鱼的真实性，不过很快就会真相大白。”[22] 事实确实如此。

因为伊德斯对自己美人鱼的真实性抱有很大的信心，所以他很乐意配合这位苏格兰人的要求。有什么理由拒绝呢？

图 4.2

《美人鱼！》，乔治·克鲁克尚克（1882）

伊德斯以为他得到了一个真正的宝物。当10月末的展览开始的时候，每天都有数百人花一先令来观赏这个可怕的小野兽，伦敦草皮咖啡馆的密室里，它被安置在一个玻璃圆穹顶之下。一位男士在《晨报》中描述了他的第一次观展之旅：

进了房间之后，我承认，我之前已经做好准备迎接一个与美人鱼大小相似的生物体。然而，令我惊讶的是，我只看见了一个瘦小的身体，比《麦克白》的观众所看到的还要恶劣，她蜷缩在玻璃罩中，大约只有2.5英尺高！年老色衰，棕色的皮肤斑斑驳驳！生命在她身上已经流逝，我想，她浑身一定被痛苦包裹，她的面容极其丑陋，身上的痛苦使她一直保持着龇牙咧嘴的表情。她的双手举在空中，好似孩童，似乎在祈求你可怜她的命运！[23]

这里没有天之神女。她只是一只“蜷缩在玻璃罩中”的“丑陋”生物，好像早已在“巨大的痛苦中”死去，更像是伦敦人在当地展览会和博物馆中所见的那些平常生物，只不过她比它们更加憔悴。简而言之，她是一条可信的科学样本。

不幸的是，自此伊德斯和人鱼的名气逐渐消退。正是这位上校的盲目自信断送了自己的财路。人鱼为伊德斯带来不少收益，而且报纸每周都会为其刊登报道，伊德斯决定请一位科学家为自己的美人鱼鉴定一番，他确信这只会增加自己的可信度，也许还会吸引更多的人气。遗憾的是，在解剖学和动物学方面都很权威的科学家威廉·克里夫（William Clift）认为，伊德斯的美人鱼是假的，为世人展示了里面的填充物、木质结构和人工眼睛（图 4.3）。伊德斯先发制人地让克里夫保持沉默（也许伊德斯并没有表面上那样自信），并不再让自然学家来鉴定人鱼。但是伦敦的科学圈子关系密切，鉴定过后，《君子杂志》（这家杂志对早期现代人鱼科学贡献不小）于 1822 年 12 月刊登了一篇由穆瑞（J. Murray）撰稿的讽刺文章，其中大肆批评了被这场骗局所迷惑的科学家。《君子杂志》和《伦敦杂志》在接下来数月间，不断地发表人鱼文章，多家报社争相引用。伊德斯知道，自己已经成为众矢之的。绝望之中，他投资发行了一个小册子，题为《塞壬或美人鱼：海洋生物历史回忆录》，甚至公开表示，爱德华·霍姆（Sir Edward Home）——另一位发誓保守假人鱼秘密的科学家，认为这条美人鱼是真的。[24]

债主们也紧盯着伊德斯，他在巴达维亚卖的那艘船和货物的最大份额持有者史蒂芬·埃勒里（Stephen Ellery），以进行未经批准的商业往来罪名起诉伊德斯。1823 年，伊德斯的美人鱼开始重操旧业，开启了第二场骗局“托比，一只博学多才的猪”（图 4.4）。人们开始不耐烦，有一次，一个男人威

图 4.3

“对伊德斯美人鱼骗局的分析和图示”

威廉·克里夫，皇家外科学院（1822）

胁要把美人鱼砍成两半，把托比活生生烤着吃。接下来的几年，这位船长带着美人鱼在英格兰四处游荡，收获甚少。1825 年，他在伦敦的巴塞罗缪节大集市上为自己的美人鱼打广告，夸赞其姣好的面容，但这也仅是垂死挣扎。最终，伊德斯终于还上了史蒂芬·埃勒里（Stephen Ellery）的欠款，重新回到船上当船长。但是，当这位失望的船长回到海上时，美人鱼的世界之旅才刚刚开始。[25]

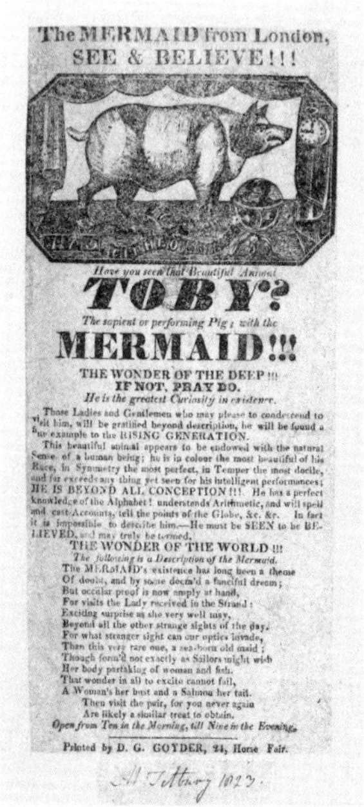

图 4.4

博学多才的托比猪与伊德斯美人鱼的张贴广告

说伊德斯的骗局在人鱼的事情上伤害了英国人，是很合理的，甚至可以说这就是事实。但这不是重点。事实上，英格兰和美国出现了一批模仿者，全都想来赚一笔快钱。在 1823 年伊德斯的人气达到顶峰和 1842 年巴纳姆美人鱼到达美国之间的数年间，西方世界的报纸杂志上出现了 8 条“真实的”美人鱼标本、11 起人鱼目击事件、7 场人鱼骗局、数不清的人鱼故事和几篇科学文献（尽管更像是将人鱼解体）。商人和编辑吹捧各种各样的人鱼标本、人鱼骗局和目击事件，1824年，一位作者称："现在的报纸全都是老掉牙的美人鱼童话。"报纸编辑会刊登一些真正的人鱼标本（包括最近到达英格兰的美人鱼，"提交给伦敦最著名的自然学家进行检查之后，得出结论：这是真正的人鱼标本"）和一些一看就是假的标本（"一条真正的、活生生的美人鱼，瓦平出品，制作材料是一个领航员的假发和一条发臭的三文鱼的尾巴"），或者仅仅是一则荒诞的丑闻（"这个制造品都已经发臭了"）。[26]

伦敦《晨报》刊登了一则尤为骇人的例子，名叫哈德森的英国人于1841年2月在罗马展示了一条美人鱼。当观众得知，哈德森强迫了一位人类女子来扮演美人鱼时，简直被吓得目瞪口呆。哈德森给这个可怜的女人戴上了项圈，每当她试图呼叫求救时，他便拉紧项圈，让她在水下难以呼吸。幸好，罗马警方最后解救出了这个女人，并判处哈德森终身监禁。[27]

与此同时，科学家和历史学家在后伊德斯时代继续研究人鱼问题。1823年，有关伊德斯的争论正值高潮时期，林奈学会建议爱德华·多诺万（Edward Donovan）在他的月刊《自然学家智囊》中刊登一个短篇文章——《最近的公众焦点：

隐藏在“美人鱼”名下的不知名生物》。这篇文章将整合各大欧洲学会的最新消息，结合“日本和中国的现存典籍”，林奈学会和多诺万希望“这篇文章能够激起大众的兴趣”。[28] 历史学家也加入进来，接连发表数篇文章和短篇著作，试图（像当代著作一样）理解西方世界对美人鱼和特里同的原始兴趣。英国著名评论家和散文作家利·亨特（Leigh Hunt）在读过英国主流期刊（《诗歌中的塞壬和美人鱼》（1836）和《特里同和海洋男人》（1837））之后，写了两篇具有深度的文章，分别阐述了美人鱼和特里同在古代西方世界的哲学、艺术和宗教中的发展历史。[29] 亨特的文章并不是为了证明人鱼的存在，恰恰相反，他希望大众将美人鱼和特里同视为一种文化现象，而不是科学现象。

亨特发表了历史分析之后的1823年至1842年间，科学家们不懈努力，写了不少于十篇挑战（并不是完全否定）人鱼合理性的文章。[30]“人鱼只是儒艮、海豹或海牛而已，人们只是将其错认为某种神兽”，这种言论逐渐兴起，而且变得越来越流行。1840年，一位自然学家称：“水手和其他人发挥了天马行空的想象力，把海豹或者其他海洋生物幻想成了美丽的女人，海面上的涟漪或者夏日的浪花被他们看作蔚蓝色的秀发。”这位英国人向读者强调了人类空想性错视的倾向：“我们经常会幻想在火焰灰烬中看到人像和图案，在云彩中看到城堡和其他幻象。”对于美人鱼，无论是在浪涛中出现的实体还是玻璃罩下缩水的样本，最好的情况是人类的错觉，最坏的情况是“一些卑鄙的小商贩模仿收藏家的样本做出来的赝品”。[31]

然而，这些目击事件、人鱼骗局、人鱼历史和科学文献在某种程度上引发却又毁灭了大众对人鱼的幻想和兴趣以及人鱼身上蕴藏的文化内涵。这种出版物使美人鱼和特里同成为新闻中的常客和人们茶余饭后的谈资。美人鱼在伦敦舞台上大放异彩，大西洋两岸的诗歌中、不同的短篇科幻小说和文化笑料中都出现了美人鱼的身影。[32]然而，在英国东北部地区的阿伯丁郡，美人鱼和特里同仍具有重要的意义。1842 年 3 月 18 日，《船报》称：“马形水鬼、美人鱼和鬼魂的传说仍在凯恩伯格、克里斯顿、芬南和富特迪依的居民间广泛流传。他们在这些幻想出来的无形生物面前唯唯诺诺。”[33]科学与轻信通常是并蒂双生花。同年，上文中的自然学家将人鱼视为“冒牌物种”，例如，宾夕法尼亚的一家报纸刊登了一则水手和美人鱼的虚构故事，水手称自然界中没什么是不可能的，海豹和短吻鳄的存在使野兽和鱼类联结到一起。狒狒和大猩猩是野兽和人类的共同体，为什么美人鱼不能作为人类和海洋鱼类的共同体而存在呢？[34]过去的十年中，美人鱼目击事件和人鱼标本频频出现在大众的视野中，科技飞速发展，许多西方人真的认为，大自然中没什么是不可能的。这就是为什么费尼尔司·泰勒·巴纳姆（P.T. Barnum）要在1842年于波士顿买下伊德斯的美人鱼。[35]

与伊德斯不同，虽然巴纳姆“相信美人鱼的存在”并且能让他赚一大笔钱，但是他知道自己的“斐济美人鱼”（正如巴纳姆所称）是个冒牌货。意识到大多数美国人“都不相信人鱼的存在”，巴纳姆希望，用他自己的话说，在大众视野之外的地方“打开新局面”。在过去的几十年中，报纸上一直持续存在着关于人鱼合理性的论战，而精明的商人如巴纳姆开始利用媒体网络向世界宣传自己的斐济美人鱼。巴纳姆在这方面尤为擅长，他发表了所谓的南美洲的科学文献（他自己写的），文中称“在穿过太平洋和西印度群岛时，一群医生在斐济岛亲眼见到了一条美人鱼”。随后，他派了一名助理假装成纽约自然历史学院的成员前往费城，向费城的报社编辑展示巴纳姆的美人鱼标本。随即，费城和纽约的报纸上贴满了关于巴纳姆的这条脱水生物的报道，称为“当今世界最伟大的奇迹”。对于巴纳姆来说，他只能表示：“费城的报纸帮助纽约同行广泛地激发了大众对美人鱼的好奇心。”[36]

接下来的三年中，巴纳姆巧妙地利用“科学”招摇撞骗，一边娱乐大众，一边以资本家的姿态从大众对人鱼的半信半疑中赚取大量财富，这种做法可谓是前无古人，后无来者。如此一来，巴纳姆在激发西方世界对美人鱼和特里同信仰的同时，也狠狠地将这种信仰踩在脚下。1842 年的夏天，巴纳姆向大众发行了一万张小册子（除了报纸上刊登的广告之外），上面印着斐济美人鱼的画像（图 4.5）以及证明“美人鱼真实性”的科学论据。这种巧妙的营销策略效果显著，如巴纳姆所说：“一场美人鱼热潮已经蓄势待发。”当斐济美人鱼在秋天亮相的时候，整个纽约城都要为之轰动。就算人们发现她和小册子上印刷的美丽人鱼无半点相像时，这群如饥似渴的观众也会欣然接受。这个“世界上最伟大的奇迹”现在已经吸引了无数观众。巴纳姆的确认为，他的观众甘愿被欺骗，而且经常引用《休迪布拉斯》里面的句子：“毫无疑问，被骗者与行骗者享受同等程度的乐趣。”[37]

在很多方面，巴纳姆是正确的。纽约城里一条真正的美人鱼不仅能够娱乐大众，还能为报社提供收益。无论是普通百姓还是报社媒体都希望“被说服，认为正如宣传的一样，这就是一条真正的美人鱼”。《纽约论坛报》的编辑称：“虽然我们对人鱼还是半信半疑，但还是努力调查这些精明的美国人到底是在哪里或者怎样将猴子的头部与鱼尾缝合起来的，可是最后还是放弃了。”编辑仍持怀疑态度，但是怀疑程度大打折扣，他不禁想到“如何解释那些我们亲眼所见的事物，

图 4.5

1842 年巴纳姆发行册中的三条美人鱼，

《费尼尔司·泰勒·巴纳姆谈自己的一生》，费尼尔司·泰勒·巴纳姆（1855）

使我们为难。我们愿意在一番仔细观察之后，倾听专业人士的意见”。人们的口耳相传和各种广告让巴纳姆在前两个月就赚了 4613.93 英镑（约 2020 年的 11 万英镑）。[38] 然而，高收益却引来了“专业人士”（即当地科学家）的注意，他们对巴纳姆的美人鱼展开了“彻底的审查”。真相很快就水落石出了，巴纳姆重重交叠的谎言和精心设计的仿造品终究抵不过显微镜的火眼金睛。

开始的几个月，广大民众和报社老板对巴纳姆的支持相对比较强烈，但是科学界担心此类骗局会威胁到进化论和分类学，因此对这些哄骗招数容忍度很小。虽然，巴纳姆通过在自己的美国博物馆展出美人鱼赚了不少钱，但是他仍然感受到了纽约弥漫着的不安气息，1843 年夏天，科学家宣布巴纳姆美人鱼是一个赝品，因此观众越来越少。巴纳姆终究是个骗子，他决定换个地方以减轻自己的厄运，随即带着斐济美人鱼南下。不幸的是，他的新宣传负责人不及纽约同行受观众喜欢，很快他们便深陷在卡罗来纳州南部的查理斯敦舆论之中，很多德高望重的科学家和教授称巴纳姆的美人鱼是个不折不扣的假货——是将大猩猩的头和肩膀缝合到鳕鱼的尾巴上，组成的一个怪异结合体，轻易就能在她身上发现鱼皮的缝合痕迹，鱼皮下面覆着一层猴皮。往后的数月（甚至数年）中，巴纳姆美人鱼的丑闻和大众的愚昧不停地被刊登在美国报纸上，佛蒙特州的《米德博里人民报》戏谑地称："就算没有美人鱼，毫无疑问，这种骗子仍然会有钱赚。"[39]

有钱赚是真的，费城皮尔斯博物馆利用巴纳姆在1842年的丑闻，在博物馆中展出了一条"假冒美人鱼"。这样具有科学思维的设计品展出之后非常受欢迎，"假冒美人鱼"故意模仿巴纳姆的斐济美人鱼，将样品的尾巴"折断，露出一截木根支撑着框架"。简言之，皮尔斯博物馆将巴纳姆（间接地将伊德斯）的骗局重新带回观众的视野，将巴纳姆卑鄙的伎俩公之于众，促使观看者反思大众的愚昧、科学的进步和虚伪的骗局，以及博物馆不同的用途。[40]巴纳姆和他的美人鱼——至少曾经被视为合理可信的，而如今在美国观众眼中也已经落幕了。

"巴纳姆时代"的结束意味着，无论是在科学界还是大众眼中，美人鱼和特里同的合理性已经不复存在。1860年8月10日，纽约的《布鲁克林每日鹰报》称："巴纳姆的美人鱼骗局将这些生物周围的浪漫色彩全都毁掉了。"[41]在流行刊物中，人鱼一直代表着荒谬怪诞，现在被广泛应用于恶作剧、骗人的把戏或不真诚的行为中，尤其是针对政界和个人等攻击行为。但是它们仍然经常出现在新闻中，越来越多的历史学家和科学家在报纸期刊上发表文章，揭穿美人鱼和特里同的真相，旨在打破仍残留在西方一些地区的迷信。但总体上来说，西方世界中对人鱼的信仰逐渐减弱了。这也是大多数科学家希望看见的局面。

19 世纪下半叶，西方科学家对人鱼的调查逐渐复杂，比以往更加矛盾。一些科学家利用“现代的事实”，想要“减少科学领域的主观、文学和神话色彩”。如此一来，他们希望将人鱼和其他混血神兽定义为纯粹的荒谬。然而，其他科学家希望证明人鱼信仰的不合理性，他们不只是推崇理性思考，而且还对查理·罗伯特·达尔文（Charles Robert Darwin）充满矛盾的进化论提出质疑。同时，另一群（人数较少的）西方思想家致力于利用现代科学方法证明（不是推翻）美人鱼和特里同等神话生物的存在。还有更少部分西方人坚持中世纪时期的信仰：人类不可能完全理解上帝的意图，世界上不仅可能存在人鱼，也可能存在其他一系列奇特怪异的猛兽。在这个充满矛盾与困惑的混乱时代，科学家对人鱼的调查研究推进了大众对此类奇特生物的认知，但同时也使一部分认知退化。[42]

西方科学家针对达尔文进化论进行了激烈的讨论。奇怪的是，在这些富有逻辑的论战中，人鱼经常作为主要角色出现。从著名周刊《笨拙画报》的内页到关停的报告厅，“自然学家和业余评论家通过人鱼来挑战达尔文进化论中的价值观和影响力”。达尔文于1859年出版的《物种起源》激怒了很多西方科学家，书中所述的进化假说认为，不同物种之间存在“消失的联结关系”，自然选择学说为大量的进化变体提供了合理的解释，书中暗示，了解大自然并不需要借用神灵充当世界的组织者。这些科学家激烈地抨击达尔文的思想，称人鱼是愚昧、混乱和荒谬的象征，而达尔文激进的理论也是如此。1868年，英国著名周刊《笨拙画报》利用人鱼断言，达尔文的理论要为自然学家天真愚昧的世界观负责（图4.6），其他的刊物则重点批评达尔文理论的荒谬性，声称：“达尔文理论覆盖范围之广和可塑性之强使我们不知道该在哪里停止，如果我们继续跟随达尔文的话，那么相信美人鱼曾经存在并不是什么难事。”杰出的英国科学家威廉·贾丁（Sir William Jardine）并没有明确指出自己相信人鱼，而是说达尔文理论的异元性使任何事情都成为可能。达尔文抛弃了之前的文类学、进化论和人类学，宣称美人鱼和特里同“我们从小就熟知这种生物，却被告知，他们只是人类富有诗意的想象”，可能，甚至应该存在。[43]但无论别人怎样诋毁达尔文，人鱼始终在现代科学术语中代表神话与奇幻，并引发关于人类在宇宙中所处位置的讨论。

1845年至1900年，西方报纸刊登的大多数科学文献并没

图 4.6

“美人鱼讽刺漫画”，林利·萨博恩（1868）

有关注达尔文理论的细枝末节，相反，它们只集中于一个问题：拥有“无尽”潜力的“科学奥妙”是如何使过去愚昧和低等的想法相形见绌的。[44]1845 年之后，这些文章开始用科学的方法走近人鱼，55 年之内至少发表了 70 篇此类的科学文献。正如上文所说，巴纳姆丑闻过后数十年中的文章大多声称，美人鱼目击事件的实质，只不过是，人们将海牛、海豹和儒艮错认为神兽。自从大众接受了海牛是真实存在的，而美人鱼只是神话中的生物后，博物馆甚至将海牛宣传成“美人鱼”。[45]

然而，大众仍对巴纳姆的骗局久久不能忘怀，随着科学逐渐发展，很多主流的思想家借机向大众宣传所谓的现代主义。1854 年，一位作家写道：“人鱼时代已经过去，现在还剩下什么？整个世界已经被探索了，虽然是草草了事。”1878 年，伦敦《警方新闻解读》为一条新来的“海牛”美人鱼打广告，因为与“理想中的美人鱼”和“日本人眼中的美人鱼”截然不同，它间接证明了自己的科学性（图 4.7）。第二年，一位编辑在讨论过去的人鱼信仰时，说道：“用不了多久，科学就会将人们曾经珍爱的一切都从世界上抹去。”1892 年，一位调查过去人鱼迷信的作家声称：“现在是时候开始讨论古代神话了。”几年之后，一位英国人回应说：“科学的魔爪已经伸向了地球的最远处，传说中的神兽再无藏身之所，美人鱼

图 4.7

"美人鱼和威斯敏斯特水族馆"的广告，
《警方新闻解读》(1878)

并不存在，她们只是儒艮。"[46]

然而，根据以往的经验，与美人鱼和特里同有关的事情都没那么简单，尤其是其他科学家和哲学家利用这些神秘的生物来解释地球和宇宙的奥秘。一些 19 世纪晚期的科学家仍然认为美人鱼可能是真实存在的。西蒙·威尔金（Simon Wilkin）是林奈学会的一名成员，也是欧洲德高望重的一位大人物，他于 1852 年写道："既然美人鱼存在于遥远的古代，而影响力又如此之大，却毫无证据留存下来，我不能接受这种说法。”[47] 然而，西方人对人鱼挥之不去的信仰不仅限于与古代哲学家的一些虚幻联系。相反，西方学者的研究方向通常集中于：人鱼是如何反映科学、哲学和奇幻的未来发展的。例如 1874 年，尊敬的查尔斯·金斯莱（Reverend Charles Kingsley）——一位大学教授，同时也是查理·罗伯特·达尔文（Charles Robrt Darwin）的知己，声称：“绝妙的海洋世界！占据地球面积的五分之三！那里真的丝毫没有理性的存在吗？”在列举了数个最近发生的美人鱼和特里同目击事件之后，金斯莱得出结论说：“科学界实在是太沉默了——没有人亲眼见过美人鱼。但是，无风不起浪，那些流传甚广的传说都是有事实依据的。”[48]

一位英国哲学家用一篇报纸文章为 19 世纪收尾，他断言人鱼曾经存在过，但是现在可能已经灭绝了，并写道：“不幸的是，无论是美人鱼活体标本还是冻干标本，我们都没有（除了从日本传入的那些标本）。但是就像渡渡鸟，除了大英博物馆中的画像之外，我们不是也没有其他线索吗？”像前人一样，这位英国哲学家很赏识那些怀疑论者，他们认为“这种半人半鱼的生物只是一些自以为是的家伙虚构出来的”，但是这位哲学家也并未完全从现代科学奇迹中脱身，杂交动物和微生物学检验重构了前人对人类在自然界所处位置的认知。对于他和其他人来说，巴纳姆美人鱼无疑是场骗局，但是这些假冒品并没有彻底否定人鱼的存在。[49]

尽管这些博学多才的哲学家们所提的意见都大体相同，但是后巴纳姆时代的大多数西方民众还是将人鱼与虚幻联系在一起。实际上，1845 年之后，西方报纸刊登了超过 80 篇文章，专门抨击人鱼的骗局和荒诞不经。在 1853 年的一篇文章中，一位伦敦人将一家新开的剧院比作美人鱼——“头和身体之美堪称艺术，但尾巴却逐渐沾满了商业界可怕的腥臭味”，在这之前的一年，另一位作家认为英国议会关于“人鱼的存在相当于空想”的想法很有智慧。[50] 大多数文章都是为了讽刺坚守人鱼信仰的人们，同时狠狠地责难这场声势浩大的骗局的始作俑者巴纳姆。1855 年，巴纳姆出版了自我爆料式的自传，大众对他的嘲笑与奚落达到了顶点。《纽约时报》抨击巴纳姆，称其“明知斐济美人鱼是个不折不扣的仿造品，还将它包装成真正的动物残骸”，纽约的《水牛商报》批评巴纳姆“将骗局伪装成科学”。[51] 巴纳姆的名字成了笑柄，成了欺骗和愚蠢的标志。然而，虽然表面上受人唾弃，但是巴纳姆的影响力和文化资本逐年积聚。作为一个奸商，巴纳姆当然很喜欢这种宣传报道。正如人们所说，任何新闻都是好新闻。

美国内战时期（1861—1865 年），视销量如命的报社编辑利用巴纳姆和美人鱼的骗局（与名气）来暗讽政界。《水牛晨报》刊登了一篇费尼尔司·泰勒·巴纳姆（P.T. Barnum）和著名民主党人托马斯·里奇（Thomas Ritchie）之间的隔空对话，二人一起批评了1850年的妥协案。在这场假想的对话中，里奇不断地请求巴纳姆停止这场骗局，拯救“将近分崩离析的”美国联盟。不同的报纸文章都将奸诈的政客比作巴纳姆。马里兰《巴尔的摩太阳报》称，“一位真正的改革家”要在公众面前亮相，要比巴纳姆“真正的美人鱼”还要令人称奇，另一些编辑则认为，“仅凭实力就成为政界权贵的人物如珍宝一样稀少，就连它（巴纳姆的美人鱼）也相形见绌”。[52]

这种政治不信任已经超越了政治家本身，18世纪50年代的美国南北方就像巴纳姆的美人鱼：两个不相容的部分被人工缝合到一起，只能日渐干枯。1851年10月，一位作者向卡罗来纳州北部的《罗利报》投稿，称：“童话中的美人鱼就是两个本质不同又互不相容的部分被强行拼凑到一起，用来形容今天的自由之地和议会简直毫无违和感，而‘民族民主主义’也是与美人鱼一样珍奇稀有的宝物！”同样，另一位卡罗来纳州北部的居民将1854年的辉格党大会描述为“一种怪物——政治界的美人鱼，上半身是政党大会的美丽样貌，但下半身的肢体却逐渐呈现出立法局限性、限制性附带条款等各种被束缚的模样”。对于美国来说，这种隐喻已经不足为奇了。除了巴纳姆的美人鱼，还有什么能更贴切地形容整个国家的动荡和分裂呢？[53]

巴纳姆的影响力还体现在其他方面，其中最主要的就是推销商开始展示各种仿造的美人鱼。1851 年，伦敦《泰晤士报》批评说：“前段时间，我们注意到英国本地生产的美人鱼，然而这种不良现象仍在继续，而且变本加厉。”变本加厉说得一点也没错，1845 年至 1900 年间，至少有 21 条人工美人鱼标本出现在报纸上。[54]18 世纪末至 19 世纪初，报纸通常对美人鱼标本持有相信态度，然而到了后巴纳姆时代，报社编辑将美人鱼描述为“傻瓜陷阱”，认为我们应该对其嗤之以鼻而不是展开深入调查。1851 年，一个纽约人展示了“一条活生生的美人鱼，（我们认为）是因为受了巴纳姆自传的激励和指导”，一位编辑对此种行为表示蔑视。1875 年，另一位编辑戏谑地称一条巡回展览的“美人鱼”标本为“大约 6 英寸高的生物，比金字塔中有 2000 年历史的木乃伊还要干瘪扭曲，外表像一只吃撑了的蝙蝠，浑身散发着鳕鱼的强烈气味”。[55]但是总的来说，报社如此费尽心思地贬低这种怪物，只是为了在大众视野中保持活力。

巴纳姆的斐济美人鱼一直流行到了 18 世纪 50 年代末，

其他人也想来分一杯羹，从大众口袋中赚取利益，一位讨厌的编辑曾说："大众通常愿意将自己最后那点钱投资到一篇吹捧文章上去，满篇都是浮夸的破折号、逗号和感叹号。回家之后，他们还觉得自己看到了世界上最真实的奇迹。"[56]1870年，一个聪明的推销商在印度《德黑兰公报》上发表了一篇文章，但实则是一篇广告。他在文中说道，印度的一个城市展出了"一条真正的美人鱼"，"那种奇幻的感觉一直在他脑中挥之不去"。付了一派士（印度货币）的门票钱之后，这个男人用"自己的双手抚摸了这个小生物，丝毫看不出任何漏洞"。他还和美人鱼标本的主人交谈了一番，主人说"这是一条真的美人鱼，是从日本附近海域捕捉到的"，他在加尔各答拍卖集市上用500卢布将它买下。这个缩水的小标本的主人将自己伪装成一个好奇的见证者，借此提高人们的兴趣。这篇文章令人受益匪浅，结尾处，这位"目击者"呼吁道："我希望有条件的人能够深入地跟踪调查这件事，揭开真相。"[57]这种骗子到处都是——后巴纳姆时代，报纸上揭露了很多试图将日本美人鱼包装成真正美人鱼的小商小贩[58]。但是，这并不意味着不能从美人鱼身上赚钱。人们需要其他的新手段。

1886年2月，英国人哈利·菲利普（Harry Phillips）承诺游客，布莱顿水族馆将举行一场"再现神话中的美人鱼"的表演（图4.8）。其他水族馆一直以来都是以"美人鱼"的名

图 4.8

皇家水族馆关于哈利·菲利普（Harry Phillips）的“再现神话中的美人鱼”的广告（1886）

义，吸引游客来观赏海牛或海豹，而菲利普利用视觉幻想为大家展示了“一个斜躺着的女子，显然，她在这个普通的水族馆中怡然自得。各种各样的鱼在水中游来游去，游客可以观察到水箱的每个角落”。菲利普公开承认，这场表演只是幻觉（四年之后，报纸甚至刊登了表演的照片，向读者解释“美人鱼戏法”的运作原理）。菲利普的新型展览并不是为了哄骗观众，也不是为了让大家相信这是真正的美人鱼标本，而是用最真实的方式向观众展示一条美人鱼的真实面貌。与巴纳姆丑陋的美人鱼不同，菲利普的展品具备传统美人鱼的所有特征，包括飘逸的长发和漂亮的鱼尾。菲利普还将美人鱼放置于“自然”环境中，不同的鱼儿在她身边轻盈地游来游去。正如伦敦的《时代》所说：“她周身散发着迷人的气息，观众从她优雅的微笑中立刻联想到了塞壬，见到此情此景便忘了时间的流逝。”[59]

菲利普很有头脑，他公开宣传自己的美人鱼是光学幻影，这样一来便赢得了报纸编辑们的注意和喜爱，过去的四十年中，这些编辑一直批评美人鱼和特里同为骗人的把戏。现在，这些报纸工作者越来越喜欢撰写“幕后花絮”，向读者展示工匠是如何制作人鱼的。1874 年，在一篇关于德国人鱼手工艺者的文章中，编辑不得不承认：“这些美人鱼只要离了工匠的手，连冒牌货都算不上，只能拿给没见过世面的乡下人看看，也只有他们会相信这是真正的美人鱼。”[60] 这些都是精心编制的骗局，花费大量的精力去制作，最后让人看出是仿制品。在一篇有插图的文章中，费城的《泰晤士报》采访了一位美人鱼制作手工匠，主题是“如何制作美人鱼”。当作者看到费城大街上的广告牌明晃晃地写着“美人鱼制作与修理”时，着实吃了一惊。踏进这间乱糟糟的小商铺，作者看见了一个年迈的老人，后者随即开始介绍自己精湛的技艺：“我曾经做过一条美人鱼，连医生都没看出真假。你看，随便拿点东西都能做成美人鱼。好几个世纪之前，中国人就开始做美人鱼了，很多人都相信了。”现在这位工匠专门给马戏团的老板做美人鱼，看起来混得不错。这一整篇揭秘文章丝毫没有手下留情。文中仔细描述了“塞壬的父母”（一只狒狒和一条鱼），并附上一张年迈的手工匠和“成品塞壬”的图片（图 4.9）。作者详细记录了制作美人鱼的每一道工序，从制作者如何搜集材料、如何将“父母”结合到一起，到如何编撰美人鱼的来历。尤其是在 19 世纪的最后 20 年中，西方报纸的编辑致力于揭开“怪物产业”的神秘面纱。[61]

与此同时，报纸杂志和图书出版商开始发表一些探索人类为何对人鱼痴迷的文章。1883 年，英国自然学家亨利 · 李（Henry Lee）发表了一本名为《海洋传说注解》的册子，文中说道：“人类对美人鱼和特里同的信仰是受过训练的，并

图 4.9

“成品塞壬”，《泰晤士报》费城（1890）

时刻准备接受人鱼的存在。他们期待在海洋中遇见人鱼，一旦看见外貌举止与之相似的海洋生物，就先入为主地认为见到了人鱼。”作者追溯了人类与人鱼从古至今的历史，并阐释了“虚构的美人鱼”是如何与实际的美人鱼——海牛扯上关系的。文章结尾，李认可了英国汉弗莱·戴维爵士（Sir Humphry Davy）的评价：“如果上帝创造了美人鱼，那当然是件高兴的事，但我认为上帝根本没这么做。”[62]两年之后，美国海军军官弗莱切·S. 巴塞特（Fletcher S. Bassett）出版了一本《传奇和迷信：跨越时空的海洋与水手》。他运用百科全书式的描写手法，详细梳理了关于美人鱼和特里同的迷信与传说的时间线。像李一样，巴塞特在文章末尾也显露了不相信的态度，他引用了瑞典诗人斯达涅里（Stagneli）的诗句：“并没有会唱歌的人浮在水面 / 也没有美人鱼在清洗尼龙线 / 只有海浪在阳光下熠熠生辉。”[63]对于不包括作者在内的 19 世纪学者来说，美人鱼和特里同深刻地反映了人类对奇幻、宗教、迷信，甚至科学认知的发展历程。但是它们并不是，也不可能是，真实存在的生物。[64]

说到 19 世纪的人鱼探索，就不得不提及著名的丹麦童话，汉斯·克里斯汀·安徒生（Hans Christian Andersen）的《小美人鱼》（1837）。这场悲剧讲述了一条年轻的美人鱼希望与人类共存，得到永生，从这可以看出西方人对美人鱼和特里同持续的着迷。安徒生的这本小说出版于“美人鱼标本年代”（1822—1845 年），当时西方观众对人鱼的热情达到了顶峰。正如插图所示（图 4.10、4.11），安徒生的美人鱼在往后的五十年间成了人尽皆知的明星，她身上具备了西方人期待的美人鱼的所有特征：飘逸的长发、美丽的面容、紧致的腰身、珍珠首饰，当然还有骇人的鱼尾。她表现出了女性特有的纯真无邪。

《小美人鱼》同样展示了围绕在这些神秘生物周围的浪漫色彩，现代化、资本主义和工业化带来了翻天覆地的变化，在时代的洪流中，西方人开始想念过去的简单质朴[65]。大家开始嘲笑苏格兰和其他英国北方人，后者仍然相信所谓的人鱼迷信和其他的传说。最近，维多利亚女王对苏格兰历史和风土人情起了兴趣，伦敦人便开始到苏格兰乡村的“野外”“游玩”。1854 年的一次野游中，一群城里来的“寻欢作乐者”看到了“芬加斯科城堡——伊丽莎白时代的优雅建筑群”，对此感到欣喜不已，他们还注意到了“一位劳作的石匠，他手中的凿子上刻着一条可爱的美人鱼”，这条美人鱼游走在“上个时代留存下来的无数遗迹中”[66]。

随着浪漫主义逐渐渗入西方的艺术，美人鱼也成了剧院、画廊和书籍中的常见形象，塞壬也被形容为生活在深海中的

图 4.10

查尔斯·罗宾逊（Charles Robinson）的“美人鱼”摘自汉斯·克里斯汀·安徒生的《童话故事》（1899）

图 4.11

伊万·毕力宾（Ivan Bilibin）的“美人鱼”

摘自汉斯·克里斯汀·安徒生的《小美人鱼》(1937)

神秘、性感又危险的生物。威廉·波顿（William Burton）的三幕戏剧《奈德女王》（“奈德”是希腊神话中的水神，经常与美人鱼联系到一起）广受好评，费城的《大众纪事报》大力赞扬剧中人鱼的歌声为“有史以来最美丽的表演”。从1841年到1848年，这个剧目一直在费城循环上演。1852年，伦敦的《雷诺新闻》重新刊登了《小美人鱼》的故事，同年，伦敦的《每日新闻》发表了一篇安徒生著名童话的书评，称赞丹麦人竟能将这样的“童话故事”带到现实生活中来。[67] 报纸上也经常刊登一些关于美人鱼的笑话和没头脑的童话故事，例如，假装采访海牛，问它有关美人鱼的真相，或者在“家族圈”栏目刊登一些搞笑的小故事，以此娱乐大众[68]。

美人鱼也是高端艺术圈的流行元素，著名的丹麦画家伊丽莎白·杰里科－鲍曼（Elisabeth Jerichau-Baumann）于1863年在伦敦完成了她的作品——美丽的《美人鱼》（图4.12）。《考察员报》对鲍曼称赞不已，她竟能够刻画出“如此美丽的脸庞，女人独有的忧郁神情为美人鱼增添了几分恐怖，她并不像女人那样要依靠怜悯活下去，与传统美人鱼童话书中的形象大相径庭”。伦敦《晨报》打趣道：“如果伟大的巴纳姆先生能拥有这样的海中仙女，那他的财产可能要翻倍了。”[69]

其他著名的艺术家也紧跟潮流，用极富魅力的线条描

图 4.12
《美人鱼》，伊丽莎白·杰里科－鲍曼（1863）

绘美人鱼，每一个细节都丰满性感。仅 18 世纪 80 年代就有三幅人鱼巨作登上西方艺术舞台。英国多产画家爱德华·科雷·伯恩－琼斯（Edward Coley Burne-Jones）的《海中女神》（图 4.13）表现出了他的象征主义倾向，瑞士画家阿诺德·博科林（Arnold Böcklin）的《海洋》（图 4.14）描绘了一群美人鱼在强迫一条特里同。三年之后，英国艺术家伊夫琳·德·摩根（Evelyn De Morgan）画了一幅精致又发人深省的《海中少女》（图 4.15），图中画着五条金

图 4.13

《海中女神》，爱德华·科雷·伯恩－琼斯（1881）

图 4.14

《海洋》，阿诺德·博科林（1883）

图 4.15

《海中少女》，伊夫琳·德·摩根（1886）

发美人鱼。在艺术界的“外围”，西方水手开始在身上纹美人鱼图案的刺青，女人之间兴起“美人鱼裙”，一种丝滑的贴身长裙，一直覆盖到脚踝。[70]但这些并不是艺术，也跟时尚和文化无关。1899 年，蒙大拿州的化妆品公司“加洛格利”用神话中的美人鱼的“精致的容貌”为其“海草面霜”代言，暗示了人鱼逐渐衰落的未来。[71]

总而言之，我们不能用三言两语来形容 19 世纪。就像伊德斯和巴纳姆的美人鱼一样，这个时代是一个丑陋的混合体，强行将两处互不相容的部分组合到一起。在某种意义上，这个“充满信心的时代”似乎仍然风头不减，工业、资本主义、科学和城镇化的发展令人望尘莫及。与此同时，健康与贫富的差距、进化和权力下放成了众矢之的。[72]然而，这个时代可分为三段，其中 1800 年至 1900 年是人鱼频繁活跃在报纸期刊上的时期。第一阶段（1800—1822 年），普通人和哲学家仍然相信启蒙时代的科学与奇幻，人鱼目击事件、人鱼标本和科学调查暗示着人们这种怪物的存在。第二阶段（1822—1845 年）可以被称为“人鱼标本时代”，伊德斯和巴纳姆的美人鱼激发并巩固了大众对人鱼存在的信仰。第三阶段即“后巴纳姆”阶段（1845—1900 年），报纸编辑、科学家和历史学家极力证明，人鱼是人类失误的产物（例如，把海牛错认为美人鱼）（最好的情况），或者是人类编造的骗局（最坏的情况）。

然而，堆积成山的出版物使人们对美人鱼和特里同念念不忘。大多数西方人不再相信人鱼存在的真实性，并不意味着这些神兽失去了文化内涵。实际上，恰恰相反。在 20 世纪，全球资本主义不停地消费着美人鱼和特里同，奸诈的资本家利用美人鱼复杂的深层文化内涵牟取暴利。如此一来，美人鱼和特里同比以往更加受欢迎。

“卡！”好莱坞导演欧文·皮切尔对着人头攒动的电影布景喊道。女演员安·布莱斯从水中冒出头来，急忙地抓住了水缸的边缘，这是她在加利福尼亚环球影城拍的一个游泳场景。“帮她出来，”皮切尔对几个工作人员喊道，“她又不是真的美人鱼！”布莱斯费力地将自己弄出水缸，但是她的鱼尾还在水里，波光粼粼地闪耀着蓝绿相间的光芒，好似一个万花筒。“我得吃点儿东西，欧文。”布莱斯筋疲力尽地说道。“好吧，”导演应了一下，然后对其他演员和工作人员喊道，“一小时的午餐时间，多一分钟都免谈！我们的预算很紧，时间更紧——1948 年底我要拍完这部电影！”布莱斯直起身子向前走，拖着鱼尾摇摇晃晃地走到了附近的一个球具推车旁，随后一位工作人员匆匆忙忙地带她进了餐厅。几分钟之后，两名游客在环球影城的后台看到了怪异的一幕：一条美人鱼和弗兰肯斯坦中的怪兽一起吃饭。“那是格兰·斯特兰奇扮演的弗兰肯斯坦怪物和安·布莱斯扮演的美人鱼！”其中一个女人喊道。“好莱坞！”另一个回答道，“任何事情在这都有可能发生，甚至是两个怪兽为了一盘薯条打架。”[1]

chapter 5

现代美人鱼

如果说19世纪的欧洲人只是对美人鱼和特里同感兴趣的话，那么20世纪的后代子孙对这种生物可谓是如痴如醉。20世纪，人们开始用高山流水般的艺术形式描述美人鱼，一切都从这个时代开始。从1908年到1924年，澳大利亚女演员安尼特·凯勒曼（Annette Kellerman）在银幕上频频扮演美人鱼，在电影中游泳、潜水，这一形象深深吸引着西方观众。凯勒曼因此被西方媒体称为"完美女人"，她运用美人鱼的混杂性改变了人们对性别的传统认知，挑战了西方人对性和资本主义的理解。在美国，"二战"后期的婴儿潮（1945—1973年）将美人鱼推向人气顶峰，广告商利用中世纪性感的塞壬形象来吸引顾客，而不是吓跑他们。这正中观众下怀。1945年后的西方社会，性感暴露的美人鱼变得随处可见，无论是电影银幕还是旅游景点、广告还是吉祥物，到处都是美人鱼的踪迹。然而，美人鱼仍然是矛盾与凝聚的结合体，恐惧与欲望的共同体。因此，尽管媒体希望为了资本利益大肆宣扬人鱼数世纪以来的性感本质，但是20世纪80年代的美人鱼仍然是后现代女性主义的标志。如果真像《生活》杂志的出版商亨利·鲁斯（Henry Luce）于1941年所说的那样，20世纪是"美国的时代"，那么这也是"美人鱼的时代"。[2]

20世纪初，美国白人（大体上来说）开始享受有质量的生活，催生了大众媒体、手机与其他资本产品和爱好。尽管

1929 年的经济萧条重创了西方世界，第二次世界大战却最终将美国拽出了泥潭（却使欧洲越陷越深）。工厂中的机器全速运转，世界各地的消费者数量日益增多，20 世纪 60 年代末，美国的年 GDP 从 1945 年的 2130 亿美元增加到 1 万亿美元。在如此繁荣的社会中，美国市民的收入也随之增多，1946 年至 1959 年，美国普通人的实际收入增加了 25%。“美国梦”似乎比以往更加唾手可得：广告商强调说，大家可以在商店中、电影院里，甚至郊区的社区中感受到美国梦的实现。[3] 而“现代美人鱼”——性感的塞壬、大自然中的奇迹、顶流巨星和跨国吉祥物，存在于美国梦的每一个角落。

20 世纪早期的浪漫主义艺术中，美人鱼主要代表女性身上的希望与危险。[4]1900 年至 1910 年，四位著名的西方艺术家都习惯用色彩斑斓的笔触细致入微地描绘美人鱼。1901 年，英国画家约翰·威廉·瓦特豪斯（John William Waterhouse）在伦敦的皇家艺术学会展示了自己的《美人鱼》（图 5.1）。这条美人鱼浑身散发着中世纪的气息：她一只手拿着梳子梳着自己的长发，一边凝视着远方，鱼尾缠绕在她赤裸的腰部。她独自一人保护着自己的珍珠项链（人们认为，那是被诱惑至死的水手流下来的眼泪做成的），背后是淡淡的蓝色、棕色和绿色混杂在一起。瓦特豪斯将美人鱼的目光投向未知的虚无，留给观者遐想的空间，也许此时正有一个倒霉的男子

图 5.1

《美人鱼》，约翰·威廉·瓦特豪斯（1901）

遇到了这位正在沐浴的美人鱼，对等待着自己的厄运毫无所知。在世纪之交，英国雕塑家罗伯特·安宁·贝尔（Robert Anning Bell）也创造了一个相似的形象，不过是用石膏做的（图 5.2）。1907 年，贝尔的彩色美人鱼石像被多次借鉴，欧洲流传着许多仿品：给美人鱼的长发上个色，突出她美丽的面容、苗条的身姿和鱼尾，贝尔的塞壬与过去五十年中安徒生所描述的美人鱼形象恰恰相符。[5]

当瓦特豪斯和贝尔在发挥自己的想象描绘美人鱼时（或许受了 1830 年特尼逊诗歌的启发），1909 年，英国古典学家赫伯特·詹姆斯·德雷帕（Herbert James Draper）把目光投向了尤利西斯与塞壬著名的那场相遇，精心制作了一幅名副其实的《尤利西斯和塞壬》。德雷帕 1894 年的早期作品《海中少女》描述了一个好色之徒在海中用网捕捉一名走投无路的海女，对其紧追不舍；而 1909 年的艺术家反其道而行，将美人鱼描述为危险又过分性感的塞壬，她们从深海而来，对尤利西斯和水手们展开攻击（图 5.3）。等这些人类男子驶入塞壬的领地后，她们便变成丰满并浑身赤裸的人类女子，对这些害怕但意志坚定的水手们唱塞壬歌。虽然她们雪白的皮肤符合爱德华七世时代对女性的审美，但是她们有力且富有攻击性的接近方式打破了人们的幻想。鉴于她们的混血本质，这种矛盾性看起来很合理。实际上，德雷帕在这幅画中运

图 5.2

《美人鱼》，石膏浮雕，罗伯特·安宁·贝尔（约 1904—1907）

图 5.3

《尤利西斯和塞壬》，赫伯特·詹姆斯·德雷帕（约 1909）

用了对比手法：黑暗与光明，好人与恶魔，男性与女性，营造出令人紧张的局面，危险的女性肉体伴随着矛盾性和二元性。

1910 年，美国艺术家霍华德·派尔（Howard Pyle）创作了一幅《美人鱼》（图 5.4），引发后人思考。画中，美人鱼和水手的关系非常模糊。二者的胳膊紧紧交缠在一起，很难确定塞壬是在将水手拖入冰冷的海水中，还是将其放置在岩石上，保护他的安全。我们也不清楚这位水手还有没有意识——他死了，还是昏过去了，或者只是忘情地闭上了双眼？唯一可以确定的就是派尔所画美人鱼的深层含义。她是一条绝美的塞壬，双乳微微露出，一头飘逸的长发贴在赤裸的身体上，鱼尾随着海水摇摆，迷人的脸上生着两片玫瑰色的唇瓣。与德雷帕一样（某种程度上，也类似于瓦特豪斯），派尔将美人鱼的肤色画得异常白皙，迎合当时观众对女性的审美。派尔在其他的颜色选择上也同样别具一格。蓝色和绿色的线条更加突出了其他部位星星点点的红色：美人鱼海藻般的头发、乳头、噘起的嘴巴以及水手头上的帽子。金色也如神来之笔：这是朝阳还是落日，象征着希望还是厄运？美人鱼金色的手镯和项链是否意味着她是水下皇族，或者这仅仅是从之前的受害者身上扒下来的小玩意儿？

图 5.4

《美人鱼》，霍华德·派尔（1910）

比起美人鱼，每一幅画都揭示了 20 世纪早期人们对女性和性别角色的态度。世纪之初，西方世界对这种神秘生物的信仰几乎已经消失殆尽了。尽管在大英帝国和美国的偏远地区仍残留着一些民俗传说，但大多数西方人都知道人鱼只不过是儿童读物和古老神话中的神兽。随后，1913 年，爱德瓦·艾瑞克森（Edvard Eriksen）基于安徒生的童话，在哥本哈根创造出了最著名的“小美人鱼”雕像（图 5.5）。[6] 同样地，瓦特豪斯、贝尔、德雷帕和派尔的画作并不是想让读者相信美人鱼的存在，甚至并没有暗示这种存在的可能性。相反，这些艺术家希望引发对人类本质深层的批判性思考，以及当代对男性与女性、力量与软弱、性与危险、黑暗与光明的争议。1911 年，美国著名的搞笑杂志《恶作剧》的 1 月封面就采用了美人鱼的形象（图 5.6）。为了搞笑，图中的两条美人鱼懒洋洋地坐在最显眼的位置（其中一条美人鱼在绣一张装饰小垫，展示了她的女性居家本质），她们正在看另一条美人鱼与路过的游轮上的一个男人打情骂俏。《恶作剧》的出版商打趣道：“尽管是在海上，这些美人鱼也情不自禁地落入人类的性别规范。”这类事情在 20 世纪早期并没有掀起多大波澜，但随着女性进入权力的新领域并得到广泛关注，性别角色变得日益复杂。毫无意外，美人鱼一直代表了围绕在性别、性和资本主义周围不同的焦虑与担忧。

图 5.5

《小美人鱼》，铜雕像，爱德瓦·艾瑞克森（约 1913）

图 5.6

《老相识》，戈登·罗斯，选自《恶作剧》(1911) 图中的
两条美人鱼正在谈论另一条美人鱼，后者正与游轮上的一个男人打情骂俏

安妮特·凯勒曼（Annette Kellerman）原是澳大利亚的一名游泳运动员，1908年到1924年期间，她一跃成了美国大银幕上的固定嘉宾，扮演着不同的美人鱼角色，完美诠释了20世纪上半叶性别和媒体的二元性。实际上，当代媒体将凯勒曼标榜为“完美女人”和“美国文化中的女性领军人物”。[7]最终，凯勒曼运用精明的商业头脑，将自己的游泳潜水技能、美丽的外貌、健康的身材和时尚感结合到一起，成了一条“现代美人鱼”，为大众所推崇。

凯勒曼最开始受到西方观众瞩目的关键原因是她无人能及的游泳技能。童年患腿部疾病的凯勒曼在6岁时将游泳作为康复运动，20世纪初期，她就成了世界上所有女性游泳纪录的持有者。随后，她开始在澳大利亚墨尔本的鱼缸中与鱼共游，以赚取零花钱，但1905年，凯勒曼和父亲认为澳大利亚“观众太少，满足不了他们的野心”，随即搬去了英国，在泰晤士河游了27千米（17英里），试图横跨英吉利海峡（但最终失败了）。凯勒曼从横跨海峡的壮举中赚了不少钱（30英镑，相当于2020年的3600英镑），这笔钱使得她和父亲能够在1906年搬去美国。虽然高超的游泳技能毫无疑问是凯勒曼获得“现代美人鱼”的关键原因，但是她的美貌以及时尚感更为重要。观众们惊叹于凯勒曼在水下灵活自如的同时，也对于她在1907年身穿紧身泳衣的举动感到震惊，后来，波士顿里维尔海滩的警方因不雅行为逮捕了这位 20 岁的姑娘。最终，法官因其训练用途而承认了凯勒曼泳衣的合理性。重要的是，这件事成了国内的重大新闻。作为一名世界级的游泳选手和表演者，凯勒曼的名气越来越大，而她身上刚刚显露的性张力，或许就奠定了她作为 20 世纪最受欢迎美人鱼的地位。[8]

1907 年之后，凯勒曼开始独自在歌舞杂耍表演中扮演美人鱼和其他海洋生物，她无人能及的美貌、优雅和健康气息让观众一时间无法自拔。1908 年的一篇报纸文章称："美人鱼真的出现了，而且个个堪称完美，这些美丽的女人身材匀称，堪比乘着海浪浮现的维纳斯女神。"作为"现代美人鱼中最受欢迎的一条"，作者称凯勒曼为"救生员"而不是用在古代美人鱼身上的"诱惑者"，因为凯勒曼教给了大家"关于健康运动的珍贵一课"。[9] 凯勒曼的美貌与健康共存，是所有年龄段的女性眼中最完美的榜样。1911 年的一篇文章开门见山地称凯勒曼的皮肤"在微风的吹拂下、盐水的浸透下变得红润，显出健康的棕色，身材矮小紧实，强壮又柔软，简直是最完美的体态"，随后引用了凯勒曼对游泳新手的建议："不要懒惰，要多做一些好的、简单的运动，直到筋疲力尽，最重要的是保持乐观，这样你就会既快乐又健康。"另一篇文章则附了一张凯勒曼的图片，正中央是她优雅的天鹅潜水，一条神秘的美人鱼正在其周围游动（图 5.7）。随后，该文章引用了“著名美人鱼”关于不同领域的小技巧，包括健康、游泳和快乐。同时，其他美国文章开始为膝盖长度的连体式贴身泳衣打广告，将其称为“安妮特·凯勒曼泳衣”，1910 年，哈佛大学的体育馆馆长认为，凯勒曼“是身材比例最接近完美的女人”。利用这种宣传效果，凯勒曼将自己留在了大众视野的前方，出版了一系列关于健康、美丽和游泳的书籍和文章[10]。她成了“现代美人鱼”——柔软、美丽且强壮，并拥有所谓拯救男人的能力，而不是摧毁他们。

在媒体中将自己塑造为“现代美人鱼”的同时，凯勒曼也在大银幕上扮演了一条真正的美人鱼。1911 年，凯勒曼导演了两部以海洋为主题的短篇电影——《海洋中的塞壬》和《美人鱼》（1914），这个举动在当时实为罕见。后来，她在《涅普顿的女儿》中担任主演。[11] 这部卖座儿电影是在百慕大群岛拍摄的，影片中凯勒曼扮演的美人鱼变成人类之后，爱上了一位王子。然而，电影的剧情重点只在于展示凯勒曼的潜水和游泳技能。正如一家报纸所称：“凯勒曼是世界上最出色的女性游泳运动员，扮演美人鱼的高超技巧，成就了许多精彩绝伦的场景，如在高耸的悬崖上跳水、在几百英尺的水下与真正的鲨鱼搏斗等。”另一篇文章则展示了一张凯勒曼扮演美人鱼时的巨幅照片，称她的游泳潜水技能为电影中

Annette On Swimming

"If you would learn to be a good swimmer in the water, learn first to be a good swimmer on the ground!"

So speaks Annette Kellerman, the famous mermaid, in an article in current issue of Physical Culture. Miss Kellerman is the foremost exponent of the natatorial art in the world and what she says seems to become authoritative. She says:

"Dry ground swimming is so universally recognized as the best preparation for acquiring a good breast stroke, that schools throughout the world are adopting it as a means of physical culture for boys and girls. It consists of going through the movements on terra firma. One thus becomes familiar with them and they come naturally when one tries them in the water.

"The pupil stands upright with hands held at the chest, palms down, fingers together and pointing forward. At signal one the arms are thrust ahead and up

图 5.7

"凯勒曼与美人鱼共潜水"

《塔科马时报》(1911)

最激动人心的部分。这位评论家认为，观众都是被凯勒曼的美貌和完美身材以及几个裸露片段吸引去的，但为了让观众不感到害羞，美人鱼厚实的发量完美地避免了这些不得体的画面。[12]

目前为止，凯勒曼完美地贴合了西方观众对女性的幻想。她成功地将所谓的泳衣“丑闻”转换成了契机，借此教年轻女孩如何游泳、如何保持健康和美丽，同时凯勒曼也实现了自己的婚姻梦想——1912 年，她成功地与经理詹姆斯·苏立万相爱。[13]凯勒曼的电影也展现出女性的居家特性，体现在她经常会爱上一个男人。但是，尽管多种“现代”元素使这个混血生物成为家庭、危险、性感和诱惑力的结合体，凯勒曼仍然只是一条美人鱼。随后，在一部新的作品《上帝的女儿》（1916）中，凯勒曼对自身进行了突破，并且使电影预算（100 万美元）达到一个新高度。这条现代美人鱼不仅从 22 米（72 英尺）的高空跳入水中，而且凯勒曼成为第一位全裸出镜的女演员。考虑到很多西方观众认为凯勒曼是“最接近完美身材的女人”，她的全裸出镜可不是个小突破。1917 年之后，凯勒曼更是以“女性力量和永恒美貌”而闻名。[14]

出演完《海洋皇后》（1919）之后，凯勒曼自己开了家电影工作室，这对当时的女性来说可谓壮举。虽然凯勒曼在身家和专业性方面都不差，但媒体仍以女性的性感和身体来诠释现代美人鱼。《洛杉矶时报》采访了凯勒曼的创业历程，并表示，她“长了一些肉，身体很好，皮肤红润，身材依然完美，很适合拍摄”。接下来的五年，凯勒曼一直在制作教育类影片，其中包括《如何进行康复训练以及女性如何健身》，但是她仍然在推动性和性别的发展。实际上，凯勒曼于 1921 年一直乔装出演歌舞剧。一家报纸称，她扮演的男性——“英国乔尼”——是个迷人的角色，温尼伯的观众对这位戴着单眼镜的小伙子赞不绝口。但是，凯勒曼的“乔尼”角色并没有使她的性感略少分毫。她是条有自知之明的美人鱼，1933 年被问及是否打算写小说时，凯勒曼开玩笑地回答道：“现在的小说都要有性吸引力，我对那东西一无所知。”[15]

这条现代美人鱼走运得很。依据 20 世纪早期对女性、健康和美丽的审美，凯勒曼是“完美女人”的代表，但是她也利用自己的人气推动性和性别的发展，并且赚得盆满钵满。她一边教年轻女人如何保持健康，一边在电影银幕上赤裸出镜或者在话剧舞台上乔装打扮，这一切都使她如鱼得水。观众也爱这样的她。这种对混杂性的普遍接受度对 20 世纪美人鱼的未来至关重要。在西方世界的塞壬信仰达到历史新低之际，凯勒曼美人鱼性感、健康又美丽，还夹杂着一些流言蜚语，成了西方媒体的主流。

第二次世界大战之后，西方媒体逐渐利用凯勒曼所呈现的“现代美人鱼”形象谋取商业利益。1945 年之后，美国人因为战胜国的身份而得意扬扬，他们腰缠万贯，将消费视为国民义务。[16] 好莱坞可不会放弃这次机会。凯勒曼成为现代美人鱼之后，西方电影公司于 1948 年至 1954 年推出了四部以美人鱼为主角的电影。[17] 尤其是 1948 年，随着《豌豆先生和美人鱼》与《米兰达》的隆重推出，美人鱼们在银幕上大放异彩。

《豌豆先生和美人鱼》(1948 年) 中，威廉・鲍威尔 (William Powell) 饰演豌豆先生，这位中年已婚男士在加勒比海度假时，意外地爱上了一条名为乐诺的美人鱼 (安・布莱斯饰演)。[18] 这部电影主要突出了性和力量。一开始，豌豆先生对自己将要迈入五十岁而感到不安 (他沮丧地安慰自己：“四十岁是青年中的老年，五十岁就是老年中的青年。”)，眼睁睁地看自己的妻子在沙滩派对上和一位年轻男人眉来眼去。随后，心情低落的豌豆先生被一阵塞壬曲吸引到附近的一个小岛上，在那里看到了昏迷中的美人鱼乐诺。但豌豆先生并没有将她送回海中，而是抱回了自己的住所，扑通一声放入了鱼缸。豌豆先生的妻子以为他抓了一条鱼回来，让他将其放生。然而，他没有把乐诺送回海中，而是决定让她生活在池塘中。他看着乐诺小鹿般的眼睛说道：“你不想回到海中，是不是？大海那么大，而你又这么美。”后来，他教乐诺亲吻自己并将其囚禁起来——这样纯情的海中仙女，可以训练她来满足自己的性欲。

一阵玩闹之后，豌豆先生爱上了他的囚犯，经常为了一个吻、一个拥抱去看她，尽管乐诺听不懂人类的语言，他偶尔也会和她说说话。《生活》杂志在一篇负面的影评中点评了豌豆先生的爱情，称：“年轻美人鱼和一位年近半百的波士顿婆罗门阶级的陆地爱情使观众遐想无限，而乐诺频繁而潮湿的吻则代表了影片中最令人浮想联翩的一部分。”[19] 豌豆先生的行为一直未被发现，后来，他妻子以为他和在岛上度假的歌手有了婚外恋，随即独自返回纽约。当地警察怀疑豌豆先生谋杀了他的妻子，他不得不偷偷将乐诺运出去，然后送她回到大海中（乐诺试图带他一起走的时候，豌豆先生差点淹死）。最终，豌豆先生认为自己还是爱妻子多一些，便将乐诺留下的梳子送给妻子作为道歉礼物。当然，他并没有告诉妻子，这把梳子曾属于他囚禁的奴隶。[20]

《米兰达》（图 5.8）讲的也是一则风流韵事。由格里菲斯·琼斯（Griffith Jones）饰演的保罗·马丁博士（Paul Martin）利用假日独自一人去康沃尔沿岸钓鱼，在那里，他被一条名叫米兰达的性感美人鱼（格丽妮斯·约翰饰演）捕获并囚禁起来。[21] 马丁博士承诺带米兰达去伦敦，才得以逃脱。回到家后，马丁的妻子问他有没有抓到“大鱼”，他将米兰达伪装成一个想在轮椅上看遍伦敦的残疾女孩。紧接着发生了一系列搞笑事件。有一次，米兰达生吃了一条鱼，还对动物园里的海豹发出凄厉的叫声，其他观众的脸上露出奇怪的神情，马丁博士

图 5.8

《米兰达》官方海报（1948）

连忙将米兰达推走。最终——或许是不可避免的，米兰达利用自己的异国风情对三个男人——马丁博士、他的司机和一位朋友的未婚夫，进行性暗示并在他们三人之间引起了一阵怀疑和嫉妒。最终，马丁博士的妻子发现米兰达是个破坏别人家庭的美人鱼，坚持让保罗将其公之于众。米兰达随即转

动轮椅，跳进了泰晤士河逃跑了。然而故事再一次发生转折，电影的最后一幕是米兰达倚在一块岩石上，腿上坐着一条人鱼宝宝，暗示她为其中一个情人生了孩子。不管怎么样，《米兰达》票房爆满，随即推出了（反响不太热烈的）续集《水晶宫主》（1954 年），米兰达幻化成了康沃尔的一位学校老师，再次勾引与她相遇的每一个男人。

《豌豆先生和美人鱼》与《米兰达》两部电影展现了凯勒曼“现代美人鱼”的不同方面，更加体现了长久以来塞壬身上具备的双重性。在前一部电影中，乐诺符合 20 世纪中期的观众对性和女性主义的看法。身为一条美人鱼，她娴静端庄，穿着比基尼上衣，留着又短又卷的刘海儿。豌豆先生抓住乐诺之后，教她如何接吻，并且寻找合适的时机来她这里释放欲望，她不仅是性欲的驱动者，也是承受者。因为乐诺不能讲话，所以整个过程都只是肉体上的互动。在这段以男性为主导的关系中，乐诺从未想过逃离，甚至对豌豆先生百依百顺——豌豆先生刚教会乐诺如何接吻，她就直接扑到他的怀中。

然而，米兰达反其道而行，她并不是顺从的凯勒曼式美人鱼，而是蛊惑人心的那种。乐诺穿着比基尼上衣，米兰达则用一头秀发挡住赤裸的双乳。除此之外，米兰达更像一条危险的中世纪塞壬，抓住马丁博士之后，强迫他推着自己逛遍伦敦，诱惑了三个男人之后毫发无伤地逃脱。她将这些男人占为己有，甚至还怀了其中一个人的孩子，根据剧情暗示，米兰达最后自己抚养人鱼宝宝长大。在第二部电影中，米兰达忘了以前的伤痛，继续以原来的风格行事。这一次，她成功地勾引了全镇的男人。如果没有凯勒曼对“现代美人鱼”的创新与发展，这些电影可能永远不会出现在公众面前。

传记电影《出水芙蓉》（1952 年）中，扮演安妮特·凯勒曼（Annette Kellerman）的演员埃斯特·威廉姆斯（Esther Williams）也曾是一名出色的游泳运动员，但是“二战”之后，她转行去了表演行业，因此失去了参加奥运会的机会。与凯勒曼一样，威廉姆斯也曾以游泳和潜水表演为生，后来在多部好莱坞影片中饰演主角，美丽的外形和高超的游泳技能在大银幕上大放异彩。她还担任了《涅普顿的女儿》（1949 年）重映版的女主角，这部电影初映于 1914 年，是凯勒曼的第一部大获成功的作品。无论是从字面意义还是象征意义上看，威廉姆斯都接替了凯勒曼的角色，而且效果不错。威廉姆斯继续参加其他“有关海洋音乐剧”的电影，将自己的“年轻、美貌和运动技巧”展现得淋漓尽致。而且更重要的是，她成功地在角色塑造过程中展现了自己的实力。后来，电影评论家大卫·范透（David Fantle）和汤姆·约翰逊

（Tom Johnson）表示，这些电影的剧情大多都是威廉姆斯扮演的角色“在水中拖着其他主演”。然而，威廉姆斯自始至终未能打破性别束缚，因饰演海洋生物出名之后，电影工作室不允许她尝试其他角色，只能扮演海洋女神。从《水殿嫦娥》（1952 年）到最后一部电影《魔法喷泉》（1963 年），电影制作人一直希望威廉姆斯能够展现泳姿，在镜头面前展示完美的一面。电影大亨路易斯・B. 梅耶（Louis B. Mayer）曾说：“在水下，她是明星。在水上，就是个普通人。”[22]

如果说威廉姆斯效仿凯勒曼，试图在参演的电影中展示自己的力量（即使受限），那么戴安娜・韦伯（Diane Webber）则完全不同，她在《蒂伯龙美人鱼》（图 5.9）中完美地展现了“现代美人鱼”的性感。因为电影导演约翰・兰姆（John Lamb）致力于“展示女性身体”，影片中一群半裸女人在镜头面前游泳引起了无限遐想，相比之下，剧情主线（一个男人发现了美人鱼栖息的小岛）竟显得不那么重要了。在这些性感塞壬之中，曾做过花花公子玩伴女郎的韦伯像凯勒曼一样，毫不羞涩地展示自己的身体。一开始，影片中的韦伯身穿鱼尾，用花瓣遮住双乳，而且这部电影只在美国上映。然而，发现能够利用美人鱼具备的性感和资本主义赚取利益之后，兰姆于 1964 年再次推出了《蒂伯龙美人鱼》的重映版——《水中性爱》。这部淫秽的叙述风流韵事的影片还推出了一张

图 5.9

《蒂伯龙美人鱼》官方海报（1962）

海报，上面大肆宣扬“原始又刺激的野性女人！香格里拉海中相爱嬉闹的原始女神”。兰姆仅仅在现有的影片中加入了几场全裸女人游泳的场面，《水中性爱》就这么出炉了。20 世纪 60 年代，电影中的赤身裸体已经变得稀松平常，色情片《深喉》（1972 年）获得了巨大的商业成功，随后 1976 年，两部粗制滥造的美人鱼黄色电影也先后上映，而《豌豆先生和美人鱼》《米兰达》和《水中性爱》等电影助长了这种风气。似乎随着时间的流逝，凯勒曼式的“现代美人鱼”越来越充满色情意味。[23]

凯勒曼对性感和肉体的结合能力并不仅表现在大银幕上。实际上，凯勒曼以及受现代美人鱼启发的多部电影，催生了佛罗里达州西部的景区，时至今日，仍然大受欢迎。1947 年，前好莱坞杂技演员纽特·派瑞（Newt Perry）修建了韦基沃奇大剧院，这是一个巨型水缸，里面可以上演美人鱼表演，并一次性可以容纳 40 名观众。这种表演是有先例可循的，1886 年，英国人哈利·菲利普（Harry Phillips）在布莱顿水族馆上演了一场“神秘美人鱼”的表演，又或者 1841 年，一个英国人在罗马囚禁了一条可怜的“美人鱼”。[24] 然而，韦基沃奇大剧院所涉猎的范围以及爆满的人气，结合现代美人鱼凯勒曼和威廉姆斯身上完美的“新奇、女性之美、运动之美和端庄贤惠”，使这家公共水族馆脱颖而出。[25]1948 年，《豌豆先生和美人鱼》的制片人决定在这家水族馆拍摄水下场景，使韦基沃奇大剧院名扬四海。哈利及本地媒体开始大肆宣扬水族馆在这部鸿篇巨制中的重要性。借着电影首映的机会，水族馆举办了一年一度的露天表演——“佛罗里达的美人鱼皇后”，“几十个佛罗里达州最美皇后在水中互相比试身材”，接下来的十年中，报纸上刊登了一系列文章——“用一天了解美人鱼的一生”或“参加6周美人鱼课程之后，一个年轻女孩学会了怎样成为一条美人鱼”。[26] 韦基沃奇人气高涨，成了最受欢迎的旅游景点，最后被美国广播公司（ABC）于1959年收购，并新建了一个能够容纳500名观众的水下剧院。截至20世纪60年代末，韦基沃奇大剧院进行了大量的美人鱼表演，甚至有一次还包括一条机械龙，美人鱼利用自己的“曼妙曲线”躲过了一劫。[27]

回顾到目前为止的美人鱼艺术和电影，韦基沃奇符合所有性和性别的传统。观众可以在精心安排的环境中，看这些漂亮的美人鱼（没有雄性人鱼）半裸着游来游去。水族馆负责人将这些美人鱼定义为性对象，但仍然为观众保持一种“家庭”氛围。[28] 这并不是个例，西方广告商也利用性感的美人鱼达成自己的目的。例如，1937年出现在英国“鹰与皇后号”游轮的旅行指南上的玉泉气泡水广告（图5.10）。20世纪上半叶，泰晤士河面上经常会出现一些游轮，每年都要

图 5.10

“鹰与皇后号”游轮的旅行指南中，玉泉气泡水广告中的美人鱼（1937）

运载数千名乘客，游轮上的旅行指南成了广告商推销商品的风水宝地。玉泉气泡水的广告性感十足，一条露着双乳的美丽人鱼，左手拿着一瓶玉泉气泡水，目光看向广告图之外。除了美人鱼与水的关联之外，这位广告设计者明显利用了塞壬的性吸引力。但是这不足以解释这则广告的设计意图，因为在 20 世纪初期，广告上很少会有赤裸上身的女人，尤其是在数千人（包括老人和青少年）都能轻易看到的旅行指南上。然而不管怎么说，这条美人鱼仍旧在那里，用自己超现实的女性身体来色诱观看者。也许玉泉公司想给男人们造成一种错觉——除了饮用水，这艘船上还有其他“唾手可得”的好东西在等着他们。[29]

“二战”后婴儿潮时期是西方广告业的“黄金时期”，任何东西都能用美人鱼代言：面包、发胶、男士泳裤。但是最能体现媒体利用美人鱼从美国梦中谋取利益的广告有三种：男士衬衫、杂志和钓鱼线。[30]性感的美人鱼登上了大银幕，吸引来大量的游客，广告商当然要把这些性感尤物作为吸引男性顾客的王牌。1948 年，美国衬衫制造商范·何森（Van Heusen）就是一个例子。在一张富有性暗示的印刷广告中（图 5.11），一个身穿整洁的白衬衫配领带的帅气男人，像珍珠一样站在牡蛎壳中，正好对应了广告语——“每一件（衬衫）都像珍珠一样”。男人并不是唯一的角色，一条全裸的美人鱼（一丝头发遮住了她的乳头）正扒着牡蛎壳的边缘，深情地看着男人的双眼。男人低头看着这位黑发美人，眉毛高高扬起，似乎要伸手触碰她。这则广告出版时，《豌豆先生和美人鱼》正在火热播出，吸引了无数观众，二者做了同样的事情——激发男性对力量和机会的性幻想。正如这则广告上的文字所示：“穿上范·何森的白衬衫，身边自然美女如云。”图片已经如此露骨，文字似乎已经没有必要。

第二年，《野外运动》杂志在 1949 年 4 月刊上印了一条极其性感的美人鱼。乔伊斯·巴兰塔尼（Joyce Ballantyne）因创作《科普特女孩》——一个小孩的泳衣被一条狗扯了下来而闻名于世，但在 1949 年，她也很擅长画一些衣着暴露的美

图 5.11

范·何森的美人鱼广告（1948）

女海报。不画海报之后，她曾为《野外运动》杂志——受众多为常在野外活动的男人——设计了有关训练打猎和钓鱼的图片。某种程度上，巴兰塔尼对美女画报的热爱使她有机会为《野外运动》设计插图——毕竟，大多数读者可能早已在自家车库和工坊挂上了巴兰塔尼创作的更色情的作品。1949年，她画了一幅名为《愚人节》的海报式插画，图中是一条丰满红润的美人鱼：裸露的上半身、飘逸的头发、身后的鱼尾，以及她剪下缠绕在干瘪的管子上面的渔线时露出的狡黠神情。可以想象，成年男人看到此情此景一定会欣喜若狂，而父母则会冲过来，从儿女手中夺走这本曾经老少皆宜的杂志。《愚人节》，真的不负其名！20 世纪 40 年代末，从范·何森的杂志广告到《野外运动》的插图可以看出，赤身裸体的性感美人鱼似乎变得到处都是。[31]

塞壬歌贯穿整个 20 世纪 50 年代。[32]1959 年，西方鱼线公司（加利福尼亚州）为自己的“W—40”鱼线发行了一本 15 厘米 ×10 厘米（6 英寸 ×4 英寸）的手册，标题是《如何钓到美人鱼》（图 5.12）。与巴兰塔尼为《野外运动》设计的插画相似，手册封面是一条胸部丰满的美人鱼正热情地拥抱并亲吻一个身穿法兰绒的垂钓者。与传统史诗和中世纪传说中被哄骗的灵魂不同，这个男人是心甘情愿的。他紧靠在船沿上，刚钓到的鱼噼里啪啦乱蹦，但他视而不见。就像美人

图 5.12

《如何钓到美人鱼》的封面，爱德华·泽恩（1959）

鱼电影、韦基沃奇和范·何森的广告中的那样，这本图册在推销鱼线的同时，也在贩卖性和力量。十张充满文字解说的内页正说明了这一营销策略。说到帮助读者钓到美人鱼，著名的美国作家和环境保护者爱德华·泽恩（Ed Zern）称：“当有人听说你抓了条美人鱼，孩子，你会名气大增。到时候就会有人找你要签名，报纸摄影师也会来给你拍照，漂亮女孩也跟你打情骂俏。”[33] 还有一次，泽恩讲了一个渔夫的故事，这个渔夫真的抓到了一条美人鱼。这则故事还附着两张插图，图中的美人鱼顺从地坐在男人身边，完全符合人们对女性的期待。在第一张图中，一个渔夫不知怎么就和美人鱼坐在了水下，并且在给她说着什么。她直挺挺地坐着，似乎完全被男人迷住，充满暗示地将胸部前倾。第二张图中，美人鱼和渔夫都在水面上，渔夫在读《如何钓到美人鱼》，而这条美人鱼的目光则温柔地越过他的肩膀。

西方鱼线公司、范·何森和《野外运动》中的美人鱼看起来很相似。前两种美人鱼对白人男性（性目的和自尊）展现出女性的顺从，然而，《野外运动》中的美人鱼女郎则只展现出挑逗和顽皮。同样是性暗示，相比之下，《如何钓到美人鱼》的作者用词更加大胆。用鱼钩钩住这位“长着鱼尾的小姐”之后，渔夫让美人鱼自己解开钩子。但这位被捕的塞壬说自己做不到，因为“钩子正好卡在……你自己来看看吧”。

“天哪，”古斯（Gus）说道，脸唰地一下红了，“你确实做不到！给你，用我的钳子。”[34] 中世纪之后，美人鱼就开始与性挂钩，她们的人类身体配上鱼尾，形成怪异的组合。中世纪的美人鱼也有一些是希拉纳吉式的，重点展示自己的阴部，她们的生殖区域往往是引人遐想。但是此书中的美人鱼却不是这样。泽恩看似只字未提，实际上却把什么都说了，这让人想起《米兰达》剧场版（1948 年）中的一段台词，美人鱼指着自己的鱼尾说：“湿润的时候才美。是不是，保罗？”保罗只能（红着脸）回答说：“迷人……真迷人。”[35]

最后，泽恩的《如何钓到美人鱼》的封底画着两条不同的美人鱼。一条类似 20 世纪 50 年代儿童漫画中的美人鱼。她的外表依然与手册中的美人鱼一样，但是神态和动作更适合小孩子观看，因此成了西方鱼线公司的标志。然而，另一条美人鱼却相反。这条塞壬坐在展示架上，可谓是这本册子中最性感妩媚的一条美人鱼了。她的上半身完全赤裸，一对巨乳上面覆盖着“西方”两个字（当然，这是一种吸引顾客的策略）。她的手放在脑后，暗示男人们对她身体的渴望。总而言之，无论顾客看到了小册子的正面还是反面，其中的性暗示都被展现得淋漓尽致。人们有理由相信，这类广告为《水中性爱》（1964 年）打下了观众基础。

1950 年至 1971 年，当西方鱼线公司用卡通版美人鱼作为非官方的吉祥物时，另外两家公司公开用美人鱼作为他们的标志物。1951 年，总部位于加利福尼亚州的一家名为“海底鸡”的海鲜公司开始用一条美丽的金发美人鱼作为其金枪鱼罐头的代言人。1950 年，作为“海底鸡”美人鱼的原型，好莱坞女演员格蕾丝・李・怀特尼（Grace Lee Whitney），身穿类似的服装，在电台与舞台上为观众唱着广告歌：“海底鸡小姐，就在封面上！”1951 年的印刷海报上，卡通版的怀特尼坐在三罐不同的金枪鱼罐头旁边，留着一头蜂窝状的发型，开心地摆弄着一根魔法棒。这条美人鱼要比范・何森（Van Heusen）、《野外运动》或者西方钓鱼公司的美人鱼端庄得多：她的鱼尾被包裹在连体泳衣中，乳沟也仅露出一点点，脖子上的心形项链也显得比其他美人鱼的露骨形象更加保守。1954 年，广告商声称：“我们要为中心屠场的金枪鱼挑选一条美人鱼！”[36] 到现在为止，“海底鸡”金枪鱼仍然采用这条 20 世纪 50 年代的美人鱼（图 5.13），仅仅做了轻微的改动——将过时的蜂窝状发型改为了飘逸的长发。

然而，比起 20 世纪 70 年代的星巴克美人鱼，“海底鸡”的这条海洋吉祥物仅仅算个三线明星。1971 年，咖啡、茶和香料供应商表示，创立者希望公司能够展示出商品到达西雅图商店之前所跨越的距离以及海洋。由此，诞生了星巴克

图 5.13

“海底鸡”金枪鱼广告（1954）

（《白鲸》中的人物）以及星巴克的美人鱼标志。有趣的是，这条美人鱼是 20 世纪中用于资本的最性感的一条塞壬，因为她完全仿照了最初刻在中世纪教堂中的那些蛊惑人心的美人鱼形象——散开的鱼尾、飘逸的头发以及裸露的双乳（图 5.14）。实际上，图片设计师泰瑞·海克勒（Terry Heckler）仅仅是在流行于 15 世纪的“双尾塞壬”的形象上做出改动，同年，“双尾塞壬”的作者赛洛特（J. E. Cirlot）在《符号字典》中再次引用了这个形象（图 5.15）。海克勒抹去了 15 世纪美人鱼的肚子和肚脐。随着时间的推移，星巴克美人鱼越来越保守：艺术家将其裸露的胸部藏于长发之下，接下来的改版都将重点集中在美人鱼的脸和皇冠上。现在，人们几乎认不出来这是一条美人鱼了。无论如何，星巴克美人鱼现在已经成了世界上最知名的标志之一，甚至更加映衬了 17 世纪哲

图 5.14

星巴克咖啡的原始标志（1971）

图 5.15

“双尾塞壬”，摘自赛洛特《符号字典》（1962）

学家托马斯・布朗恩（Thomas Browne）的那句话——“没有人没见过美人鱼画像”。[37]

正因为20世纪下半叶的美人鱼具有如此重要的商业、文化和艺术意义，西方历史学家便开始严肃地对这类受人喜爱的生物展开研究。虽然自中世纪以来，学者们早已意识到人鱼在人类历史中的重要性，而21世纪的一系列调查则更为深入，并且将历史进化论归为社会科学，或者“历史决定论”，因为现代人“利用过去来满足各种目的，并且尽可能地凌驾于政治私利之上”。[38]20世纪50年代早期，有关人鱼历史与神话的短篇文章再次出现在西方报纸上，这并不奇怪，因为在当时美人鱼已经开始入侵流行文化了。但是这些报纸文章的受众大多是儿童，经常被刊登在周日的漫画栏目中，并配上题目——《美人鱼确实有趣，但并不存在》。[39]20世纪50年代后半叶，随着更加严谨的人鱼历史出现在书店架子上，这些报纸短文立刻失去光彩，显得微不足道。

1957年，英国人理查德・卡灵顿（Richard Carrington）——人类学皇家学会、地理学皇家学会以及考古学皇家学会成员，出版了《美人鱼和乳齿象：自然和非自然历史》。虽然卡灵顿将这本“巨著”定义为“关于自然科学中几个分支的不同寻常又充满浪漫主义的现象锦集”，但这本书其实深度剖析了人类长期以来对神话、奇幻和科学所持有的概念。如此看来，这本书与现代作品类似。在第一章“美人鱼自然史”中，卡灵顿调查了从古代到当代人们对美人鱼的痴迷现象，并得出结论：“世界上任何时期的任何国家的民间传说都存在美人鱼或类似美人鱼的生物。”在提供了人类与人鱼互动（尤其是在17—19世纪）的例子之后，卡灵顿总结道：“美人鱼自然史似乎很多方面都包含在海牛自然史中，仅用自然科学手段是不可能彻底解读美人鱼自然史的。”卡灵顿敏锐地认为，“这些美艳无比的海洋女神充满了神秘感和危险气息，必然是为了迎合人类的原始需求而从混乱的海洋中出现的”。[40]

仅仅八年之后，历史学家格温·本维尔（Gwen Benwell）和亚瑟·沃夫（Arthur Waugh）（1959年至1961年任民俗学会主席）出版了《海中女妖：美人鱼一族》。这本288页的书对“美人鱼的故事是如何在当代——对于地球来说，文明人类刚刚出现的时代，扎根并且受到全世界关注的”进行了详尽的分析，本维尔和沃夫的这本著作在现代仍是探究人鱼最详尽的文献之一。他们分析了古典时代到20世纪下半叶的民俗、纹章学、神话与科学。最有趣的是，这两位历史学家在本书结尾并没有明确否定人鱼存在的合理性。相反，他们怀疑“自己的这些大胆假设是否完全错误？或许，海洋生物为陆地生活保留了一些身体部位，并进化出四肢，随后将其神秘的同类丢在了海洋中？”他们还表示：“甚至在现代男性身上也可以明显看出其海洋祖先留下的痕迹。人类进化过程中使鳃退化，但有时候鳃的痕迹过于明显，人类不得不手术进行切除。[41]”从这种奇怪的言论可以看出，即使是20世纪最博学的学者也始终对此存在一些好奇心。对于本维尔和沃夫来说，他们数年的调查解答了一些问题，却又引出了新的疑问。然而，他们并不是个例——1975年，英国著名的自然历史学家大卫·阿滕伯勒（David Attenborough）与莫里·考克斯（Molly Cox）共同写了一本《大卫·阿滕伯勒的寓言动物》，其中他们写道：“美人鱼的故事仍然存在，并且还有几分真实。”他们甚至对“美人鱼就是海牛”这一观点提出质疑：“海牛生活在温暖的水域，并且从未出现在苏格兰北部。”那么这些神奇生物是如何到达英国北部冰冷的海水中的呢？[42]

这些严谨的学者将其生命奉献给了历史决定论，致力于寻找真理，我们应该怎样解读他们所持有的这种好奇心呢？他们似乎让自己相信了一切，却又对一切事物感到怀疑。但他们并没有脱离实际。在卡灵顿、本维尔、沃夫、考克斯和阿滕伯勒努力钻研、调查并书写历史的同时，人鱼已经成了流行文化的一部分。[43]与此同时，科学研究继续关注前人难以想象的领域，对他们提出的假想的合理性和局限性提出质疑。既然人类都能登上月球，可以发现人鱼又有何难？因此，很多人仍然对这些生物存有幻想，一些人甚至宣称接触过人鱼。1954 年，美国一位 69 岁的灯塔守夜人华金·比烈图（Joaquin Brito）信誓旦旦地对纽约《日间新闻》说：“小时候和父亲钓鱼时，我曾在加那利群岛见过一条美人鱼。”该报纸对外报道称，“他愿意在总部向海上警卫队讲述自己这场精彩历程，提供一些在人类学方面很有趣的细节”，并认定那条美人鱼大约 15 岁，“我们中的其他葡萄牙渔民也在附近看到了她”。[44]

1961 年，马恩岛（英格兰西南部沿岸）开展了一场官方的“美人鱼追捕”行动，在此之前，“很多岛民坚称，他们看见过美人鱼躺在岩石上晒太阳，并且个个貌美如花”。一名议员甚至要奖励“第一个抓到美人鱼的人”2 万英镑（相当于 2020 年的 44 万英镑），一位本地警察、皮尔市的女市长以及一位秘书都曾发誓自己在岸边看过多条美人鱼。无论这是不是吸引游客的策略，这些宣传确实激起了很多人的好奇心。实际上，本维尔和沃夫在书的结尾就引用了这则故事。[45]

20 世纪下半叶，并不只有历史学家关心人鱼。20 世纪 80 年代称得上是美人鱼电影复苏的时代，《水花》（1984 年）和《小美人鱼》（1989 年）取得了商业上的巨大成功。[46] 本质上来说，这两部电影的主要内容都是围绕着一条需要男人救助的美人鱼展开的。战后时期，学者们和普通民众都认为这种性别隐喻稀松平常，到了20世纪80年代，后女性主义批判成了关键的分析方法。20世纪80年代至90年代的女性主义者为了破坏西方文化中对性、性别和语言的主流看法，公然反对美人鱼以及近期的美人鱼电影。[47]

1991年，罗伯塔·崔特斯（Roberta Trites）打响了第一枪，她针对迪士尼提出："迪士尼电影对安徒生童话的解读延续了男人至上主义，并且将这些价值观传递给下一代。"在崔特斯看来，这部电影中的"女人要么谦卑温婉，要么道德败坏，她们无法使用自身的力量，只能依靠男人或者从他们处窃取力量"。确实，她是对的。迪士尼版的《小美人鱼》中，爱丽儿（"小美人鱼"）放弃了自己的声音，只为到人间生活，尤其是生活在艾瑞克王子身边。同时，可怕的海洋女巫厄苏拉用她窃取来的声音摧毁了艾瑞克王子，进而使爱丽儿的希望和梦想破灭。而原版的安徒生童话至少暗示了女性主义的合理性，认为女性自身拥有生存于世的权利，小美人鱼形象模糊地代表了女性的向上流动性，然而崔特斯认为，1989年的迪士尼电影"削弱了整个故事的女性主义价值观，电影中的人物形象以及情节矛盾剥夺了女性的独立，使整个电影比原版童话更加具有性别歧视的意味"。[48]

崔特斯的言论引起一阵阵反驳之声。三年后，苏珊·怀特（Susan White）运用弗洛伊德和拉康的精神分析法解释，《小美人鱼》等电影是如何促使女权主义者“结合现存的社会结构、退步与转变趋势，将大多数文化产物视为压迫与反抗的混合体”。怀特认为，最近的几部美人鱼电影均基于西方社会对女性社会和政治地位变化的恐惧。《小美人鱼》向观众展现了“身体与社会对女性的束缚”。劳拉·赛尔斯（Laura Sells）在1995年著作中的《美人鱼的立场：〈小美人鱼〉中的声音和身体》一章中，进一步揭示了性别二元性，称这部电影“反映出美国女性主义浪潮中的一些矛盾：一方面改革者要求女性拥有进入男权社会的权利，但另一方面又激烈地要求重塑性别，认为标志性观念的变革是社会变革的基础”。作为一条性感又充满孩子气的美人鱼，爱丽儿正处于性别矛盾之中。她代表了海洋与陆地（赛尔斯认为陆地代表“白人男性体系”）的界限，女性进入这个体系之前必须得到允许（为此，爱丽儿用自残的方式舍弃了自己的尾巴和声音）。重要的一点是，赛尔斯对《小美人鱼》的剖析解读恰恰反映了她在后女性主义时代所处的位置。她公开承认：“我是当代女性主义矛盾的产物，也是受主流文化欺骗的受害者。”埃弗拉特·特希龙（Efrat Tseëlon）支持赛尔斯的说法，她用自己的精神分析法探究了迪士尼是如何过度简化安徒生童话，借此展示了“人类，更确切地说，女人在以特殊的舌头和声音阉割为中心的父权体系中的境况”[49]。

总的来说，这些文章揭示了西方社会中美人鱼身上一直具备的混合性，甚至矛盾性。例如，《小美人鱼》是风靡一时的卖座儿影片，“首映时，票房和音像店的销量双双破了纪录”，是有史以来收益最高的电影（两年之后，被迪士尼版《美女与野兽》超越）。然而，这部电影引起了广泛讨论。许多西方人都为迪士尼辩护，支持后者“改写童话故事，彰显美国精神”，并且在爱丽儿的离奇故事中发现希望、爱情和友情。1960 年，这种想法非常普遍。但是，时代发生了改变。西方女性正在打破天花板，开创商业贸易的新领域，向其他公共领域进军前进。女性主义者认为，《小美人鱼》揭示了主流的文化传统，即“想要进入白人男性体系，就必须舍弃女性特有的性质，并且只能担任母亲或公民的角色，而不能二者兼得”。这些塞壬仍处于过去与现在的交界处，既掌握统治权又弱不禁风。[50]

19 世纪至 20 世纪，雄性人鱼在实际文化和资本主义标志中的缺席对女性主义批判和大众媒体对人鱼的理解尤为重要。西方媒体仅仅依赖于美人鱼的性别以及性感特性，所以并不需要雄性人鱼的出现。他们将美人鱼吹捧为性、对家庭的期待以及欲望的终极标志，通常三者是共存的。历史学家菲利普·海华德（Philip Harward）曾说过，雄性人鱼的文化弱点来自他的尾巴，这个器官与人类生殖器毫无半点相似之处，削弱了人鱼的男性气息。然而，美人鱼长着人类的双胸和类似阴茎的鱼尾，因此“完美地展示了阴茎女性的形象”。[51] 中世纪时期，雄性人鱼就已经被 20 世纪的人类思想边缘化。

从很多方面来看，自中世纪以来一切都发生了改变，却又似乎什么都没变：西方社会的主要势力仍然（之前是教会，现在是媒体）利用美人鱼的性感，将自身信息最大限度地传向社会。塞壬歌主要体现了性、社会性别以及文化先进性。然而，美人鱼身上具备的混合性以及震撼人心的性感迫使观看者审视人类自身的生存环境，正是人类社会的变化使学者们又一次对这种神奇生物产生了浓烈的兴趣，使西方世界对有关人鱼的一切事物产生前所未有的迷恋。1995 年，特希龙只能说：“关于美人鱼的故事，有一千个读者就有一千条美人鱼。”[52] 这些言论证明了人鱼所蕴含的文化内涵非常灵活，恰恰展示了西方世界在女性主义、性、性别、资本主义和全球化等方面的持续斗争。

非洲南部的一位布须曼人抬头眺望整片沙漠，目力所及皆是满月洒下的光芒。现在是公元前2000年，已经连着一个月没有下雨了。他身后皆是人们的号哭。巫师开始奏乐求雨。布须曼人跑回附近的洞穴中，在绿色的草地中跳来跳去，避免尖锐的碎石扎破自己的双脚。他挤进拥挤的人群中，看着巫师边唱边围着篝火跳来跳去，他的影子映在画满生物的洞穴墙壁上，随着节奏一同起舞。布须曼人注意到一群特殊的生物：人类形状却长了一条鱼尾。过去，他经常将这些混血生物视为上帝，并向他们祷告。现在，他又要开始祷告了，不然他和他的家人都要渴死。

两千年之后，据此地五千公里的地方，一位印度石匠正在欣赏自己刚完成的作品。缕缕阳光洒进石匠布满灰尘的工作室，粉红色的砂岩熠熠生辉，它即将被抹在马图拉寺庙的拱门上。当负责人让这位石匠刻一条半人半鱼生物时，后者毫无头绪。他一辈子生活在马图拉，在城市中越来越高的建筑上刻过许许多多图案，但是从没见过如此奇特的设计。他决定先刻一个圆圆的肚皮，这让他想起了自己的弟弟。再刻上蛇一般的“腿”，这个部分跟他家人一点都不像，甚至都不存在于现实。这个混合生物给他带来一种怪异的满足感，交工的时候他异常兴奋。毫无疑问，这个奇怪的雕像一定会巩固他身为马图拉最优秀艺术家的地位。

chapter 6

走入世界海域

每一种文化和宗教都有属于自己的水神和类人水生物种。在长久的时空转换中，人鱼一直以某种形态存在，当现代人类开始了解人鱼时，美人鱼和特里同大多都是欧洲人创造出来的，是文化交流、循环利用以及重新解读过程中的产物。早期基督教统治下的欧洲人在古代近东人和希腊文化中的水神基础上，创造出属于自己的人鱼：上半身是人类，下半身是鱼。中世纪时期，基督教徒对现存的人鱼形象进行了改动，以迎合新出现的女性主义信仰，将美人鱼塑造为性感与危险的化身。16 世纪早期，欧洲人怀揣着对人鱼的信仰环游世界，与原本存在的一系列文化信仰发生了碰撞。当欧洲人与外国人进行交流时，欧洲文化逐渐影响着对方的文化，反之，也被新文化所影响，二者逐渐混为一体。19 世纪末，这种文化相融的现象达到高潮，欧洲资本主义逐渐成为一种全球现象，汉斯·克里斯汀·安徒生（Hans Christian Andersen）的小说《小美人鱼》（1837 年）被译成十多种语言，流传于世界各地。亚洲、拉丁美洲、中东、非洲和北极洲的居民逐渐将西方人鱼融入现存的宗教文化体系，创造出具有当地特色的西方人鱼，整个文化相融过程又回到了最初的起点。[1]

出于本能，人类会根据文化感知力、偏见和世界观来对新思潮进行回流、解读和改编。[2] 每种文化都有这种本能，人鱼就是典型的例子。这些生物的混杂性引起了人类的思考：

他们既熟悉又陌生，既是人类又是怪物。一直以来，不同的文化持续吸收并同化这些怪异的生物，比起差异性，人鱼所具备的局限性似乎更能体现同一性。虽然本书的重点在于阐释西方世界对人鱼的解读，然而，调查人鱼在世界各地的流行更能体现出通过人鱼解读人类境况的独特视角。

在欧洲人于全球各地“介绍”（甚至是“强制输出”）他们对人鱼的想象之前，各国早就已经与水神和混血生物建立起深厚的关系。古代巴比伦人（公元前 18 世纪至公元前 6 世纪，今中东地区的居民）信奉海神俄安内和他的妻子阿塔伽提斯。作为文明与秩序的主宰者，俄安内对希腊海神的产生和发展具有重要意义。人们从亚述国王萨尔贡二世的宫殿遗迹中发现的一尊雕像（公元前 8 世纪，今伊拉克地区）可以表明，俄安内是生活在海洋中的半人半鱼生物。插画师也将阿塔伽提斯描绘为一种混血生物，但是夸大了她身上的双重性。古代巴比伦人将阿塔伽提斯视为生育女神，但也忌惮她带有危险的爱情。最终，希腊和罗马人将这两个特点分别安插到阿佛罗狄忒和维纳斯身上，中世纪的雕刻家也重新将这种双重性添加到雕塑作品中。[3]

古希腊的民众（公元前 5 世纪至公元前 4 世纪）虔诚地信奉古代巴比伦人对水神的信仰，水神和海洋女神（包括维纳斯、特里同、安菲特里忒、涅柔斯和普罗透斯）成了希腊诗歌、故事和艺术中的主要元素。同时，希腊人也对这些传说形象进行改编，以满足自身需求。一些海神被赋予人类的身体，而另一些海神仍保留半人半鱼身。大体来说，希腊水神并没有伤害过人类，而是起到了帮助人类的作用。涅内伊德（海神涅柔斯和妻子多里斯的女儿们）拥有动人的歌喉，她们借此来取悦自己的父亲，而不是引诱人类致死。实际上，涅内伊德大部分时间都是在海上保护水手，使他们躲过海洋中的重重危险。作为一个航海帝国，希腊需要用各种水神和海洋女神来推动海洋探索事业，因此创造出了许多以慈悲为怀的水神。[4]

洪水时期的起源神话对混血水神的全球流行具有重要意义。俄安内在古代巴比伦神话中有很多称呼，其中流传最久的就是达贡（Dagon），结合了“达”（Dag：一条雄性鱼）与“阿安”（Aun）和“奥安”（Oan），创造了“大鱼诺亚”。厄里克迦勒底（方舟的来源地）的人们一直信奉着半人半鱼的诺亚（即俄安内）。叙利亚和美索不达米亚人口中流传的洪水与方舟的传说被记录在著名的《吉尔伽美什史诗》中，同样，古代埃及人也相信底比斯的传说（即诺亚方舟传说）。正如历史学家亨利·李所说：“奥西里斯墓穴的历史故事就是另一个版本的诺亚方舟传说，而相传埃及神学诞生的时期也是诺亚建造方舟的时间。”[5]

这些洪水故事并不仅仅来自传说。近期考古学研究表明，公元前 7000 年左右，黑海地区曾遭受过巨大洪水的侵袭。当然，这场洪水并不能解释半人半鱼的水神，也不能证明是否真的有一艘巨船救了一部分人的性命，使人类得以延续下去。同时，历史上的这场洪水影响了黑海地区的原始神话和水神的文化体系，但并没有解释为什么千里之外的地区会存在相似的神话和生物。[6]

洪水时期的神话以及随之诞生的水神传说流传甚广，各种版本惊人得相似，被人们频繁引用。正如李所说，阿兹特克人信奉考克斯，“将他称为鱼神”。根据阿兹特克的宇宙学，大洪水时期，考克斯和他的妻子用柏树做了一艘巨船，从而幸免于难，使人类传承下去。根据另一个版本的阿兹特克传说，纳塔和奈娜在第四太阳纪（李将这与“诺亚”联系到一起）那天从大洪水中幸免于难。[7]生活在北边距此数千公里的本土美国人也重新改写了这个故事，将自己的人民与水神联系到一起。五大湖区（现今美国北部及加拿大地区）周围的部落信奉一种“人鱼”，认为是它将人们带到北美地区的。它经常到人们的家中为他们唱塞壬歌：“双腿盘踞在身下席地而坐，数个小时为岸上印第安人唱歌，用歌声将所有欢乐诉说，以及深海中美丽又奇异的新奇事物，歌声的结尾总是‘跟我来，我带你看看！’”[8]

1853年，美国民族学家亨利·苏圣玛丽从苏必利尔湖（今加拿大）复刻了古代的原住民悬崖雕刻，上面刻着“一位首领的名字：麦婴干，或美人鱼之狼（本意为雄性人鱼图腾）”。一位19世纪的酋长认为，麦婴干之所以刻画这些象形文字，是为了记录自己的“技艺与神秘的力量”（图6.1）。[9]在非洲的卡鲁沙漠（今南非开普省）（图6.2）以及沙漠高原（位于今埃及西南角，邻近黎巴嫩边境）中，人们也在古老的洞穴艺术中发现了类似的图腾。像麦婴干、卡鲁沙漠和沙漠高原中的壁画都是半人半鱼形象（或者是所谓的半人半燕子形象）。尽管人们并不清楚这些抽象壁画的现实依据和真实目

图6.1

“麦婴干，或美人鱼之狼”

亨利·斯古尔可莱福特《美国的印度部落》卷Ⅰ中的印刷品（1884）

图 6.2

“南非土著民的画作”，今南非开普省卡鲁沙漠中类似美人鱼的生物，摘自詹姆斯·爱德华·亚历山大《西非殖民地观察》卷 II（1837）

的，但不难想象，对于一直以来与自然对抗的人们来说，水神显得尤为重要。学者表示，这些抽象的形象可以使巫师在巫术仪式中重现一些“水下场景”。[10]

从叙利亚到埃及再到美洲，古老的文明一直被海洋起源的传说以及由此诞生的混血水神所吸引。公元 1 世纪，某些文明已经开始描绘属于自己的水神，而且其形象与未来西方人口中的人鱼形象相差无几，学者们目前仍不能确定跨文化交流的先后顺序（如果真的存在的话）。人类真的能分别创造出如此相似的形象吗，或者在欧洲人开启世界环游之前，复杂的文化交流过程已经催生了人鱼这种生物（一种半人半鱼身的混血生物，长长的尾巴通常是分开成叉形的）？

印度提供了一个非常有趣的研究案例。一直以来，印度人都信奉一位名叫毗湿奴的神灵，其形象是从一条鱼的嘴中露出上半身的男人（图 6.3）。毗湿奴的名字是译自梵文“Ish-nuh”（即“诺亚”），而且其形象也可以在其他国家找到类似的痕迹。正如我们所知，公元 3 世纪，罗马人就早已创造了约拿从鱼嘴中逃出的形象，到了 15 世纪，意大利的伏尼契手稿中也有人类从鱼嘴中浮现的图像。甚至 13 世纪时，玛雅人（现生活于中美洲）在《德累斯顿法典》中也描述过类似的人形混血生物（图 6.4），这要比欧洲入侵者至少要早一百年。玛雅的人鱼形象要比印度和意大利更加抽象，前者似乎是从一个类似鱼一样的巨兽口中升起。学者们认为，《德累斯顿法典》记录了部分有关神灵的知识，但其大部分文字内容仍然未被破译。因此，我们不能确定这本法典第 69 页中的图像到底画的是什么以及其真正含义。然而，毫无疑问的是，这些相隔千里的人们拥有着相似的文化主题。而印度，似乎只是冰山一角。[11]

与印度人鱼形象相似的案例并不仅限于此。公元 1 世

图 6.3

玛斯亚（毗湿奴的化身）大战恶魔

图 6.4

《德累斯顿法典》中的人鱼（约 1200—1250）

纪，马图拉（现印度北方邦）的巨型拱门上就已经刻有两条尾巴的那拉玛卡拉（naramakara）形象（图 6.5）。这些类似特里同的形象与中世纪欧洲的双尾美人鱼石刻极其相似，长着人类的身体，将双尾铺散开来。[12] 不仅如此，那拉玛卡拉的形象也与贝宁和约鲁巴兰（今尼日利亚）的分叉鱼尾美人鱼相似，后者是公元 10 世纪开始出现在非洲艺术和陶器中的（图 6.6）。欧洲人到来之前（公元 15 世纪），这种形象展示了“非洲人的外貌和风格”。这里没有镜子，只有铺散开来的尾巴和戴着头饰的国王。历史学家杜格拉斯·弗雷斯（Douglas Fraser）认为，在贝宁和约鲁巴兰生活的人们对人鱼的理解“是在大约前一千年受到了东方（罗马）帝国文化的影响”。然而，弗雷斯的论断诚然是个假设，仅仅基于一些捕风捉影的假说和“近似”的“视觉证据”。[13] 我们目前仍然不知道这种人鱼形象到底是文化交流的产物还是出自对水神具有特色的理解，或是二者都有。然而，各项证据表明，答案偏向于二者都有，因为公元 1 世纪正是全球文化大融合的时代。

在早期的世界体系中，中东、中国、日本和印度处于中心位置，这些国家为其他国家提供珍贵的香料和布匹等稀缺物质，不分距离和贫富。当然，他们也有属于自己的洪水神话以及混血水神的传说。[14] 正如前文所示，中东文化中的洪水起源和人鱼传说是有文字记载的——17 世纪，具有深远意

图 6.5

马图拉拱门上那拉玛卡拉，公元 1 世纪

图 6.6

贝宁统治者的铜匾

“他的双腿变成了两条大鲵鱼，是海神奥鲁昆的标志”

义的伊斯兰教经典《古兰经》的第 71 章就记载了关于诺亚方舟的故事。除《吉尔伽美什史诗》和《古兰经》以外的其他文献中也记录了海洋神话，著名的穆斯林民间传说集《一千零一夜》（公元 8—13 世纪）就分别收录了三个关于深海居民的故事。前两则故事《海洋之子朱尔那》和《布鲁奇亚探险》分别讲述了水下人类的故事和一条“稍纵即逝”的人鱼，第三则故事《渔夫阿卜杜拉与人鱼阿卜杜拉》则通过讲述人类与人鱼的关系，探究了穆斯林教义以及人类生存的局限性。故事中，渔夫阿卜杜拉遇见人鱼阿卜杜拉之后，二者因共同的宗教信仰团结到一起，甚至还到对方的世界中游玩。但是，他们最终没能跨越种族的鸿沟，用历史学家马纳尔·沙拉碧（Manal Shalaby）的话说，“未能同化二者之间的不同”。[15] 总而言之，人鱼为中世纪穆斯林提供了一个视角，引发了他们对自身、宗教以及“他者”等复杂概念的思考。

人鱼也曾在中东地区盛极一时。古代中国的起源传说中也出现了一场洪水，最终是“女娲”救人类于水火之中。“女娲”不仅在字面上与“诺亚”相似，中国人还将半人半鱼的神灵及生物编入了民间传说。早期的神话中有一条名叫“河伯”的特里同，公元 4 世纪的文字记载《搜神记》收录了数条在南海生活的美人鱼。就像西方的美人鱼一样，这些“鲛人”预示着神迹，眼中流出的泪水也会变成珍珠。[16]

长久以来，日本也与水神和混血生物有着复杂的关系，但我们并不能确定人形（人鱼）的起源。我们能确定的是，这些人形属于古老的日本妖怪一类，引起人类无休止的调查研究："神秘的面纱已被揭开，这些妖怪有着不同的外形，暗中在人类世界进化发展，使我们不断产生疑问。"这种描述也适应于西方人鱼，和欧洲人一样，早期的日本人也声称自己与人形有过接触。有文献佐证的最早事例发生在公元 19 世纪的今日本大阪附近，一位渔民捉到了一个"貌若儿童"的生物，它既非鱼也非人，不知其名。[17] 下图（如图 6.7）据说是 1803 年（欧洲与日本刚刚建立联系之后）在富山湾捕到的人形，如图所示，并不是像西方人鱼那样性别分明的物种，而是更加丑陋怪异，长着"金色的角，红色的肚子，鲤鱼一般的身子，身上还有三只眼睛"。[18]

就像世界上的其他文化一样，欧洲与日本建立联系之后，日本人民开始将西方人鱼的某种形象与现存的人形融合到一起。日本工匠卖给欧洲人的人形标本仅仅是为了满足西方和东方人的想象，正如 1859 年的一张印刷画所示（图 6.8），日本人已经开始将人鱼的形象改为美丽女人的上半身加一条鱼尾了。这条人鱼身上飘逸的袍子以及被遮住的腰部使她比西方美人鱼多了几分娴静，但她并不符合 19 世纪西方人对美人鱼的想象。日本人将西方神话的主题融入当地流传甚广的神

图 6.7

一张美人鱼的宣传单（1803）

图 6.8

歌川国贞一世和歌川广重二世，摘自观音神迹系列，木刻版画（1859）

话、意象和世界观，而人鱼就是这种文化吸收与融合的完美化身。[19]

从16世纪开始，人们可以在不同的文化中发现相似的发展轨迹。数世纪以来，印度人一直信奉鱼尾神灵，如毗湿奴和马塔萨·坎亚（女人和鱼的结合体），到了16世纪，葡萄牙人将西方人鱼融入了印度文化，虽然到了19世纪英国殖民期间，人鱼图像才出现在天主教堂中。然而，泰国佛教对西方人鱼形象的接受程度更高。泰国民间一直流传着猴王哈努曼爱上人鱼王后的故事，在传统神话中，人鱼王后并不意味着她是西方意义上的半人半鱼生物。就像日本早期的人形一样，泰国的人鱼皇后也更加丑陋、恐怖，身上结合了各种生物的特征。16世纪之后，葡萄牙等其他欧洲国家与泰国的交流越来越频繁，后者逐渐将西方人鱼形象融入现存的神话传说。1782年，一位艺术家在曼谷玉佛寺的墙壁上画出了泰国民族史诗《拉玛坚》。壁画中展示了哈努曼与人鱼皇后的故事，作者将人鱼皇后呈现为西方美人鱼的形象，而不是模糊的混血生物，她裸露着双胸，生着一张摄人心魄的脸，身后是飘逸的长发和鱼尾（图6.9）。[20]泰国在西方文化中寻找适合本国的元素时，人鱼成功入选了。

西部非洲人也将欧洲的人鱼传说与现存的水神故事进行

图 6.9

《哈努曼》壁画中的哈努曼和人鱼皇后（1782）

融合。在文化交融的过程中，横跨大西洋的奴隶贸易起到了重要作用，16—19世纪期间，成千上万的非洲奴隶被迫接受西方的文化、宗教信仰和殖民动机。[21] 在欧洲人登上非洲西部陆地很久之前，西非人就已经开始崇奉各种各样的水神了。贝宁和约鲁巴兰的居民信奉耶摩伽（鱼母）和奥斯汉（河神），这两个神灵都象征着财富与幸福。其他地区（如冯族部落）的人们相信，当地的河湖之中一定生活着各种水神。当欧洲人初次到达西非时，他们委托当地人制作西方样式的美人鱼。当地的艺术家经常将这些作品"非洲化"，把非洲的人鱼形象加进去。[22] 到了16世纪末，葡萄牙和西班牙等欧洲帝国需要向新大陆投入大量人力进行挖矿作业，因而开始将大批非洲人贩卖为奴隶。这种将大量非洲人运送到大西洋对岸的举动揭开了全球"非洲人大流散"的序幕，进而促进世界各地新文化的诞生。[23] 按照以往的经验，我们同样可以通过人鱼文化来剖析这些残酷的，并且改变世界的文化、宗教和帝国的变迁。

当新大陆逐渐出现非洲文化时，当地居民开始将非洲和西方世界对人鱼的理解结合起来，创造出了塞丽娜和玛米瓦塔（水之母），前者是约鲁巴兰鱼母耶摩伽的直系后代。然而，新大陆的非洲流民认为，塞丽娜虽然承袭了西方美人鱼的外表，但是仍保有原来的双重本质——既能伤害别人，也能提供帮助：她生气时狰狞可怕，但也会保护女人和小孩。塞丽娜在非洲本地具有很高的地位，传入新大陆之后，原住民对其进行了细微的改编来保护被奴役的人们。[24] 集非洲和欧洲文化于一身的塞丽娜继续向西传播，从加勒比地区到南美洲、中美洲和北美洲，她与欧洲的其他帝国文化进行碰撞，与当地的水神传说相互融合。在牙买加，她变成了瑞巴・姆玛（河中少女），海地人则称之为“水中爱席莉”。[25] 在美洲中部，塞丽娜与西胡安娜巴一同出现，后者是拥有一头长发的漂亮女人，她先用背影诱惑男人，在他们发现自己的马头之前将其杀死。北美洲“低地洼国”（今卡罗来纳南部）的非洲奴隶逐渐创造出另一种塞丽娜，能够为他们所遭受的苦难报仇。[26]

然而，赛丽娜并没有玛米瓦塔流传得久。历史学家亨利・珠沃（Henry Drewal）称，非洲人和非裔美国人对玛米瓦塔的信奉长达数世纪，他们吸收“外来的形象和文化，根据本地的意识形态予以解释，并赋予其新一层含义，用全新的、富有动态的方式重新构建和呈现它们，并服务于当地的美学、宗教和社会需要”。[27] 尽管玛米瓦塔在数世纪中不断吸收接纳其他文化，对于 20 世纪的很多非洲文化来说，她仍然具有重要的意义，因为她是唯一融合了印度、非洲、大西洋和欧洲文化的神灵。在一些不存在水神崇拜的非洲国家，玛米瓦塔占有重要地位，然而信奉耶摩伽和头侯苏的约鲁巴兰和冯族部落从未接受过玛米瓦塔。因为玛米瓦塔一开始是欧洲文化交流的产物，是非洲人将西方人鱼的形象融入自己的信仰体系后才创造出来的，所以，玛米瓦塔的最初形象（15—18 世纪）杂糅了非洲和欧洲的形象：一条美丽的美人鱼，四周环绕着非洲鳄鱼。[28]

20 世纪时，玛米瓦塔的形象更加多元化。这一切都起源于一张“多彩石印版印刷”（早期的彩色印刷），它在 1885 年诞生于德国汉堡，此后的 80 年不断在印度、英国、撒哈拉南部和西非流传。虽然这幅石版画原本展示的是一位弄蛇人，但非洲观众认为这是“来自异域的欧洲水神”。非洲人已经非常熟悉西方美人鱼了，他们能够在图中发现自己想要的东西。但是这位女性似乎采用了全新的方式与他们对话，她拥有黝黑的皮肤和头发，身上缠绕着一条蛇，在很多非洲人看来，蛇代表着水和彩虹。因为这条蛇像彩虹一样盘绕在她的头上，人们只能理解为，她既能控制它，又被它保护着。20 世纪的非洲人将玛米瓦塔供奉在佛龛中，刻成雕像，印在海报上。她标志着非洲人与自身和外界不断变化的关系。[29]

玛米瓦塔的起源与扩张体现了人类对人鱼更大的认知转变。在早期现代时期，不同的文化先后与西方人鱼文化融合，对当地的水神文化产生影响。19 世纪时期，西方资本主义盛行加上安徒生《小美人鱼》童话的传播，鼓励更多人根据西方“模型”创造属于自己的人鱼，例如，俄国、乌克兰和波兰的路沙卡。在斯拉夫人数千年的历史民俗传说中，并未出现类似西方美人鱼的生物。直到 18 世纪末 19 世纪初才出现了路沙卡，她的大部分外貌和起源都可以追溯到安徒生的《小美人鱼》传入俄国的时间（19 世纪中后期）。像西方美人鱼一样，路沙卡象征着繁殖和死亡，“展示了一个复杂甚至有些矛盾的形象”。[30] 艺术家和作者将路沙卡形容为西方版的塞壬，“突出其女性特征，例如，美丽（通常全裸）的身体、绿色或金色的长发以及一对巨乳”。路沙卡经常徘徊于河畔，一边打理秀发一边吟唱着塞壬歌，毫无戒备的男人会被她的女性特征和无法抗拒的性感吸引而来，只要走得够近，她就可以让他们堕入海底坟墓。[31]

1871 年，俄国艺术家伊万·尼克拉叶维奇·可莱姆斯克依（Ivan Nikolayevich Kramskoy）创作了一幅精美的路沙卡图像（图 6.10）。图中的路沙卡在河畔的芦苇之中蹑手蹑脚地爬行，飘逸的长发刚好遮住她的巨乳。她的目光并没有集中在画中的女人们身上，而是望向观众，她身上的白裙和脸上渴望的表情都表明，在河畔洗浴的 20 位少女不会受到任何伤害。这其实也说得通，因为路沙卡原本就是美丽的处女经受

图 6.10

《美人鱼》，伊万·尼克拉叶维奇·可莱姆斯克依（1871）

非自然死亡之后形成的，她存在的目的是毁灭人类男性，并且还会在春天的路索尼娅节日（象征着生育与婚姻）时帮助女性。这幅画中并没有男性。或许是因为路沙卡已经将他们杀死了，又或者作者认为自己（作为一名男性旁观者）是这条性感塞壬的下一个目标？最终，路沙卡也与玛米瓦塔一样，成了多种复杂文化融合改编的产物。非洲奴隶用西方美人鱼来表现自身的矛盾性，反映了性别、婚姻、生与死等方面逐渐紧张的局势。

20 世纪时期，随着澳大利亚、东亚、拉丁美洲、非洲、中东、印度和北极地区的不同文化出于商业目的接纳了西方的人鱼思想，人鱼的文化和形象逐渐在世界各地流行起来。本书篇幅有限，不能完整地论述人鱼传播的整个过程，但是我们必须要意识到，西方世界对美人鱼（在较小的程度上，包括特里同）的痴迷对世界各地的其他国家产生了影响，并且他们以西方美人鱼为原型，创造了各有特色的人鱼形象。

在澳大利亚，安妮特·凯勒曼（Annette Kellerman）等表演者借用安徒生《小美人鱼》的名气，使公众对西方美人鱼的兴趣达到高潮，澳大利亚人还建造了很多带有美人鱼元素的沙滩和雕像。[32] 同样，安徒生的《小美人鱼》在 20 世纪流入亚洲之后，亚洲人也根据这个西方“模型”创造了具有本地特色的童话、雕像和电影。人们也可以在韩国和菲律宾的沙滩上看到西方美人鱼的雕像。第二次世界大战之后，菲律宾人受美国启发编写了系列喜剧《婕希贝尔》，当地人可以观赏到色彩斑斓的美人鱼。1953 年，同名美人鱼婕希贝尔有了自己的主题电影和系列喜剧，时至今日，仍然能引起媒体的关注（图 6.11）。当 20 世纪初的中国人开始翻译安徒生童话之后，他们也慢慢地对西方美人鱼起了兴趣，并且编写了大量有关美人鱼的电影和虚构小说，建造了很多旅游景点，到了 20 世纪末，中国人对美人鱼的热爱已经达到高潮。日本人也在最受欢迎的两种叙述形式（漫画和动漫）中加上安徒生的美人鱼形象，各大沙滩上也有很多美人鱼雕像和表演。[33]

拉丁美洲、非洲、加勒比和中东地区的人们也竞相效仿，逐渐将玛米瓦塔、塞丽娜和阿鲁索·巴尔（阿拉伯文化中的海洋新娘/少女/娃娃）与西方世界的美人鱼形象相结合。[34]20 世纪上半叶，中东人反对将阿鲁索·巴尔的形象西方化，认为她浑身上下布满鳞片，难以辨认性别。然而到了 20 世纪末，西方美人鱼的形象开始出现在埃及的电视剧中，标志着长久以来人们对性感和原罪的恐惧正在被逐渐瓦解。在迪拜，人们可以在迪拜水族馆看到美人鱼表演，这些表演者身上的衣服数量比阿联酋沙滩上规定得还少。[35]

图 6.11

《婕希贝尔》的封面（1953）

虽然西方欧洲人和美国的扩张主义杀害了大批北美原住民，但是后者仍然将西方人鱼文化吸收进当地历史悠久的宗教文化传统中。[36] 米科马克人（今居住在新斯科舍沿岸）流传着一只孤独鸟爱上了一条名叫米诺的美人鱼的故事。孤独鸟将米诺带到岸上，并和她生了一个孩子叫作鹅卵石。后来，米诺开始想念自己的家乡，孤独鸟同意带着鹅卵石一同去米诺的海底家园生活。然而，米诺因为要保护孤独鸟和鹅卵石免受鲨鱼的伤害，最终去世了。[37] 孤独鸟和米诺的童话与苏格兰和爱尔兰的故事极其相似，不过后者讲述的是人类男性和美人鱼的爱情，最后男人只能在绝望中死亡。这并不是巧合，17 世纪和 18 世纪时期，米科马克人长期接触英格兰、爱尔兰和苏格兰的侵略者，或许还与进攻并殖民英国岛屿和海岸的维京武士有所交流。数千年来，格陵兰岛的因纽特人和加拿大人将人形的塞德娜奉为水神，认为是塞德娜为他们创造了食物来源：鲸、海豹和海象。18 世纪和 19 世纪时期，因纽特人和欧洲人的联系逐渐加强，并且根据西方的美人鱼模型改造塞德娜的形象。苏必利尔湖（今美国北部和加拿大南部地区）的奥吉布瓦人一直崇奉梅梅卫提——“身体似儿童，满脸长毛的人鱼”。他们认为，人鱼每次从水中出来时都要触摸岩石，所以苏必利尔湖海岸线的某些地方残留着很多古老的红手印。[38] 奥吉布瓦人与欧洲人和非洲人经历了长期的交流与斗争，并且效仿西方人，将人鱼作为解释非自然现象的手段，如海牛的外貌和变幻无常的暴风雪等。

无论是在宗教、帝国主义还是商业领域中，人鱼都展现了人类信仰和生活习惯的不断转变。有趣的是，西方版的美人鱼和特里同对20世纪人们对人鱼的诠释产生了重要影响，这也许是受到了西方资本主义、帝国和商业的影响。麦当劳逐渐遍布印度，就连非洲最贫穷的地区也到处都是可口可乐，从伦敦到北京的每一处都能看到星巴克的塞壬标志，20世纪末的全球“美国化”已经势不可当。[39] 而这一进程的每一步似乎都能看到西方人鱼的身影：赤裸的上身，拖地的鱼尾和飘逸的秀发。

但这并不意味西方国家在20世纪末利用文化和资本的力量“征服了”其他国家。实际上完全相反，正如许多学者已经证明，是“其他国家”在早期现代时期成就了欧洲，到了20世纪，欧洲和美国为了赢得（短暂的）掌控世界的权力，将其他国家“踩在脚下”。[40] 世界各地的文化因此得以吸收西方的文化元素（包括人鱼），但是也在根据自己的意愿和目的改造西方文化。当20世纪末全球经济和制造业中心东移时，这种文化的相互渗透使其他国家受益颇深。同往常一样，这种文化共享、改编、重新解读的循环仍然继续。

来吧，水手，和我一起深入海底，
藏身于海浪之间；
我为你准备了珊瑚床，
你会进入甜美的梦乡，
在美人鱼的洞穴。

她双颊苍白，苦苦等待，
暴风雨来临，大海怒吼，
听着飓风令人胆战的狂号，她默默流泪，
注视着水手的船帆暗自叹气，
离岸边越近，船帆越白。

她不再为你停留，
悲伤马上就会消散；
丝线总有一天会断，被囚禁的人总会离开，
她的双眼紧闭，
而她的梦
也会非常甜美，
再也不会醒来。[1]

结尾

21世纪，人类仍然继续痴迷于与人鱼有关的一切。美人鱼和特里同使我们与共同的过去建立起深刻的联系：从古老的神话、中世纪的宗教、早期现代的神迹到维多利亚时代的科学和娱乐以及现代的全球贸易，自文明诞生以来，这些半人半鱼生物把西方观众迷得神魂颠倒。随着人类之间的联系越来越紧密，手机的流行以及高速的互联网使世界各地的人们能够迅速地交换信息，而人鱼便为我们提供了一种视角，便于观察人类生存环境的变化以及（通常是对立的）兴衰。

即便在通信、商业和科技方面取得了举世瞩目的成就，我们的时代仍然没有改变人类的本质。我经常在课堂上对同学们说，外部世界正在发生翻天覆地的变化，但是人类并没有变。人类本身就是混杂体：浑身上下都是矛盾，一半真实，一半奇迹。我们与人鱼的关系简洁明了地反映了这一点。人类利用自身的“进步”，更好地连接和理解美人鱼和特里同，如此一来，将人鱼转化为一种文化和商业现象。

世界上最受欢迎的咖啡店将美人鱼用作商标，史上人气最高的图书系列《哈利·波特》的第四卷（2000）也有人鱼来客串[2]。很多好莱坞电影、电视剧和广告中也不乏美人鱼和特里同的身影，它们还被做成玩具和配饰，印在衣服上，拍成图片传到网上。[3]年轻人尤其为人鱼着迷，无数家公司为了迎合大众"成为美人鱼"的需求开设了一系列课程。[4]当然，牙牙学语的儿童和青少年也深受人鱼的影响。2018年的世界小姐选美比赛中，秘鲁小姐罗密娜·罗扎诺在展示"民族服饰"的时候，将自己打扮成一条美人鱼，她的裙子变成了一条鱼尾。

美人鱼也变成了环保主义者和"绿色生活"的重要标志。2018年，一位英国女性林德赛·科尔（Lindsay Cole）效仿安妮特·凯勒曼（Annette Kellerman），穿着美人鱼尾在泰晤士河游了320千米（200英里），旨在让人们意识到使用一次性塑料的危害。五年前，澳大利亚人哈娜·弗雷泽（Hannah Fraser）身穿美人鱼服装，和蝠鲼一起游泳，为了提高人们对海洋保护的意识。[5]不幸的是，美人鱼和特里同人气上涨的同时，全球环境危机也随之恶化。海洋维持生命的能力逐渐减弱，讨论人鱼存在的日子一去不复返了。[6]

美人鱼和特里同越来越能反映出21世纪时期的社会事件，它们逐渐代表了身体积极性、女性主义以及对人类的双重理解。例如，自1983年以后，纽约人就开始聚集在康尼岛举行"美人鱼游行"。这场游行旨在庆祝人类的差异性、自尊、性和"怪癖"，表达了大众逐渐变化的世界观和对人类理解的非二元性，"美人鱼表演者"（专业的或为了娱乐而扮演成人鱼的男男女女）加入了这场盛会，“装扮成其他人”来挑战世人对性别和表演的定义。很多残疾人士也很喜欢人鱼的身份，并借此挑战传统对“能力健全”的定义。美人鱼表演者“将自己视为真正的混血生物”，生活在世界上但并未融入。扮演美人鱼创造了一种神秘的混杂身份，人类和其他物种融合的超级人类。当男女老少身穿人鱼的服饰游行时，种族、性别和身体上的差异界限变得异常模糊。[7]

2017 年，全球市值第二的公司——苹果公司首先打破了传统局限性。当这家全球巨头想将美人鱼加入数字“表情”（用来表达心情的小标志）中时，他们需要应对社会对性别和身份的不同理解。最终，苹果公司于 2017 年选择用“人鱼”而不是“美人鱼”和“雄性人鱼”来跨越性别、性和种族渊源的鸿沟，并且允许用户为自己的人鱼自行选择六种不同的肤色。[8]

20 世纪不仅代表着商业、环境、人道主义和性别等领域的进步，还标志着科技与科学方面里程碑式的成功。人类喜欢自视为先进的、“文明的”理性思考者，然而“文明”是一个非常主观的词语。我在前些章节提过，西方学者一直以来都将自己视为文明的领袖[9]，然而他们却日复一日地追寻人鱼的踪迹，直至天涯海角。1870 年，《纽约时报》的一位撰稿人针对这种神话与科学并存的奇怪现象写道：很少有人将 19 世纪与迷信和轻信主义挂钩，我们也并不愿意承认自己对超自然现象的崇信……如果不是迎合了观众心中所想，巴纳姆的假美人鱼也不会这么成功。[10]

现在，我们经常自认为能够识破这样的“超自然”骗局和诡计——如果它们都是这么简单的话。

虽然现代社会的各方面都实现了进步，人们理性思考的能力也得到提升，但是人类也逐渐意识到自己对整个宇宙（特别是海洋）知之甚少。19 世纪上半叶，伦敦和纽约的人们蜂拥而至，只为了目睹伊德斯和巴纳姆的“斐济美人鱼”，如今，人鱼热潮使很多 21 世纪的西方人陷入同样的陷阱。[11] 美国电视网《动物星球》重播了 2012 年的“虚构纪录片”《美人鱼：发现尸体》，重新唤起了人们对美人鱼的信仰。尽管电视网明确声明，这部纪录片从头到尾都是虚构的，但是西方观众仍然想要相信人鱼的存在，将一些虚构的片段（一系列精美的电脑图片、原始资料以及经过改动的采访和演员）视为真实的画面。除了吸引到 340 万名观众之外，还有一个以收藏美国国土安全部“证据”为名的网站，这些都让《美人鱼：发现尸体》重新上演了 19 世纪的巴纳姆骗局。2013 年，《动物星球》播出了虚构纪录片的续集，很多观众给美国国家海洋和大气协会打电话寻求真相，后者不得不在官网上发布官方声明。虽然科学家们揭穿了《美人鱼：发现尸体》的真相，《动物星球》也公开将其定义为虚构影片，但是续集《美人鱼：新证据》的观众数量仍然比之前增长了 20 万人。西方人找到了属于自己的新“斐济美人鱼”，但很多人并不满足于此：世界各地的人鱼目击事件仍然层出不穷。[12]

但这并不意味着每个人都突然相信人鱼的存在。《美人鱼》虚幻的纪录片虽然引到了大量关注，21 世纪的大多数人仍然不相信人鱼的存在，并且认为这些生物仅仅是娱乐和幻想。有史以来票房排名第十一位的电影系列《加勒比海盗》的第四部《惊涛怪浪》需要加入一群危险的敌人，制片人打算将希望寄在美人鱼身上，她们的泪水是治愈伤口的良药，她们利用歌声和亲吻诱惑水手致死。奇怪的是，南非的一家杂志在 2014 年使用《加勒比海盗》中的美人鱼道具拍摄了一组照片，并断言南非总统雅各布·祖玛（Jacob Zuma）在种族隔离时代使用魔法打败了对手。[13] 南非报纸出版商并不是唯一利用美人鱼来传播奇怪丑闻，并从中获益的。美国《国家询问报》经常刊登美人鱼故事，封面写着“十大恶名昭著的美人鱼目击事件”，并在下面问道：“这些都是真的吗？”[14] 就连英国政治的神圣殿堂中也存在着有关人鱼的讨论。当 2018 年 1 月 24 日，英国议会成员陷入关于“脱欧”的讨论时，反对派的一位议员好奇“会不会出现一条骑着独角兽的美人鱼，带来解决办法”。[15]

从信誓旦旦的目击事件到美人鱼的商业化再到自我表达，人鱼不断地挑战人类对自身以及身处位置的认知。最重要的是，人鱼经过时间的洗礼变得更像人类，因为我们将自己的缺点和希望融入这种神奇的混血生物。人类和人鱼之间的界限逐渐模糊，我们自身的混杂性自然就变得越来越清晰。似野兽但又貌若天仙，神秘但又是意料之中：人类和人鱼之间的差距其实并没有很多人所想的那样大。

注 释

序 言

1 Lorraine Daston and Katherine Park, *Wonders and the Order of Nature, 1150–1750* (New York, 1998), p. 27. See also Alison Luchs, *The Mermaids of Venice: Fantastic Sea Creatures in Venetian Renaissance Art* (London, 2010), pp. 32–35.

2 Erica Fudge, *Perceiving Animals: Humans and Beasts in Early Modern English Culture* (Urbana, il, 2002), pp. 2–3; Harriet Ritvo, *The Platypus and the Mermaid and other Figments of the Classifying Imagination* (Cambridge, ma, 1997), p. xii. See also Marie-Hélène Huet, *Monstrous Imagination* (Cambridge, ma, 1993).

3 Jacqueline Leclercq-Marx, *The Mermaid in the Thought and Art of Antiquity and the Middle Ages* (Brussels, 1997; reprint 2002), pp. vii–40; Beatrice Phillpotts, *Mermaids* (New York, 1980), pp. 9–10.

4 Katharine Shepard, *The Fish-tailed Monster in Greek and Etruscan Art* (New York, 1940); Leclercq-Marx, *The Mermaid in the Thought and Art*, pp. vii–40; Meri Lao, *Sirens: Symbols of Seduction*, trans. John Oliphant (Rochester, vt, 1998), pp. 1–57.

5 Leclercq-Marx, *The Mermaid in the Thought and Art*, pp. vii–40; Luchs, *Mermaids of Venice*, pp. 25–35; Gwen Benwell and Arthur Waugh, *Sea Enchantress: The Tale of the Mermaid and her Kin* (New York, 1965), p. 61.

6 Luchs, *Mermaids of Venice*, p. 28. For ideas of nudity in the early

Christian era and the Middle Ages, see Sherry C. M. Lindquist, ed., *The Meanings of Nudity in Medieval Art* (Farnham, 2012); Jean Sorabella, 'The Nude in the Middle Ages and the Renaissance', The Met: Heilbrunn Timeline of Art History, www.metmuseum. org, 29 August 2018.

7 历史学家芭芭拉·沃克尔曾说："将鱼尾展开的美人鱼形象与中世纪古老的女神希拉娜吉相似，后者也是张开双腿，露出夸张的阴户。"详见 Barbara G. Walker, *The Woman's Dictionary of Symbols and Sacred Objects* (New York, 1988), p. 16.

8 正如碧翠丝·菲博在《美人鱼》中所写："美人鱼手中的木梳放在维纳斯的装饰中也很受欢迎，对于希腊人和罗马人来说，这个物件具有明显的性暗示，因为'kteis'和'pectin'在希腊语和罗马语中指木梳，也指女性的阴户。" Phillpotts, *Mermaids*, p. 10. 亚瑟·沃尔也表示："自早期基督教时代开始，正是动物寓言赋予了美人鱼一切特征——铜镜玉梳代表的虚荣、诱人的外表和嗓音以及对人类灵魂的威胁。基督教时代早期，鱼是灵魂的象征。" Arthur Waugh, 'The Folklore of the Merfolk', *Folklore*, lxxi/2 (1960), p. 77. 梅里·劳曾说："镜子同样代表着虚幻，使其轻易坠入幻觉。它具有双重性，阴影及身体之外的灵魂。" Lao, *Sirens*, p. 109.

9 如艾莉森·卢克斯所说："在古老的艺术中，长着鱼尾的情人出现的次数寥寥无几。在古老的视觉艺术中，长着鱼尾的女性相对较少，然而到了中世纪时期，她们身上被赋予了不祥之兆，出现的次数远超于她们的男性同伴。加洛林王朝时期，在圣咏集的诸多航海场景中，这些栖身海水的女性常出现于翻滚的海浪中，吹着特里同似的号角，但在那之前，大约公元 800 年，美人鱼早有了令人浮想联翩的新形象：古老希腊神话中的塞壬。" Luchs, *The Mermaids of Venice*, pp. 19, 21.

10 Rosemary Radford Ruether, *Goddesses and the Divine Feminine: A Western Religious History* (Berkeley, ca, 2005), pp. 127–81.

11 如艾莉森·卢克斯所说，文艺复兴时期艺术、文字以及实物中的这些图像"代表世人已准备好亲眼见见美人鱼和雄性人鱼"了。Luchs, *Mermaids of Venice*, p. 184.

12 杰奎琳·莱克勒克·马克思声称："传统上来说，美人鱼具有双重性，不符合自然规律并被看作一种象征符号，但实际上，在推崇新人文主义的精英的思想艺术中，美人鱼难寻一席之地。比起丑陋骇人的怪物，这种精英更专注于探究荒诞奇幻的物种，比起象征符号，他们更喜欢语言故事。”马克思认为，至少在教堂装饰中，这些奇形怪状的壁画实则是为了“吸引眼球”，在教堂之外，“塞壬在11世纪末才作为真实的生物出现，她们有怜悯心，对陷入困境的水手关怀备至。” Leclerq-Marx, *The Mermaid in Thought and Art*, p. 231.

13 Chet Van Duzer, *Sea Monsters on Medieval and Renaissance Maps* (London, 2013).

14 Jan Bondeson, *The Feejee Mermaid and Other Essays in Natural and Unnatural History* (Ithaca, ny, 1999), pp. 36–63; Ritvo, *Platypus and the Mermaid*, pp. 131–87.

15 James W. Cook, *The Arts of Deception: Playing with Fraud in the Age of Barnum* (Cambridge, 2001), pp. 73–118.

16 Heather Brink-Roby, '*Siren Canora:* The Mermaid and the Mythical in Late Nineteenth-century Science', *Archives of Natural History*, 35/1 (2014), pp. 1–14; Béatrice Laurent, 'Monster or Missing Link?: The Mermaid and the Victorian Imagination', *Cahiers Victoriens et édouardiens* (*Victorian and Edwardian Notebooks*) lxxxv (Spring 2017), http://journals.openedition.org, 31 October 2018; Ritvo, *Platypus and the Mermaid*, pp. 50–60.

17 Philip Hayward, ed., *Scaled for Success: The Internationalisation of the Mermaid* (Bloomington, in, 2018).

18 艾莉森·卢克斯曾说：“在所有神话的混血生物中，塞壬凭借自身的教育意义脱颖而出。荷马笔下的塞壬歌词并不世俗，而是为奥德修斯带来了知识。塞壬歌词的每一句都散发着智慧的光芒，展现了一个新的世界观。” Luchs, *Mermaids of Venice*, p. 32.

chapter 1 中世纪怪物

1 虽然我们不清楚是否真的有教会执事发生过上述经历，但是大量的一手资料表明，中世纪的信徒对这些蛊惑人心的雕像存有复杂多样的态度。此外，埃克塞特大教堂确实有这样的美人鱼雕像。接下来的六个章节都会以一则历史逸事开篇（纪实与虚构相结合的故事），在原始资料的基础上加入想象，向读者展现同时期人类与人鱼的互动，进而引发读者思考。

2 Quoted in H. Clay Trumbull, 'Jonah in Ninevah', *Journal of Biblical Literatures,* vol. xi–xii (Boston, ma, 1892), pp. 55–6; Gwen Benwell and Arthur Waugh, *Sea Enchantress: The Tale of the Mermaid and her Kin* (New York, 1965), pp. 23–30.

3 Henry Lee, *Sea Fables Explained* (London, 1884); Allison Luchs, *Mermaids of Venice: Fantastic Sea Creatures in Venetian Renaissance Art* (London, 2010), pp. 8–9; Juliette Wood, *Fantastic Creatures in Mythology and Folklore: From Medieval Times to the Present Day* (London, 2018), pp. 49–92.

4 Homer, *The Odyssey*, xii, ll. 85–100, trans. A. T. Murray (Cambridge, ma, 1938), pp. 438–9; Apollonius Rhodius, *Argonautica*, iv, trans. R. C. Seaton (London, 1930), lines 890–921. This paragraph owes much to Luchs, *The Mermaids of Venice*, pp. 12–32, and Jacqueline Leclercq-Marx, *The Mermaid in the Thought and Art of Antiquity and the Middle Ages* (Brussels, 1997; reprint 2002), pp. vii–40. 这两位作者，尤其是莱克勒克·马克思，在古代人鱼的诠释方面比我钻研得更深。马克思的整本书都在讲述基督教时代之前和早期基督教时期人们对人鱼的定义，而卢克斯先是描述了古代到基督教时代之前，世人对人鱼的信仰，接着描述了文艺复兴时期威尼斯的人鱼图像。详见 also Leofranc Holford- Strevens, 'Sirens in Antiquity and the Middle Ages', in *Music of the Sirens*, ed. Inna Naroditskaya and Linda Phyllis Austern (Bloomington, in, 2006), pp. 16–51; Meri Lao, *Sirens: Symbols of Seduction*, trans. John Oliphant (Rochester, vt, 1998), pp. 1–61.

5 英国教堂中有八十个“绿人”雕像。详见 Fran Doel and Geoff Doel, *The Green Man in Britain* (Stroud, 2010).

6 R. M. Jensen, 'The Femininity of Christ in Early Christian Iconography', in *Studia patristica,* vol. xxix, ed. Elizabeth A. Livingstone (Louvain, 1997), pp. 269–282; Rosemary Radford Ruether, *Goddesses and the Divine Feminine: A Western Religious History* (Berkeley, ca, 2005), p. 131.

7 Ruether, *Goddesses and the Divine Feminine*, p. 131; Leclerq-Marx,

The Mermaid in Thought and Art, p. 35; Holford-Strevens, 'Sirens in Antiquity', p. 22.

8 Quoted in Ruether, *Goddesses and the Divine Feminine*, p. 179, 127–181; *Sirach*, xxxxii/14–16.

9 See Sherry C. M. Lindquist, ed., *The Meanings of Nudity in Medieval Art* (London, 2012), p. 3; Anthony Weir and James Jerman, *Images of Lust: Sexual Carvings on Medieval Churches* (London, 1999), pp. 48–57; Kirk Ambrose, *The Marvellous and the Monstrous in the Sculpture of Twelfth-century Europe* (London, 2013), pp. 1–20; Sarah Alison Miller, *Medieval Monstrosity and the Female Body* (London, 2010). Special thanks to Dr David O'Hara for alerting me to this idea.

10 Diarmaid MacCulloch, *Christianity: The First Three Thousand Years* (New York, 2009).

11 Luchs, *Mermaids of Venice*, p. 25.

12 历史学家本维尔和沃尔记录了英国教堂中大约 55 处不同的美人鱼雕像。Benwell and Waugh, *Sea Enchantress*, pp. 37–39; Alex Woodcock, *Of Sirens and Centaurs: Medieval Sculpture at Exeter Cathedral* (Exeter, 2013), pp. 48–49. 伍德科克对英格兰南部教堂中的人鱼进行了深入调查。Alex Woodcock, *Liminal Images: Aspects of Medieval Architectural Sculpture in the South of England from the Eleventh to the Sixteenth Centuries* (Oxford, 2005), pp. 89–108.

13 Woodcock, *Of Sirens and Centaurs*, p. 45–53; Arthur Waugh, 'The Folklore of the Merfolk', *Folklore*, lxxi/2 (1960), p. 78.

14 Woodcock, *Of Sirens and Centaurs*, p. 52–53. 中世纪大主教威廉·杜兰度歌颂那些刻在墙上的雕像，他写道："凸起的雕像好似马上就要钻出墙壁，按照传统习俗，这些雕像代表忠诚，似乎天生就嵌在墙壁中。" William Durandus, *The Symbolism of Churches and Church Ornaments: A Translation of the First Book of the Rationale Divinorum Officiorum,* ed. John Mason Neale and Benjamin Webb (New York, 1893), p. 55. For the Saint Thiébault mermaid, see Lao, *Sirens*, p. 105.

15 See, for instance, Woodcock, *Of Centaurs and Sirens*, p. 49.

16 Inna Naroditskaya and Linda Phyllis Austern, 'Introduction', in *Music of the Sirens*, p. 4 (quotes). See also Woodcock, *Of Sirens and Centaurs*, pp. 47–48.

17 Quoted in Lorraine Daston and Katherine Park, *Wonders and the Order of Nature, 1150–1750* (New York, 1998), p. 24; Willene B. Clark, *A Medieval Book of Beasts: The Second-family Bestiary: Commentary, Art, Text and Translation* (Woodbridge, 2006), p. 14.

18 Daston and Park, *Wonders and the Order of Nature*, p. 24.

19 Pliny, *Natural History* (*Naturalis historia*), trans. H. Rackham et al. (Cambridge, ma, 1940–63), Book ix, 3: pp. 168–9.

20 Mary Allyson Armistead, 'The *Middle English Physiologus*: A Critical Translation and Commentary', Master's thesis, Virginia Polytechnic Institute and University, 2001, pp. 3, 86.

21 Quoted in David Williams, *Deformed Discourse: The Function of the Monster in Mediaeval Thought and Literature* (Montreal, 1996), pp. 188.

22 James Cotter Morison, *The Life and Times of Saint Bernard, Abbot of Clairvaux,* a.d. *1091–1153* (London, 1884), pp. 132. See also Waugh, 'The Folklore of the Merfolk', p. 78.

23 Benwell and Waugh, *Sea Enchantress*, p. 71.

24 Phillipe de Thaon, *The Bestiary of Philippe de Thaon, Originally Published as Part of Popular Treatises on Science, Written During the Middle Ages, in Anglo-Saxon, Anglo-Norman, and English*, ed. Thomas Wright (London, 1841), pp. 27–28.

25 关于绘着美人鱼和特里同的中世纪地图，详见 Chet Van Duzer, *Sea Monsters on Medieval and Renaissance Maps* (London, 2013), pp. 21, 25, 45.

26 Pliny, *Natural History*, Book ix, 4: pp. 168–9. Skye Alexander, *Mermaids: The Myths, Legends, and Lore* (New York, 2012), p. 86.

27 有关古代人鱼目击事件，详见 Pierre Boaistuau, *Certaine Secrete Wonders of Nature Containing a Description of Sundry Strange Things, Seeming Monstrous in Our Eyes and Judgement, Because We are not Privie to the Reasons of Them* (London, 1569), pp. 47–54.

28 Quoted in Benwell and Waugh, *Sea Enchantress*, p. 161.

29 Ibid., p. 163.

30 Quoted ibid., p. 141; Luchs, *Mermaids of Venice*, p. 17.

31 Quoted in Luchs, *Mermaids of Venice*, p. 28.

32 Raphael Holinshed, *Chronicles of England, Scotland, and Ireland* (London, 1807), ii: p. 290.

33 Benwell and Waugh, *Sea Enchantress*, p. 141; *The King's Mirror* (*Speculum regale/Konungs Skuggsjá*), trans. Laurence Marcellus Larson (New York, 1917), pp. 136–7.

34 *Encyclopaedia Britannica; or, A Dictionary of Arts, Sciences, &c*, 2nd edn (Edinburgh, 1781), vol. vii, p. 4901; Benoit de Maillet, *Telliamed; or Conversations between an Indian Philosopher and a French Missionary on the Diminution of the Sea*, trans. and ed. Albert V. Carozzi (Urbana, il, 1968), p. 193; *The Wonders of Nature and Art*, 2nd edn (London, 1768), vol. ii, pp. 198.

35 Luchs, *Mermaids of Venice*, p. 184.

chapter 2 新大陆，新奇观

1 Allison Luchs, *Mermaids of Venice: Fantastic Sea Creatures in Venetian Renaissance Art* (London, 2010); Thomas P. Campbell and Maryan Wynn Ainsworth, *Tapestry in the Renaissance: Art and Magnificence* (New Haven, ct, 2002), p. 372; Meri Lao, *Sirens: Symbols of Seduction*, trans. John Oliphant (Rochester, vt, 1998), p. 102. 塔拉·佩德森表示，"在16至17世纪的英格兰，美人鱼确实是众人瞩目的焦点，到处都是美人鱼图片。美人鱼频繁地出现在早期现代的文字中，不仅活跃于带插图的手稿和地图，还作为文学作品、科学文献和宗教手册中的人物、隐喻主体和中心思想。" Tara E. Pedersen, *Mermaids and the Production of Knowledge in Early Modern England* (Farnham, 2016), p. 2.

2 Peter David Blanck, ed., *Interpersonal Expectations: Theory, Research and Applications* (Cambridge, 1993). 本维尔和沃夫表示，文艺复兴时期"人们开始为自然现象寻求科学解释"。Gwen Benwell and Arthur Waugh, *Sea Enchantress: The Tale of the Mermaid and her Kin* (New York, 1965), p. 86. See also Peter C. Mancall, *Nature and Culture in the Early Modern Atlantic* (Philadelphia, 2017), pp. 1–42; Persephone Braham, 'Song of the Sirenas: Mermaids in Latin America

and the Caribbean', in *Scaled for Success: The Internationalisation of the Mermaid*, ed. Philip Hayward (Bloomington, in, 2007), pp. 150–64.

3 正如历史学家达斯顿和帕克所言，“这些奇怪现象对我们来说是有益的，它们可以丰富自然历史，用各种反例来修正哲学定律，启蒙艺术并激发针对理论知识不同的解读。” Lorraine Daston and Katherine Park, *Wonders and the Order of Nature, 1150–1750* (New York, 1998), p. 250.

4 Kate Aughterson, *Renaissance Woman: A Sourcebook; Constructions of Femininity in England* (London, 1995), pp. 103, 41 (first and second quotes).

5 Daston and Park, *Wonders and the Order of Nature*, p. 247. 在《学术进展》中，弗朗西斯·培根将思想保守的人比做斯库拉，斯库拉“上半身化作英俊的童男，但当你衡量他们的成就与选择时，他们并未做出对人类有贡献的事情，而是持续不断地叫嚣着”。Francis Bacon, *The Advancement of Learning*, ed. William Aldis Wright (London, 1876), p. 31. 有关妓女的详情，请看 Ailene S. Goodman, 'The Extraordinary Being: Death and the Mermaid in Baroque Literature', *Journal of Popular Culture*, xvii/3 (1983), p. 33.

6 Surekha Davies, *Renaissance Ethnography and the Invention of the Human: New Worlds, Maps and Monsters* (Cambridge, 2016), pp. 183–216; Surekha Davies, 'The Unlucky, the Bad, and the Ugly: Categories of Monstrosity from the Renaissance to the Enlightenment'', in *The Ashgate Research Companion to Monsters and the Monstrous*, ed. Asa Simon Mittman and Peter J. Dendle (London, 2012), p. 64; Susan Scott Parrish, 'The Female Opossum and the Nature of the New World', *William and Mary Quarterly*, liv/3 (1997), p. 485.

7 Karen Ordahl Kupperman, 'The Puzzle of the American Climate in the Early Colonial Period', *American Historical Review*, lxxxvii/5 (1982), pp. 1262–89; Anya Zilberstein, *A Temperate Empire: Making Climate Change in Early America* (Oxford, 2016), pp. 1–10.

8 苏珊·斯科特·帕里斯称，欧洲探险者对新大陆最初的印象是基于“富足的乌托邦和可怕的怪物形象的”。欧洲思想家一直将自然比作女性，女性就代表着旺盛的生殖力，他们认为，“这是一种邪术”。Susan Scott Parrish, *American Curiosity: Cultures of Natural*

History in the Colonial British Atlantic World (Chapel Hill, nc, 2006), pp. 481, 36 (quotes). 此外，休·阿诺总结了新大陆中一系列使欧洲人感到新奇的动物，其中包括鹦鹉、犀鸟、火鸡、犰狳、负鼠、貘和美洲鸵。Hugh Honour, *The New Golden Land: European Images of America from the Discoveries to the Present Time* (New York, 1975), pp. 37–41. See also Mancall, *Nature and Culture*, pp. 1–42, for strange New World creatures.

9 John Josselyn, *Account of Two Voyages to New-England Made during the Years 1638, 1663* (Boston, ma, 1865), p. 23.

10 有关古代人鱼目击事件集合，请看 Pierre Boaistuau, *Certaine Secrete Wonders of Nature* (London, 1569), pp. 47–54. See also Cristina Brito, 'Connected Margins and Disconnected Knowledge: Exotic Marine Mammals in the Making of Early Modern Natural History', in *Cross Cultural Exchange and the Circulation of Knowledge in the First Global Age*, ed. Amélia Polónia et al. (Newcastle upon Tyne, 2018), pp. 106–32.

11 安东尼·格拉夫顿称，欧洲人发现新大陆后，之前的权威性书籍中的理论与无法解释的自然现象相碰撞。Anthony Grafton, 'Introduction', in *New Worlds, Ancient Texts*, ed. Anthony Grafton (Cambridge, ma, 1995), p. 5.

12 Christopher Columbus, *Journal of Christopher Columbus (During his First Voyage, 1492–93)*, ed. Clements R. Markham (Cambridge, 2010), p. 154. 实际上，早在公元 10 世纪，诺斯曼·雷夫·埃里克森早在哥伦布之前就登上了北美洲大陆，但 15 世纪的欧洲人并不知道这件事。

13 Parrish, *American Curiosity*, p. 481.

14 Henry Kamen, *Empire: How Spain Became a World Power, 1492–1763* (New York, 2003), pp. 112–21.

15 Alexander ab Alexandro, *Dies Geniales* (Rome, 1522); John Swan, *Speculum mundi,* 2nd edn (London, 1643), p. 371; Conrad Gessner, *Historia animalum*, 2nd edn (London, 1604, originally published in 1581–7), p. 1588.

16 Parrish, *American Curiosity*, p. 481.

17 'Article viii, Diego Hurtado to Polynesia [This account is taken from

Herrera, decad. v. lib. vii. Cap. 3, 4. And never was translated before. Vid. *Voyag. Aux Terr. Austr. Vo.* i. *p. 162.*]', in Charles de Brosses, *Terra Australis Cognita; or, Voyages to the Terra Australis, or Southern Hemisphere, during the Sixteenth, Seventeenth, and Eighteenth Centuries*, ed. John Callander (Edinburgh, 1766), pp. 123–4; Andre Thevet, *The New Found World; or, Antarctike*, trans. Thomas Hacket (London, 1568, originally published in 1556), p. 28; 'Translation of *Hist. de la compagnie de Jesus*, P. ii T. iv. No 276', in *Encyclopaedia Britannica; or, A Dictionary of Arts, Sciences, &c*, 2nd edn (Edinburgh, 1781), vol. vii, p. 4901.

18 Andrew Laurence, *The noble lyfe and natures of man of bestes, serpentys, fowles and fishes [that] be moste knoweu* (Antwerp, 1527), n.p.; Conrad Lycosthenes, *Prodigiorum ac ostentorum chronicon* (Basel, 1557), p. 28; Benwell and Waugh, *Sea Enchantress*, p. 90.

19 Boaistuau, *Certaine Secrete Wonders of Nature,* pp. 47–8. Benjamin Braude, 'The Sons of Noah and the Construction of Ethnic and Geographical Identities in the Medieval and Early Modern Periods', *William and Mary Quarterly*, liv/1 (1997), p. 106.

20 Antonio de Torquemada, *The Spanish Mandeville of Miracles* (London, 1600), n.p.

21 Thomas Browne, *Pseudodoxia Epidemica* (London, 1646), p. 260.

22 Samuel Purchas, *Hakluytus Posthumus; or, Purchas His Pilgrimes* (Glasgow, 1906), vol. xvi, p. 282.

23 G. M. Asher, ed., *Henry Hudson the Navigator: The Original Documents in which his Career is Recorded* (London, 1860), p. 28.

24 Captain Richard Whitbourne, *A Discourse and Discovery of New-Found-Land* (London, 1620), Conclusion (n.p.).

25 Ludwig Gottfried, *Historia antipodum oder Newe Welt* (Frankfurt, 1631), p. 193; Theodore de Bry, *Dreyzehender Theil Americae* (Frankfurt, 1628), p. 5. 布莱于 1598 年去世，他的妻子和儿子将他的研究成果编成 21 卷著作，其中就包括《美洲地图》。

26 有关史丹格“谬误”的深入研究，详见 Vaughn Scribner, 'Fabricating History Part Two: The Curious Case Continues', *The Junto: A Group Blog on Early American History*.

27 Josselyn, *Account of Two Voyages to New-England*, p. 23.

28 Benoit de Maillett, *Telliamed; or Conversations between an Indian Philosopher and a French Missionary on the Diminution of the Sea*, trans. and ed. Albert V. Carozzi (Urbana, il, 1968), pp. 193–4. 梅耶声称，11 年之后，地中海地区塞斯特利乐凡（意大利）的居民抓到了一条“雄性人鱼”，不过他没有鱼尾，而是“浑身上下都和人类男子长得一样”。

29 信息及图片来源，详见 ‘Monstre Marin Tue Par Les Françis S.D’., *Louis Nicolas: Sa vie et son oeuvre de Françis-Marc Gagnon*. See also W.M.S. Russell and F. S. Russell, ‘The Origin of the Sea Bishop’, *Folklore*, lxxxvi/2 (1975), pp. 94–8.

30 Thomas Glover, ‘Account of Virginia, its Scituation, Temperature, Productions, Inhabitants, and their Manner of Planting and Ordering Tobacco’, *Philosophical Transactions*, xi/126 (1676), pp. 625–6. 有关 17 至 18 世纪伦敦皇家学会的兴盛，详见 James Delbourgo, *Collecting the World: Hans Sloane and the Origins of the British Museum* (Cambridge, ma, 2017).

31 Daston and Park, *Wonders and the Order of Nature*, p. 249.

32 Glover, ‘Account of Virginia’, pp. 625–6.

33 John Green, comp., *A Collection of Voyages and Travels, Some Now First Printed from Original Manuscripts, Others Now First Published in English. In Six Volumes* (London, 1732), vol. v, p. 517.

34 Girolame Merolla, *Breve e succinta relatione del viaggio nel regno di Congo nell'Africa meridionale, fatto dal P. Girolamo Merolla da Sorrento* (Naples, 1692), p. 82.

35 P. G., *A Most Strange and True Report of a Monstrous Fish, that Appeared in the Forme of a Woman, from her Waist Upwards* (London, 1603), n.p.

36 John Philip Abelinus, *Theatrum Europaeum* (Frankfurt, 1619), vol. i, p. 215. See also Thomas Bartholin, ‘Of the Mermaid, &c’., in the *Miscellane naturae curiosorum*. An1, Dec. 1. Obs. 23. p. 85. In *Acta Germanica; or, The Literary Memoirs of Germany* (London, 1742), vol. i, p. 119.

37 Pierre Gassendi, *The Mirrour of True Nobility and Gentility being the*

Life of the Renowned Nicolaus Claudius Fabricius, Lord of Pieresk, Senator of the Parliament at Aix, trans. William Rand (London, 1657), pp. 140–41. See also *British Apollo*, 24–26 April 1710.

38 Bartholin, 'Of the Mermaid', p. 119; Lucas Debes, *Faeroae & Faeroa reserata, that is, A description of the islands & inhabitants of Foeroe being seventeen islands subject to the King of Denmark, lying under 62 deg. 10 min. of North latitude* (London, 1676), pp. 188–9.

39 Reverend John Brand, *A Brief Description of Orkney, Zetland, Pightland-Firth and Caithness* [1707], in John Pinkerton, *A General Collection of the Best and Most Interesting Voyages and Travels in All Parts of the World* (London, 1809), vol. iii, pp. 788–9.

40 "现代的"无疑是与时间、地点、人物和思想有关的主观性比较强的词语。一些 17 世纪晚期的哲学家认为，他们的科学方法更为现代化。学者们试图追溯当代"现代主义"的源头。罗伊·波特发现，18 世纪的启蒙时代"开创了现代社会"，而史蒂芬·皮卡斯认为，1688 年英国的"光荣革命"是"第一场现代革命"。Roy Porter, *The Creation of the Modern World: The Untold Story of the British Enlightenment* (London, 2000); Steven Pincus, *1688: The First Modern Revolution* (New Haven, ct, 2009).

41 Daston and Park, *Wonders and the Order of Nature*, pp. 255–301; Paula Findlen, *Possessing Nature: Museums, Collecting, and Scientific Culture in Early Modern Italy* (Berkeley, ca, 1994), pp. 1–16.

42 Samuel Purchas, *Hakluytus Posthumus; or, Purchas his Pilgrimes in Twenty Volumes* (Glasgow, 1905), vol. viii, p. 363; Jacob Larwood and John Camden Hotten, *The History Signboards, from the Earliest Times to the Present Day* (London, 1867), p. 225.

43 Quoted in Arthur MacGregor, 'The Tradescants as Collectors of Rarities', *Tradescant Rarities* (Oxford, 1983), p. 21; Thomas Bartholin, *Historiarum anatomicarum rariorum, centuria 1 en 11*, vol. i (Amsterdam, 1654), p. 191. 1662 年，巴托林将美人鱼的手掌和肋骨列进了哥本哈根解剖室的收藏品中。详见 Thomas Bartholin, *The Anatomy House in Copenhagen, Briefly Described*, ed. Niels W. Bruun, trans. Peter Fisher (Birketinget, 2015), pp. 105, 111.

44 Nehemiah Grew, *Musaeum regalis societatis*; *or, A Catalogue &*

Description of the Natural and Artificial Rarities Belonging to the Royal Society and Preserved at Gresham College (London, 1694; originally published in 1681), pp. 80, 42, 81.

45 Wilma George, *Animals and Maps* (London, 1969), p. 62. Lao, *Sirens*, p. 102. As Lao put it, '*hic sunt sirenae* was used in the same way to mark unexplored waters.'

46 涅普顿经常以雄性人鱼或骑着海马的神（身旁伴着美人鱼）的形象出现，他是海洋之神。如切特·范·杜泽所言："我认为，地图中的海怪有两种功能。首先，将海怪的文学形式图像化，可以向水手们暗示这里是危险之地，但也充满神秘色彩。其次，这些图案可以作为装饰，虽然暗示了这片海域存在危险，但也让读者注意到海洋的活力以及世界生物的多样性，同时还展示了制图者的艺术技巧。当然这两种功能可以同时发挥作用，海怪可以将二者融为一体。文艺复兴时期，地图上的海怪图案正好反映了大众对奇闻逸事的兴趣和关注。" Chet Van Duzer, *Sea Monsters on Medieval and Renaissance Maps* (London, 2013), pp. 11–12.

47 其他人也写了更详细的著作，如 Van Duzer, *Sea Monsters*; George, *Animals and Maps*; Adele Haft, 'The Mocking Mermaid: Maps and Mapping in Kenneth Slessor's Poetic Sequence *The Atlas*, Part Four', *Cartographic Perspectives*, lxxix (2014).

48 Parrish, *American Curiosity*, p. 481.

49 关于迪亚哥·古铁雷斯的画作，详见 Van Duzer, *Sea Monsters*, p. 39; Pierre Desceliers, *Planisphere* (Arques, 1550). British Library Add.

50 有关麦卡托的画作，详见 Van Duzer, *Sea Monsters*, p. 104. 有关格尼鲁斯·乔迪的画作，详见 Cornelius Jode, *Novae Guineae forma, & situs* (Antwerp, 1593), n.p.

51 See also, for instance, Giovanni Antonio Magini, 'Regno di Napoli', in *Atlas* (Bologna, 1620); Hendrick Hondius, *Africae nova tabula* (s.n., 1631); William Janszoon Blaue, 'Asia Noviter Delineata', in *Blaue Atlas Maior* (Amsterdam, 1662), vol. x., n.p.

52 Lao, *Sirens*, p. 102.

53 有关学术调查及对画报的讨论，详见 Debra Barrett-Graves, 'Mermaids, Sirens, and Mary, Queen of Scots: Icons of Wantonness and Pride', in *The Emblematic Queen: Extra-literary Representations of*

Early Modern Queenship, ed. Debra Barrett- Graves (New York, 2013), pp. 69–100.

54 Andrew Belsey and Catherine Belsey, 'Icons of Divinity: Portraits of Elizabeth i', in *Renaissance Bodies: The Human Figure in English Culture c. 1540–1660*, ed. Lucy Gent and Nigel Llewellyn (London, 1990), p. 14 (quote); Kristen G. Brookes, 'A Feminine "Writing that Conquers": Elizabethan Encounters with the New World', *Criticism*, xxxxviii/2, (2006), p. 239 (quote).

55 Thomas Firminger Thiselton Dyer, *Folk-lore of Shakespeare* (New York, 1884), pp. 500–503; Pedersen, *Mermaids and the Production of Knowledge*, p. 2.

56 Browne, *Pseudodoxia Epidemica*, p. 260. For armor, see Stefan Krause, 'Fellows Series: The Etched Decoration of German Renaissance Armor', *The Met Online*.

chapter 3 先进实验

1 This chapter is adapted from Vaughn Scribner, '"Such monsters do exist in nature": Mermaids, Tritons, and the Science of Wonder in Eighteenth-century Europe', *Itinerario,* xli/3 (2017), pp. 507–38, and Vaughn Scribner, 'Diving into Mysterious Waters: Why Some of the Smartest Men in Early Modern Europe Believed in Merpeople', *History Today*, lxviii/5 (2018), pp. 50–59.

2 虽然启蒙时代的学者自认为是“用最客观的方法探究自然新科学”的先行者，但他们有关人类和自然界的调查研究中也存在奇幻、神秘和迷信的因素。Lorraine Daston and Katharine Park, *Wonders and the Order of Nature, 1150–1750* (New York, 2001), p. 20; Barbara M. Benedict, *Curiosity: A Cultural History of Early Modern Inquiry* (Chicago, il, 2001), p. 2; Joy Kenseth, 'The Age of the Marvelous: An Introduction', in *The Age of the Marvelous*, ed. Joy Kenseth (Hanover, 1991), p. 54; Bob Bushaway, '"Tacit, Unsuspected, but Still Implicit Faith": Alternative Belief in Nineteenth-century Rural England', in *Popular Culture in England, c. 1500–1850*, ed. Tim Harris (New York,

1995), p. 189.

3 Daston and Park, *Wonders and the Order of Nature*, pp. 1–11. 正如理查德·卡灵顿所言："18 世纪以世故、愤世嫉俗和良好的判断力自豪，然而也和先前的人们一样对美人鱼无法自拔。" Richard Carrington, *Mermaids and Mastodons: A Book of Natural and Unnatural History* (New York, 1957), p. 10.

4 Susan Scott Parrish, *American Curiosity: Cultures of Natural History in the Colonial British Atlantic World* (Chapel Hill, nc, 2006), pp. 24–76; Alan Taylor, *American Colonies: The Settling of North America* (New York, 2001), pp. 275–443; Kathleen S. Murphy, 'Collecting Slave Traders: James Petiver, Natural History, and the British Slave Trade', *William and Mary Quarterly*, lxx/4 (2013), pp. 630–70; Mark Laird, 'Mark Catesby's Plant Introductions and English Gardens of the Eighteenth Century', in *The Curious Mister Catesby: A 'Truly Ingenious' Naturalist Explores New Worlds*, ed. E. Charles Nelson and David J. Elliott (Athens, ga, 2015), pp. 265–80.

5 *British Curiosities in Nature and Art* (London, 1713), p. xx; Patrick Gordon, *Geography Anatomiz'd; or, The Geographical Grammar*, 9th edn (London, 1722), p. 331.

6 Al Luckenbach, 'Ceramics from the Edward Rumney/Stephen West Tavern, London Town, Maryland, Circa 1725', *Chipstone: Ceramics in America 2002*, http://www.chipstone.org, 20 December 2018. Special thanks to Kyle Dalton, Public Programs Administrator at Historic London Town, for bringing this plate to my attention (and for piquing my curiosity in further possibilities about the plate).

7 刻在火药桶上的美人鱼出自 *From Maps to Mermaids: Carved Powder Horns in Early America* exhibition at the Fort Pitt Museum in Pittsburgh, Pennsylvania. 这幅作品是由一位匿名艺术家展出的，收藏家们给他起了个外号：壁画先生。原作者的名字部分被刮掉了，只留下"乔治 S"和"1761"的字样。有关其他 18 世纪的火药桶美人鱼，详见 'Powder Horn (American: 1780)', an 37.131.18, The Collection of J. H. Grenville Gilbert, of Ware, Massachusetts, Gift of Mrs. Gilbert, 1937, The Metropolitan Museum of Art, New York.

8 *Pennsylvania Gazette* (pa), 6 May 1736; *Providence Gazette* (ri), 15

July 1769; *Virginia Gazette* (va), 3 November 1738 and 20 July 1739. 英国报纸中的其他例子，详见 *St. James Evening Post*, 31 January – 3 February 1747; *Weekly Journal or British Gazetteer*, 7 September 1717.

9 依萨缪尔·约翰逊博士所见，报纸是“启发性”读物，旨在通过传播知识，消灭“原始的”无知。James Boswell, *Boswell's Life of Johnson* (London, 1904), p. 452.

10 *Boston Evening-Post* (ma), 17 May 1762; Captain Richard Whitbourne, *A Discourse and Discovery of New-Found-Land* (London, 1620), Conclusion (n.p.). 如历史学家反复提到的，约翰·史密斯于 1610–1614 年间在北美洲沿岸看见了一条美人鱼，这并不是真的。乔治·史丹格错误地将怀特伯恩的经历安插在史密斯头上。详见 Vaughn Scribner, ‘Fabricating History: The Curious Case of John Smith, a Green-haired Mermaid, and Alexander Dumas’ and ‘Fabricating History Part Two: The Curious Case Continues’, *The Junto: A Group Blog on Early American History*.

11 *British Apollo*, 24–26 April 1710.

12 1668 年，英国人约翰·威尔肯向伦敦皇家学会提交了一篇《哲学术语》，文中为动物世界中的每一个生物都下了定义。但是目录中没有关于“塞壬、美人鱼、凤凰和狮身鹰首兽等虚构动物”的定义，威尔肯表示：“因为它们并不是确定的，也许真实存在但并未被命名。”22 年之后，约翰·洛克对此表示赞同，并说：“世界上根本没有独角兽或者美人鱼。” John Wilkins, *An Essay Towards a Real Character and a Philosophical Language* (London, 1668), n.p.; John Locke, *An Essay Concerning Human Understanding* (London, 1690), p. 196; Thomas Boreman, *A Description of Some Curious and Uncommon Creatures, Omitted in the Description of Three Hundred Animals* (London, 1740), p. 43; Benjamin Martin, *The Philosophical Grammar* (London, 1753), p. 358; *The Naturalist's Pocket Magazine; or, Compleat Cabinet of Nature* (London, 1698); John Stewart, *The Revolution of Reason; or, The Establishment of the Constitution of Things in Nature, of Man, of Human Intellect, of Moral Truth, of Universal Good* (London, 1790), p. 166.

13 ‘Sir Robert Sibbald to Sir Hans Sloane, November 29, 1703 (Edinburgh)’, Sloane ms 4039, ff. 218–19, British Library, London.

14 'Cotton Mather to the Royal Society, July 5, 1716', Cotton Mather Papers, Massachusetts Historical Society (Boston, ma). 我不想将参与这项研究的早期现代绅士们称为“科学家”，因为这个词与时代不符，早期现代并不存在这个词所包含的现代性。相反，我更喜欢用“自然学家”（根据亚里士多德的解释，自然学家指系统研究自然、自然史、自然哲学、天文学、光学和医药学的人）或“哲学家”来称呼他们。

15 'Cotton Mather to the Royal Society, July 5, 1716'.

16 Jean O'Neill and Elizabeth P. Mclean, *Peter Collinson and the Eighteenth-century Natural History Exchange* (Philadelphia, pa, 2008), p. 25 (quotes on Bevan's mermaid and Royal Society presentation); Norman G. Brett-James, *The Life of Peter Collinson* (London, 1926), p. 198; Sylvanus Urban, *Gentleman's Magazine for January 1755* (London, 1755), vol. xxv, p. 504; 1703 年，斯隆收到来自罗伯特·西巴尔德爵士的一封信，信中提到他为探究历史上在苏格兰沿岸发生的水生生物（塞壬和美人鱼）目击事件所做出的努力。'Sir Robert Sibbald to Sir Hans Sloane, November 29, 1703'.

17 'Carl Linnaeus to Kungliga Svenska Vetenskapsakademien, August 29, 1749', *The Linnaean Correspondence*, 1749 年，塞万奴斯·厄尔本在《君子杂志》上发稿，文中写道：“最近，日德兰半岛尼彻平发现一条美人鱼，上半身是人身，下半身是鱼身，身后拖着一条鱼尾，手指之间粘连着黏膜。它在网中不停地挣扎，拍打自己，最终死亡。” Sylvanus Urban, *Gentleman's Magazine, and Historical Chronicle for 1749* (London, 1749), vol. xix, p. 428.

18 同样，18 世纪早期哲学家贝努瓦·梅耶称，16 世纪有人在尼罗河看见了一条“棕色皮肤的”雄性人鱼。Benoit de Maillet, *Telliamed; or, Conversations between an Indian Philosopher and a French Missionary on the Diminution of the Sea*, trans. and ed. Albert V. Carozzi (Urbana, il, 1968), p. 192.

19 Theodore W. Pietsch, 'Samuel Fallours and his "Sirenne" from the Province of Ambon', *Archives of Natural History*, xviii (1991), pp. 1–7.

20 Ibid., pp. 6–7.

21 Ibid., pp. 7–8.

22 Louis Renard, *Poissons, ecrevisses et crabes*, 2nd edn (Amsterdam,

1754); Pietsch, 'Samuel Fallours and his "Sirenne"', pp. 10; Theodore W. Pietsch, ed., *Fishes, Crayfishes, and Crabs: Louis Renard's Natural History of the Rarest Curiosities of the Seas of the Indies*, *in Two Volumes* (Baltimore, md, 1995), p. xii.

23 Emanuel da Costa, 'Art. iii. *Elements of Conchology; or, An Introduction to the Knowledge of Shells.* By Emanuel Mendez da Costa, Member of the Academia Caesar. Imper. Nat. Curios. Plinius 1v. And of the Botanic Society of Florence. With Seven Plates, containing Figures of every Genus of Shells. 8 vo. 7s. 6d. Boards. White. 1776', in *The Monthly Review; or, Literary Journal, Volume* lvi, *From January to June 1777* (London, 1777), p. 94.

24 Sylvanus Urban, *Gentleman's Magazine for November 1755* (London, 1755), vol. xxv, pp. 502–4.

25 G. Robinson, *The Beauties of Nature and Art Displayed in a Tour Through the World* (London, 1764), p. 58; Thomas Smith, *The Wonders of Nature and Art, Being an Account of Whatever is Most Curious and Remarkable Throughout the World*, 2nd edn (London, 1768), vol. 11, p. 197.

26 'Jacques-Fabien Gautier, or Gautier d'Agoty', in Sarah Lowengard, *The Creation of Color in Eighteenth-century Europe* (New York, 2006).

27 Sylvanus Urban, *Gentleman's Magazine for December 1759* (London, 1759), vol. xxix, p. 590.

28 Ibid.

29 Sylvanus Urban, *Gentleman's Magazine for June 1762* (London, 1762), vol. xxxii, p. 253.

30 Sylvanus Urban, *Gentleman's Magazine for May 1775* (London, 1775), vol. xlv, pp. 216–17.

31 Ibid.

32 Jennifer L. Morgan, *Laboring Women: Reproduction and Gender in New World Slavery* (Philadelphia, pa, 2004), pp. 14, 49, 30–50.

33 Maillet, *Telliamed*, pp. vii, 1–2, 191–2, 197. 其他哲学家也同样对人类的海洋起源存有疑问。详见 James Rodger Fleming, *Historical Perspectives on Climate Change* (New York, 1998), pp. 1–30.

34 J. Dezallier d'Argenville, *L'Histoire naturelle éclaircie dans une de*

ses parties principals, la conchyliolgie (Paris, 1757), p. 74; Maillet, *Telliamed*, pp. 3–4.

35 Erik Pontoppidan, *The Natural History of Norway, in Two Parts*, translated from the Danish original (London, 1755; originally published 1752–3), pp. iv, 186–7.

36 一些学者对这项理论肆意猜测，并认为海洋中真的存在“海僧”和“海洋主教”。See also Thomas Bartholin, ‘Of the Mermaid, &c. from the *Miscellanea naturae curiosorum*, Dec. 1, 1671’, in *Acta Germanica; or, The Literary Memoirs of Germany, &c.*, vol. 1 (London, 1742), pp. 118–21; Paracelsus, *Four Treatises of Theophrastus Von Hohenheim Called Paracelsus*, ed. Henry E. Sigerest (Baltimore, md, 2010), pp. 213–53.

37 Pontoppidan, *The Natural History of Norway*, pp. 186–91; Stepan Petrovich Krasheninnikov, *The History of Kamtschatka, and the Kurilski Islands, with the Countries Adjacent*, abridged translation (London, 1765; originally published in 1755 in Russia), pp. 136–7.

38 Carl Linnaeus and Abraham Osterdam, *Siren lacertina, dissertatione academica orbi erudito data* (Uppsala, 1766); Margaret Jean Anderson, *Carl Linnaeus: Father of Classification* (Springfield, il, 1997); Bartholin, ‘Of the Mermaid, &c. from the *Miscellanea naturae curiosorum*, Dec. 1, 1671’, pp. 118–21; Richard Wahlgren, ‘Carl Linnaeus and the Amphibia’, *Bibliotheca herpetologica*, 9 (2011), pp. 5–37; Carina Nynäs and Lars Bergquist, *A Linnaean Kaleidoscope: Linnaeus and his 186 Dissertations*, vol. 11 (Stockholm, 2016), pp. 439–43. 如今，在北美洲东南部仍能发现“大蝾螈”的身影，这是美洲最大的两栖动物。See also Philip Hayward, *Making a Splash: Mermaids (and Mermen) in 20th and 21st Century Audiovisual Media* (Bloomington, in, 2017), p. 169.

39 18 世纪其他的美人鱼表演。例如，*General Advertiser*, 10 February 1749; *Public Advertiser*, 8 March 1775 (this mermaid was shown until 3 April 1775); Adrian Craciun, *Fatal Women of Romanticism* (Cambridge, 2003), pp. 215–16. See also *The General Chronicle and Literary Magazine, from Jan. to April 1812* (London, 1812), vol. iv, pp. 236–40.

chapter 4 畸形展与无尽幻想

1 严格来说，是平均每年 4.34 次：1810 年至 1845 年，我在英国和美国的报纸期刊上发现了 152 篇有关人鱼的文章。

2 See also Richard Carrington, *Mermaids and Mastodons: A Book of Natural and Unnatural History* (New York, 1957), pp. 13–20.

3 Richard D. Altick, *The Shows of London* (Cambridge, ma, 1978); Joe Nickell, *Secrets of the Sideshows* (Lexington, ky, 2005), pp. 1–18.

4 Frank Luther Mott, *American Journalism: A History of Newspapers in the United States Through 250 Years* (New York, 1941), p. 216. See also Andrew King, Alexis Easley and John Morton, eds, *The Routledge Handbook to Nineteenth-century British Periodicals and Newspapers* (London, 2016).

5 'Soliloquy on the Annuals (*Blackwood's Edinburgh Magazine*, 1829)', in John Wilson, *Critical and Miscellaneous Essays* (Philadelphia, pa, 1842), vol. i, p. 70.

6 'Thomas Jefferson to Francis Adrian Van der Kemp, 9 February 1818', *Founders Online,* National Archives, 11 April 2019 [original source: *The Papers of Thomas Jefferson*, Retirement Series, vol. xii: *1 September 1817 to 21 April 1818*, ed. J. Jefferson Looney (Princeton, nj, 2014), pp. 441–8] Harriet Ritvo, *The Platypus and the Mermaid and other Figments of the Classifying Imagination* (Cambridge, ma, 1997), pp. 1–8.

7 *Morning Chronicle*, 13 June 1809; 'The Mermaid: Extract from the Glasgow Courier', in *Lancaster Gazette*, 28 October 1809; *Freeman's Journal*, 26 October 1809. For another newspaper which published the story, see *Weekly Raleigh Register* (nc), 14 September 1809. 关于 19 世纪加拿大的美人鱼目击事件，详见 Auguste Vachon, 'The Mermaid in Canadian Heraldry and Lore', *Heraldry in Canada*, xlvii/3 (2013), pp. 17–29. All newspapers are uk unless the usa state of publication is given in brackets.

8 *Morning Post*, 13 March 1810.

9 *Raleigh Minerva* (nc), 28 June 1811; *The Times*, 29 November 1811; Gwen Benwell and Alfred Waugh, *Sea Enchantress: The Tale of the*

Mermaid and her Kin (New York, 1965), pp. 113–16; 'On Mermaids', in Sylvanus Urban, *Gentleman's Magazine for 1823* (London, 1823), vol. cxxxii, p. 39.

10 *The Observer*, 30 August 1812; *Liverpool Mercury*, 4 September 1812; *Pennsylvania Gazette* (pa), 4 November 1812.

11 *Aberdeen Chronicle*, 20 August 1814; *Caledonian Mercury*, 27 August 1814; *Buffalo Journal* (ny), 6 December 1814.

12 *The Observer*, 21 August 1814; *Morning Post*, 25 August 1814; *Liverpool Mercury*, 26 August 1814.

13 James W. Cook, *The Arts of Deception: Playing with Fraud in the Age of Barnum* (Cambridge, 2001), pp. 16–17.

14 *Morning Chronicle*, 8 September 1814.

15 *Caledonian Mercury*, 8 October 1814 (this newspaper reported on the *Belfast Chronicle* story); *Morning Post*, 12 October 1814; *The Gleaner* (pa), 20 December 1814; *Morning Post*, 21 October 1814.

16 帕斯并不是 19 世纪初唯一用骇人的笔触描绘人鱼的插画师。1812 年，著名英国艺术家乔治·克鲁克尚克用美人鱼、雄性人鱼和海怪来讽刺威尔士的乔治王子对性欲、情人的迷恋和他的一些自我堕落的嗜好，并创作了蚀刻画《海洋政治：鲨鱼王子和渔夫》。

17 关于伊德斯上校的内容，详见 Jan Bondeson, *The Feejee Mermaid and Other Essays in Natural and Unnatural History* (Ithaca, ny, 1999), pp. 38–49; Beatrice Phillpotts, *Mermaids* (New York, 1980), p. 58; Ritvo, *Platypus and the Mermaid*, pp. 178–80; Benwell and Waugh, *Sea Enchantress*, pp. 124–5; Cook, *The Arts of Deception*, p. 89.

18 Bondeson, *The Feejee Mermaid*, pp. 38–9. 有关菲利普的内容，详见 *Exeter Flying Post*, 25 July 1822; *Aberdeen Journal*, 31 July 1822.

19 *Morning Chronicle*, 25 September 1819; *Morning Post*, 30 December 1820, 19 January 1821, 28 April 1821. Ritvo, *Platypus and the Mermaid*, pp. xi–xii, 4, 7, 50, 130–33, 181–2.

20 Paoli Viscardi et al., 'Mermaids Uncovered', *Journal of Museum Ethnography*, 27 (2014), pp. 98–116. See also Paoli Viscardi, 'Mermaids in a Medical Museum?' The Wellcome Collection Online.

21 Viscardi et al., 'Mermaids Uncovered'. Philip Hayward, 'Japan: The "Mermaidisation" of the *Ningyo* and Related Folkloric Figures', in

Scaled for Success: The Internationalisation of the Mermaid, ed. Philip Hayward (Bloomington, in, 2018), pp. 51–4; Juni'chiro Suwa, 'Ningyo Legends, Enshrined Islands and the Animation of an Aquapelagic Assemblage Around Biwako', *Shima*, xii/2 (2018), p. 78.

22 *Morning Chronicle*, 7 November 1822; *Royal Cornwall Gazette*, 3 August 1822; *Morning Chronicle*, 29 October 1822; *Manchester Guardian*, 5 October 1822; Bondeson, *The Feejee Mermaid*, pp. 38–47.

23 *Morning Post*, 4 November 1822.

24 这段大多来自 Bondeson, *The Feejee Mermaid*, pp. 41–9.

25 *Bury and Norwich Post*, 30 October 1822; *Berrow's Worcester Journal*, 8 November 1822; *Morning Chronicle*, 7 November 1822; *Caledonian Mercury*, 7 November 1822; *Leeds Mercury*, 23 November 1822; *Worcester Journal*, 28 November 1822; *Derby Mercury*, 11 December 1822; *Morning Chronicle*, 17 December 1822; *Leeds Intelligencer*, 7 February 1823; *Morning Chronicle*, 7 February 1823; *Morning Post*, 14 May 1823.

26 *Derby Mercury*, 28 January 1824; *Morning Post*, 12 May 1824; *The Observer*, 3 September 1826; *Long Island Star* (ny), 9 May 1832.

27 *Morning Post*, 7 July 1841.

28 *The Examiner*, 13 July 1823.

29 Leigh Hunt, 'The Sirens and Mermaids of the Poets', *The New Monthly Magazine and Literary Journal*, Part Two (London, 1836), pp. 273–82; Leigh Hunt, 'Tritons and Men of the Sea', *The New Monthly Magazine and Literary Journal*, Part One (London, 1837), pp. 505–18.

30 其他科学文献，详见 the *Hampshire Telegraph and Naval Chronicle*, 5 March 1827; *Morning Post*, 6 June 1827, 25 June 1827; *London Times*, 6 July 1827; *Liverpool Mercury*, 11 July 1828; *Caledonian Mercury*, 2 October 1828; *Susquehanna Democrat* (pa), 21 November 1828; *Morning Post*, 5 January 1830; *Long-Island Star* (ny), 9 May 1832; *Bristol Mercury and Daily Post*, 23 March 1839; *Times-Picayune* (la), 26 June 1840; *Bradford Observer*, 20 August 1840; *Boston Post* (ma), 4 February 1841, 27 July 1841.

31 *Bradford Observer*, 20 August 1840.

32 舞台表演，详见 *The Observer*, 16 April 1826. 诗歌，详见 the

'Mermaid's Cave', which captivated readers throughout America and Britain beginning in 1832. *Sentinel and Democrat* (vt), 7 December 1832. See also Alfred Lord Tennyson's 1830 poem, 'The Mermaid'. 虚构情节，详见 *Boston Post* (ma), 9 May 1833; *Evening Post*, 28 March 1835.

33 *Hull Packet*, 18 March 1842. See also the *Caledonian Mercury*, 1 June 1829.

34 *Tioga Eagle* (pa), 14 February 1840.

35 P. T. Barnum, *The Life of P. T. Barnum, Written by Himself, with Related Documents* [1855], ed. Stephen Mihm (Boston, ma, 2018), p. 71. See also Zach Hutchins, 'Herman Melville's Feejee Mermaid, or a Confidence Man at the Lyceum', esq *: A Journal of the American Renaissance*, lx/1 (2014), pp. 80–84; Steven C. Levi, 'P. T. Barnum and the Feejee Mermaid', *Western Folklore*, xxxvi/2 (1977), pp. 149–54.

36 Barnum, *The Life of P. T. Barnum*, pp. 71–2, *Times-Picayune* (la), 13 July 1842; *Baltimore Sun* (md), 28 July 1842.

37 Barnum, *The Life of P. T. Barnum*, pp. 73–5; Nickell, *Secrets of the Sideshows*, p. 12

38 *New-York Tribune* (ny), 4 August 1842, 11 August 1842; Barnum, *The Life of P. T. Barnum*, pp. 73–5.

39 *Times-Picuyane* (la), 12 February 1843; *Raleigh Microcosm* (nc), 25 February 1843; *Middlebury People's Press* (vt), 1 March 1843; Bondeson, *The Feejee Mermaid*, pp. 53–4.

40 Ibid.; Cook, *The Arts of Deception*, pp. 102–3; *North American and Daily Advertiser* (pa), 13 August 1842; William T. Alderson, *Mermaids, Mummies, and Mastodons: The Emergence of the American Museum* (Washington, dc, 1992).

41 Cook, *The Arts of Deception*; *Brooklyn Daily Eagle* (ny), 10 August 1860.

42 Heather Brink-Roby, '*Siren Canora:* The Mermaid and the Mythical in Late Nineteenth-century Science', *Archives of Natural History*, xxxv/1 (2014), pp. 1–14; Béatrice Laurent, 'Monster or Missing Link?: The Mermaid and the Victorian Imagination, *Cahiers Victoriens et édouardiens* [in English], lxxxv (Spring 2017), accessed 31 October

2018; Ritvo, *Platypus and the Mermaid*, pp. 50–60.

43 Brink-Roby, '*Siren Canora*', p. 2. 劳伦特表示："科学界一直对美人鱼的性质争论不已，将其放入理论或者表演中，由此可见人鱼信仰的坚不可摧，与此同时，19 世纪也产生了看待世界的新方法。" 'Monster or Missing Link'. William Jardine, 'Review of Charles Darwin, *On the Origin of Species*', *Edinburgh New Philosophical Journal*, xi (1860), p. 282.

44 *Manchester Weekly Times and Examiner*, 24 October 1849.

45 See the *Manchester Weekly Times and Examiner*, 10 August 1847; *North Carolinian* (nc), 3 August 1850; *Buffalo Morning Express* (NY), 8 August 1850; *New Orleans Crescent* (la), 7 December 1850; *The Standard*, 27 January 1851; *Reynolds's Newspaper*, 1 February 1852; *Nottinghamshire Gazette*, 7 April 1853; *Liverpool Mercury*, 14 May 1854; *Lancashire Advertiser*, 24 March 1860; *Liverpool Mercury*, 22 May 1860; *Waterford News*, 6 February 1863; *Irish People* (Ireland), 9 July 1864; *Huddersfield Chronicle*, 10 February 1866; *Deseret News* (ut), 3 May 1866; *New York Times* (ny), 24 July 1871; *Yorkshire Herald*, 16 December 1874; *Sydney Morning Herald* (Australia), 22 July 1875; *Bradford Observer*, 16 August 1875; *Morning Post*, 30 August 1875; *Weekly Standard and Express*, 30 December 1876; *Morning Post*, 21 June 1878; *The Standard*, 27 June 1878; *Hamilton County Democrat* (ia), 26 July 1878; *Washington Standard* (wa), 23 May 1879; *Bristol Mercury and Daily Post*, 4 October 1880; *New York Times* (ny), 11 July 1886; *The Messenger* (nc), 2 November 1888; *Manchester Weekly Times and Examiner*, 13 July 1889; *The Sun* (ny), 26 January 1890; *Parsons Daily Sun* (ks), 2 August 1893; *Logansport Pharos-Tribune* (ia), 2 March 1894; *Los Angeles Herald* (ca), 16 June 1895; *Yorkshire Herald and the York Herald*, 14 January 1896; *New York Times* (ny), 23 May 1897.

46 *Monongahela Valley Republican* (pa), 26 May 1854; *Illustrated Police News*, 6 July 1878; *Chicago Times* (il), 23 May 1879; *Saint Paul Globe* (mn), 4 July 1892; *New York Times* (ny), 23 May 1897.

47 Laurent, 'Monster or Missing Link', n.p. (quote).

48 '*Prose Idylls*, by the Rev. C. Kingsley', in *Hampshire Advertiser*, 13

June 1874.

49 *Washington Sentinel* (Washington, dc), 11 June 1898.

50 *The Era*, 27 February 1853; *The Standard*, 28 January 1852.

51 *New York Times* (ny), 16 December 1854; *Buffalo Commercial* (ny), 21 April 1855. See also *The Observer*, 7 January 1855; *Weekly Raleigh Register* (nc), 4 April 1855, 7 April 18; *Semi-weekly Standard* (nc), 14 April 1855.

52 *Buffalo Morning Express* (ny), 1 January 1851; *Baltimore Sun* (md), 31 May 1851.

53 *Buffalo Commercial* (ny), 20 June 1851; *Raleigh Register* (nc), 1 October 1851; *Asheville News* (nc), 9 March 1854. For other pieces which use merpeople as symbols of the nation's political woes in the years leading up to the American Civil War, see the *Weekly Pantagraph* (il), 1 January 1851; *Wisconsin Argus* (wi), 9 July 1851; *Daily Sentinel* (vt), 19 December 1851; *Daily Delta* (la), 29 November 1854; *Richmond Enquirer* (va), 30 March 1855; *New York Times* (ny), 26 June 1855; *Hartford Courant* (ct), 16 October 1856; *Buffalo Morning Express* (ny), 22 October 1860. 1880 年 11 月 3 日，《芝加哥论坛》利用美人鱼的形象嘲讽女性的选举权运动。

54 *The Times*, 22 April 1851.

55 *Nebraska State Journal* (nb), 26 July 1884; *Summit County Beacon* (oh), 17 January 1855; *Buffalo Morning Express* (ny), 11 February 1875. For similar articles, see *The Standard*, 27 January 1851; *The Times*, 22 April 1851; *The Guardian*, 6 September 1851; *Lloyd's Weekly*, 30 January 1853; *Alexandria Gazette* (va), 26 June 1860; *Daily Milwaukee News* (wi), 29 January 1861; *New York Daily Herald* (ny), 29 April 1869; *London Observer*, 23 July 1871; *Freeman's Journal*, 20 August 1873; *Morning Post*, 30 August 1875; *Larned Eagle-Optic* (ks), 9 September 1881; *Boston Globe* (ma), 11 November 1881; *News and Citizen* (vt), 5 February 1885; *Juniata Sentinel and Republican* (pa), 24 February 1885; *Times and News* (al), 19 August 1886; *National Republican* (Washington, dc), 18 November 1887; *Eufaula Daily Times* (al), 28 May 1889; *Record-Union* (ca), 1 January 1890; *Boston Globe* (ma), 4 August 1890; *New York Times* (ny), 8 July 1899.

56 *Southern Weekly Post* (nc), 8 October 1853. 有关巴纳姆的内容，详见 Bondeson, *The Feejee Mermaid*, pp. 54–6.

57 'A Real Mermaid, from a correspondent of the *Delhi Gazette*, writing from Benares on the 19th December', *Nottinghamshire Guardian*, 11 February 1870.

58 See, for instance, *Lloyd's Weekly*, 30 January 1853; *Green-Mountain Freeman* (vt), 9 June 1853; *Chicago Tribune* (il), 30 December 1859; *Buffalo Commercial* (ny), 19 July 1860; *Buffalo Courier* (ny), 11 February 1860; *Daily Milwaukee News* (wi), 29 January 1861; *The Times*, 25 April 1864; *Glasgow Herald*, 16 February 1870; *New York Daily Herald* (ny), 25 May 1870; *Evening Telegraph*, 18 May 1870; *Times-Picayune* (la), 3 June 1870; *Chicago Tribune* (il), 3 November 1880; *Caldwell Tribune* (ks), 2 November 1889; *Eufaula Daily Times* (al), 28 May 1889.

59 *Era*, 24 April 1886.

60 *Huddersfield Chronicle and West Yorkshire Advertiser*, 8 September 1874.

61 *The Times* (pa), 6 April 1890. This illustrated exposé was based off a piece published in the *New England Farmer* (ma), 18 December 1880; *Philadelphia Times* (pa), 5 August 1883. See also the *New York Daily Herald* (ny), 1 June 1853; *Brooklyn Evening Star* (ny), 11 August 1860; *Boston Weekly Globe* (ma), 28 July 1880; *Cincinnati Enquirer* (oh), 30 September 1883; *Harrisburg Telegraph* (pa), 18 February 1884; *Republican Citizen* (ks), 4 July 1884; *Quad-City Times* (ia), 8 February 1886; *Star Tribune* (mn), 5 March 1887; *Saint Paul Globe* (mn), 29 November 1887; *New York Times* (ny), February 12 1888; *Lawrence Daily Journal* (ks), 6 September 1888; *Record- Union* (ca), 1 January 1890; *Galveston Daily News* (tx), 28 September 1891; *Stevens Point Journal* (wi), 8 May 1896.

62 Henry Lee, *Sea Fables Explained* (London, 1883), pp. 15, 51.

63 Fletcher S. Bassett, *Legends and Superstitions of the Sea and of Sailors in All Lands and at All Times* (Chicago, 1885), p. 201.

64 其他出版的故事，详见 *Bradford Observer*, 3 May 1873; *Reynolds's Newspaper*, 27 July 1873; *Boston Globe* (ma), 11 November 1881;

Chicago Tribune (il), 24 July 1882; *Boston Globe* (ma), 13 January 1884; *Guernsey Star*, 17 March 1887; *Boston Globe* (ma), 26 August 1888; *Pittsburgh Dispatch* (pa), 23 November 1890; *Winnipeg Tribune* (Canada), 28 July 1892; *Philadelphia Inquirer* (pa), 26 August 1894; *Kansas City Journal* (mo), 3 November 1895; *Yorkshire Herald and the York Herald*, 14 January 1896.

65 T. J. Jackson Lears, *No Place of Grace: Antimodernism and the Transformation of American Culture, 1880–1920* (Chicago, il, 1994); Robert H. Wiebe, *The Search for Order, 1877–1920* (New York, 1967).

66 *Courier and Argus*, 21 July 1854. 有关讽刺英国人迷信人鱼的文章，详见 *Manchester Weekly Times and Examiner*, 22 October 1851; *Hartford Courant* (ct), 13 December 1851; *Weekly Standard and Express*, 21 September 1853; *New York Times* (ny), 7 September 1857; *Manchester Weekly Times and Examiner*, 28 December 1861; *Democratic Press* (oh), 26 September 1861; *North Wales Chronicle*, 30 September 1865; *Evening Telegraph*, 28 April 1866; *Leeds Mercury*, 11 September 1866; *Pittsburgh Daily* (pa), 22 February 1868; *Freeman's Journal*, 20 August 1873; *Reynolds's Newspaper*, 18 January 1874; *New York Times* (ny), 27 December 1874; *Weekly Standard and Express*, 30 December 1876; *New York Times* (ny), 9 April 1882; *New York Times* (ny), 22 October 1882; Manchester *Weekly Times and Examiner*, 4 October 1884; *Chicago Tribune* (il), 2 July 1893; *Royal Cornwall Gazette*, 17 August 1899; *New York Times* (ny), 2 September 1890. See also Benwell and Waugh, *Sea Enchantress*, pp. 154–79; Frederica Gordon Cumming, *In the Hebrides* (London, 1883), p. 376; Murray G. H. Pittock, *The Invention of Scotland: The Stuart Myth and the Scottish Identity, 1638 to the Present* (London, 1991), pp. 73–133; Ronald MacDonald Douglas, *Scottish Lore and Folklore* (New York, 1982), p. 112; Alex Tyrrell, 'The Queen's "Little Trip": The Royal Visit to Scotland in 1842', *Scottish Historical Review*, lxxxii/213 (April 2003), pp. 47–73.

67 D. L. Rinear, *Stage, Page, Scandals and Vandals: William Burton and Nineteenth-century American Theatre* (Carbondale, il, 2004), p. 112 (*Public Ledger* quote); *Reynolds's Newspaper*, 6 June 1852; *Daily News*,

22 January 1852. 关于浪漫主义，详见 Richard Mills, 'Psychedelic Deep Blues: The Romanticised Sea Creature in Jimi Hendrix's "1983 . . . (A Merman I should Turn to Be)" (1968), Tim Buckley's "Song to the Siren" (1968) and Captain Beefheart's "Grow Fins" (1972)', in *Beasts of the Deep*, ed. John Hackett and Seán Harrington (Bloomington, in, 2018), pp. 94–108.

68 *Boston Globe* (ma), 13 May 1896; *Green-Mountain Freeman* (vt), 31 July 1872.

69 *Examiner*, 17 May 1862; *Morning Post*, 30 October 1862. 关于更多 19 世纪的美人鱼艺术，详见 Lynda Nead, 'Woman as Temptress: The Siren and the Mermaid in Victorian Painting', *Leeds Arts Calendar*, lxxxxi (1982), pp. 5–20; Lauren Sanford, 'Littoral Crossings: Imagery of Women and Water in Nineteenth-century Britain', PhD thesis, University of North Carolina-Chapel Hill, 2014, pp. 71–119.

70 报纸中经常将水手身上的美人鱼文身看作一种标志，例如 *Columbian Fountain* (Washington, dc), 18 April 1846; *Sydney Morning Herald* (Australia), 16 April 1847; *Weekly Standard*, 5 September 1849. See also Lotti Mealing, 'The Mermaid as Postmodern Muse in Sarah Hall's *The Electric Michelangelo*', *Contemporary Women's Writing*, viii/2 (July 2014): pp. 226–7. 关于美人鱼连衣裙，详见 see Patricia Hunt-Hirst, 'Mermaid Dress', in *Clothing and Fashion: American Fashion from Head to Toe, in Four Volumes*, ed. José F. Blanco (Santa Barbara, ca, 2016), vol. ii, p. 186. 依照传统，水手们还会雕刻"珍妮·哈尼威尔"——仿照其他水生动物的雕刻，拿到岸上去卖。See George M. Eberhart, *Mysterious Creatures: A Guide to Cryptozoology* (Santa Barbara, ca, 2002), p. 256.

71 *Butte Miner* (mt), 6 May 1899.

72 Lears, *No Place of Grace*, p. xi.

chapter 5 现代美人鱼

1 此为真实时间。1948 年的《豌豆先生和美人鱼》和《二傻大闹摄影棚》在同一地点拍摄。曾有一次，游客看到格兰·斯特兰奇穿着弗兰肯斯坦怪物的衣服与身穿美人鱼装扮的安·布莱斯共进午餐，令人震惊。

2 Henry Luce, 'The American Century', *Life* (17 February 1941), pp. 61–5.

3 Rebecca Edwards et al., *America's History*, 9th edn (Boston, ma, 2018), pp. 731–3; Lizabeth Cohen, *A Consumer's Republic: The Politics of Mass Consumption in Postwar America* (New York, 2003); Adam Rome, *The Bulldozer in the Countryside: Suburban Sprawl and the Rise of American Environmentalism* (Cambridge, 2001).

4 有关 20 世纪早期澳大利亚画家诺曼·林赛的美人鱼艺术，详见 Philip Hayward, 'Swimming Ashore: Mermaids in Australian Public Culture', in *Scaled for Success: The Internationalisation of the Mermaid*, ed. Philip Hayward (Bloomington, in, 2018), pp. 174–6. See also Beatrice Phillpotts, *Mermaids* (New York, 1980), pp. 76–9.

5 '*A Mermaid*, 1900', Royal Academy Online.

6 See, for instance, 'Mermaid Stories for Montana Boys and Girls', *Anaconda Standard* (mt), 10 May 1903; 'W. S. Wallace, The First Journey from One Garden to Another, in "Our Young Folks"', *Altoona Times* (pa), 7 November 1903; Gwen Benwell and Alfred Waugh, *Sea Enchantress: The Tale of the Mermaid and her Kin* (New York, 1965), pp. 234–77.

7 *Times Recorder* (oh), 14 September 1914; *Tampa Tribune* (fl), 11 April 1915. 令人惊讶的是，历史学家始终对凯勒曼不予置评。最深度的调查被收录在 Angela Woollacott, *Race and Modern Exotic: Three 'Australian' Women on Global Display* (Monash, 2011), pp. 1–45. 沃拉考特表示，凯勒曼运用身体的力量与性感赢得了人气。这里是两本凯勒曼最著名的传记：Emily Gibson and Barbara Firth, *The Original Million Dollar Mermaid: The Annette Kellerman Story* (Sydney, 2005), and Shana Corey, *Mermaid Queen: The Spectacular True Story of Annette Kellerman, Who Swam Her Way to Fame, Fortune, and Swimsuit History* (New York, 2009). 前者是一本详细的自传，后者则是儿童虚构文学。另外，还有两个未发行的版本。Christine Schmidt M. Des wrote 'Second Skin: Annette Kellerman, the Modern Swimsuit, and an Australian Contribution to Global Fashion', PhD

thesis, Queensland University of Technology, 2008, and Clarice M. Butkus produced an ma thesis on Kellerman: Clarice M. Butkus, '"A Story of Girls and Pearls": Genre and Gender in the Films of Annette Kellerman', ma thesis, New York University, 2008. See also Philip Hayward, *Making a Splash: Mermaids (and Mermen) in 20th and 21st Century Audiovisual Media* (Bloomington, in, 2017), pp. 53–5; Clarice M. Butkus, 'Annette Kellerman', in *Women Film Pioneers Project*, ed. Jane Gaines, Radha Vatsal and Monica Dall'Asta, Center for Digital Research and Scholarship, New York, Columbia University Libraries.

8 Annette Kellerman, 'Physical Beauty – How to Keep It', *Boston Globe* (ma), 14 July 1918; Gibson and Firth, *The Original Million Dollar Mermaid*, pp. 57–64; Woollacott, *Race and the Modern Exotic*, pp. 12–13.

9 *The Tennessean* (tn), 20 September 1908. 1904 年，法国上映了一部默片《塞壬》，但是人气和普及度从未比得过凯勒曼的美人鱼。

10 *St Louis Star and Times* (mo), 6 February 1911; *Tacoma Times* (wa), 26 August 1911; *New York Times*, 9 June 1911; Woollacott, *Race and the Modern Exotic*, p. 19; Gibson and Firth, *The Original Million Dollar Mermaid*, pp. 87–98.

11 Hayward, *Making a Splash*, p. 54.

12 *Los Angeles Times* (ca), 7 June 1914; *Times Recorder* (oh), 14 September 1914.

13 *Oregon Daily Journal* (or), 1 December 1912.

14 'New Productions at the Sydney Theatres', *Green Room* (Australia), 1 February 1917; Woollacott, *Race and the Modern Exotic*, pp. 23–32.

15 *Los Angeles Times* (ca), 14 September 1919; 9 December 1919; 'Filmed Interview with Annette Kellerman, 1932', from '*The Original Mermaid: Rickets* (Michael Cordell, 2002)', National Film and Sound Archive of Australia; Woollacott, *Race and the Modern Exotic*, pp. 39–41. 1924 年，默片《彼得・潘》上映，影片中也有美人鱼在岩石上洗澡的情节，但只是个小角色。1938 年，华特・迪士尼"糊涂交响曲"系列新出了一部短片电影——《美人鱼宝宝》，影片中有许多美人鱼宝宝在海底嬉戏玩耍。

16 Cohen, *A Consumer's Republic*, pp. 193–398.

17 迪士尼的电影《彼得·潘》(1953)中也有美人鱼的片段。影片中的美人鱼符合当代对性别和性的看法。See the *Des Moines Register* (ia), 20 July 1952.

18 该电影基于盖伊和康斯坦丁·琼斯于1946年出版的小说《豌豆先生的美人鱼》改编。Hayward, *Making a Splash*, p. 57. 有关美人鱼在20世纪50和60年代的其他虚构娱乐，详见 Melissa Jones, 'A Mermaid's Tale: The Evolution of the Representation of Mermaids in Popular Culture', *Armstrong Undergraduate Journal of History*, viii/2 (2018), pp. 27–8; Phillpotts, *Mermaids*, pp. 78–82. 有关20世纪60和70年代流行音乐中的美人鱼，详见 Richard Mills, 'Psychedelic Deep Blues: The Romanticised Sea Creature in Jimi Hendrix's "1983 . . . (A Merman I should Turn to Be)" (1968), Tim Buckley's "Song to the Siren" (1968) and Captain Beefheart's "Grow Fins" (1972)', in *Beasts of the Deep*, ed. John Hackett and Seán Harrington (Bloomington, in, 2018), pp. 94–108.

19 *Life* (12 July 1948), p. 81.

20 Susan White, 'Split Skins: Female Agency and Bodily Mutilation in *The Little Mermaid*', in *Film Theory Goes to the Movies*, ed. Jim Collins, Hilary Radner and Ava Preacher (London, 1993), p. 185.

21 首映于伦敦大使馆剧院后，这部电影迅速在各大电影院上映。Howard, *Making a Splash*, p. 62.

22 David Fantle and Tom Johnson, *Reel to Real: 25 Years of Celebrity Interviews* (New York, 2003), p. 99; Scott Eyman, *Lion of Hollywood: The Life and Legend of Louis B. Mayer* (New York, 2005), p. 421. This paragraph owes much to Jennifer A. Kokai, 'Weeki Wachee Girls and Buccaneer Boys: The Evolution of Mermaids, Gender, and "Man versus Nature" Tourism', *Theatre History Studies*, xxxi (2011), pp. 69–70. See also Jennifer A. Kokai, *Swim Pretty: Aquatic Spectacles and the Performance of Race, Gender, and Nature* (Carbondale, il, 2017), pp. 1–17, 54–95.

23 Hayward, *Making a Splash*, p. 68 (quote), 68–70, 70–72.

24 *Morning Post*, 7 July 1841.

25 Kokai, 'Weeki Wachee Girls' p. 71 (quote).

26 *Tampa Times* (FL), 4 August 1948; *Tampa Tribune* (fl), 31 July 1955; *St*

Louis Post-Dispatch (mo), 2 May 1954.

27 Kokai, 'Weeki Wachee Girls', pp. 73–74; *St. Petersburg Times* (fl), 12 August 1961.

28 正如历史学家珍妮弗·蔻凯所说："在美国，美人鱼的文化形象在过度性感和儿童故事类型中摇摆不定，对于韦基沃奇来说，在二者之间找到平衡才是关键。" Kokai, 'Weeki Wachee Girls', p. 74.

29 Roland Marchand, *Advertising the American Dream: Making Way for Modernity, 1920–1940* (Berkeley, ca, 1985), pp. xv–xxii. 有趣的是，依云公司于 2005 年 10 月推出的广告，与玉泉气泡水的广告几乎一模一样——一条美人鱼正边喝着依云矿泉水，边看着观众。详见 'Evian: Mermaid', Ads of the World. 在 20 世纪初，曼宁公司的硼滑石粉和威尼斯人用的海绵均由美人鱼代言。

30 不出所料，广告商开始对这场热潮进行投资。1945 年以后，广告业进入了"黄金时期"。在接下来的四十年中，消费主义、资本主义以及大众媒体都与美国梦融为一体；同时，性别规范和父权制度也成为美国文化和社会的主要方面。Cohen, *A Consumers' Republic*, pp. 8–9; Stuart Ewen, *Captains of Consciousness: Advertising and the Social Roots of the Consumer Culture* (New York, 2001), pp. 1, 8–9. 有关面包的广告，详见 *Tampa Times* (fl), 4 August 1948. 1969 年，"Groom & Clean"公司为一款发胶设计了印刷广告：一条性感的美人鱼拿着这款产品说道："嘿，先生，跟我一起来清理一下吧！"一年之后，他们又推出了另一款广告，上面也有一条美人鱼，说："新款发胶和我一样水润！"旅游公司也经常请美人鱼来为自己代言，就像游轮上的旅行指南那样。

31 'Joyce B. Brand, Commercial Artist, Dies at 88', *New York Times* (ny), 18 May 2006. 有关海报女郎以及广告业的发展，详见 Maria Elena Buszek, *Pin-up Grrrls: Feminism, Sexuality, Popular Culture* (Durham, nc, 2006), pp. 232–67.

32 就连著名的美国艺术家诺尔曼·罗克韦尔也加入了这场热潮，他在印第安纳波利斯的《周六晚报》的封面画了一条全裸的美人鱼。一些读者认为这幅图"非常色情、可怕"，编辑做的调查显示，20% 的订阅者不喜欢这张图片。另有许多人觉得这张图片很有趣，有一位读者回信称："哪种鱼饵最好？钓美人鱼需要执照吗？"这些人被美人鱼的笑容和裸露的双乳迷得神魂颠倒。性从来不缺卖点，即使是在老少皆宜的周刊封面上。Patrick Perry, 'Lucky Catch', *Saturday Evening Post*, 2 March 2015.

33 Ed Zern, *How to Catch a Mermaid* (Glendale, ca, 1959). 有关泽恩的更多信息，详见 'Obituary: Ed Zern, 83, Writer for *Field & Stream* and Conservationist', *New York Times*, 27 March 1994.

34 Zern, *How to Catch a Mermaid*. 一年之后，西方鱼线公司推出了"W-80"新型鱼线，并再次将美人鱼印在广告中——一位光着上身的女演员待在水中，用手臂遮挡在自己的胸前。

35 Howard, *Making a Splash*, p. 63 (quote).

36 Grace Lee Whitney and Jim Denney, *The Longest Trek: My Tour of the Galaxy* (Clovis, ca, 1998), pp. 35–6.

37 Thomas Browne, *Pseudodoxia epidemica* (London, 1646), p. 260.

38 John Tosh, *The Pursuit of History*, 5th edn (London, 2010), p. 6.

39 *Pittsburgh Post-Gazette* (pa), 9 November 1960. See also *Pittsburgh Press* (pa), 25 August 1949; *Des Moines Register* (ia), 20 July 1952; *Petaluma Argus-Courier* (ca), 9 May 1962.

40 Richard Carrington, *Mermaids and Mastodons: A Book of Natural and Unnatural History* (New York, 1957), pp. xv, 5, 19.

41 Sona Rosa Burstein, 'Obituaries: Sir Arthur Waugh, k.c.i.e., c.s.i., m.a., 1891–1968', *Folklore*, lxxix/1 (1968), p. 57; Gwen Benwell and Arthur Waugh, *Sea Enchantress: The Tale of the Mermaid and her Kin* (New York, 1965), pp. 13, 276–7.

42 Molly Cox and David Attenborough, *David Attenborough's Fabulous Animals* (London, 1975), pp. 25, 27.

43 20 世纪 60 年代，"美人鱼妆容"在欧洲女性之中流行开来，她们开始涂绿色的眼影，挑染绿色的头发。一家报纸称："绿色已经不仅仅是一种颜色了，它代表的是一种心情。没人能看到这种心情，但是每个人都能感受到它的存在，那是一种缥缈的感觉。你也想成为神秘的美人鱼吗？" *Press and Sun Bulletin* (ny), 6 January 1960.

44 *Daily News* (ny), 3 January 1954.

45 *Statesman Journal* (or), 6 March 1961. See also Benwell and Waugh, *Sea Enchantress*, p. 277.

46 Laura Sells, '"Where do the Mermaids Stand?": Voice and Body in *The Little Mermaid*', in *From Mouse to Mermaid: The Politics of Film,*

Gender, and Culture, ed. Elizabeth Bell, Lynda Haas and Laura Sells (Bloomington, in, 1995), p. 190.

47 有关女性主义运动的起源，详见 Rosi Braidotti, 'Envy: Or, With My Brains and Your Looks', in *Men in Feminism*, ed. Alice Jardine and Paul Smith (New York, 1987), pp. 233–41; Judith Butler, *Gender Trouble: Feminism and the Subversion of Identity* (London, 1990).

48 Roberta Trites, 'Disney's Sub/Version of Andersen's *The Little Mermaid* ', *Journal of Popular Film and Television*, xviii/4 (1991), pp. 152, 145.

49 White, 'Split Skins', p. 183, 185; Sells, 'Where do the Mermaids Stand?', pp. 176–7, 186; Efrat Tseëlon, '*The Little Mermaid*: An Icon of Woman's Condition in Patriarchy, and the Human Condition of Castration', *International Journal of Psycho-analysis*, lxxvi/5 (1995), p. 1023.

50 Sells, 'Where do the Mermaids Stand?', p. 190, 188; Lucy Rollin, 'Fear of Faerie: Disney and the Elitist Critics', *Children's Literature Association Quarterly*, xii (1987), pp. 90–93. 20 世纪 80 年代至 90 年代，其他电影和娱乐活动中也有美人鱼的身影。例如，《美人鱼》（1990）、麦当娜为“珍爱”（1991）制作的音乐。《罗恩·伊尼施的秘密》（1994）中一个来自爱尔兰多尼哥的女孩在当地调查人鱼传说。《铁钩船长》（1991）中，海盗铁钩船长将彼得·潘扔进海里之后，美丽的美人鱼将彼得·潘救了出来。

51 Philip Hayward, 'Introduction', in *Scaled for Success: The Internationalisation of the Mermaid*, ed. Philip Hayward (Bloomington, in, 2018), pp. 3–4; Hayward, *Making a Splash*, pp. 151–66, 75–89.

52 Tseëlon, '*The Little Mermaid* ', p. 1027.

chapter 6 走入世界海域

1 本章中的中东地区包括埃及、阿拉伯半岛、巴基斯坦、约旦、黎巴嫩、叙利亚、土耳其、伊拉克、伊朗和以色列。

2 科学家经常称之为“文化偏见”。详见 Michael Thompson, Richard Ellis and Aaron Wildavsky, *Cultural Theory* (Boulder, co, 1990).

3 Beatrice Phillpotts, *Mermaids* (New York, 1980), p. 8; Henry Lee, *Sea*

Fables Explained (London, 1883), pp. 3–4; Manal Shalaby, 'The Middle Eastern Mermaid: Between Myth and Religion', in *Scaled for Success*, pp. 7–20.

4 Phillpotts, *Mermaids*, pp. 10–14; Meri Lao, *Sirens: Symbols of Seduction*, trans. John Oliphant (Rochester, vt, 1998), pp. 1–57; Jacqueline Leclercq-Marx, *The Mermaid in the Thought and Art of Antiquity and the Middle Ages* (Brussels, 1997), pp. vii–xi; Phillpotts, *Mermaids*, pp. 9–10; Alison Luchs, *The Mermaids of Venice: Fantastic Sea Creatures in Venetian Renaissance Art* (London, 2010), pp. 1–20; Gwen Benwell and Arthur Waugh, *Sea Enchantress: The Tale of the Mermaid and her Kin* (New York, 1965), pp. 23–50; Juliette Wood, *Fantastic Creatures in Mythology and Folklore: From Medieval Times to the Present Day* (London, 2018), pp. 49–92.

5 Lee, *Sea Fables Explained*, pp. 4, 7.

6 Irving Finkel, *The Ark Before Noah: Decoding the Story of the Flood* (New York, 2013); Anastasia G. Yanchilina et al., 'Compilation of Geophysical, Geochronological, and Geochemical Evidence Indicates a Rapid Mediterranean-Derived Submergence of the Black Sea's Shelf and Subsequent Substantial Salinification in the Early Holocene', *Marine Geology*, ccclxxxiii (2017), pp. 14–34; Shalaby, 'The Middle Eastern Mermaid', in *Scaled for Success*, pp. 9–11.

7 Lee, *Sea Fables Explained*, p. 4; Charles Russel Coulter and Patricia Turner, *Encyclopedia of Ancient Deities* (Chicago, il, 2000), pp. 129, 133; Llewellyn Jewitt, 'The Mermaid, and the Symbolism of the Fish, in Art, Literature, and Legendary Lore', *Reliquary and Illustrated Archaeologist*, xix (1879), pp. 193–200.

8 James Athearn Jones, *Traditions of the North American Indians*, vol. i (London, 1830), p. 47. Lee noted that the Mandan and Lenni-Lape tribes also had flood myths with Noah-like figures and arks. Lee, *Sea Fables Explained*, pp. 5–7.

9 Henry Schoolcraft, *Information Respecting the History, Condition and Prospects of the Indian Tribes of the United States*, Part One (Philadelphia, 1853), pp. 406–7. 路易斯安那州和康涅狄格州的现代美国本土神话也存在对美人鱼的崇拜。详见 Anne E. Duggan,

Donald Haase and Helen J. Callow, eds, *Folktales and Fairy Tales: Traditions and Texts from Around the World*, 2nd edn (Santa Barbara, ca, 2016), vol. ii, p. 647.

10 David Lewis-Williams, Thomas A. Dowson and Janette Deacon, 'Rock Art and Changing Perceptions of Southern Africa's Past: Ezeljagdspoort Reviewed', *Antiquity*, lxvii (1993), pp. 273–91; Renée Rust and Jan Van Der Poll, *Water, Stone, and Legend: Rock Art of the Klein Karoo* (Cape Town, 2011), pp. 91–120; Thomas A. Dawson, 'Reading Art, Writing History: Rock Art and Social Change in Southern Africa', *World Archaeology*, xxv/3 (1994), pp. 332–45; A. B. Smith, 'Hunters and Herders in the Karoo Landscape', in *The Karoo: Ecological Patterns and Processes*, ed. W. Richard J. Dean and Suzanne J. Milton (Cambridge, 2004), p. 255 (quote).

11 Lee, *Sea Fables Explained*, p. 9; Philip Hayward, 'Matsya Fabulism: Hindu Mythologies, Mermaids and Syncretism in India and Thailand', in *Scaled for Success*, pp. 21–3; Gerardo Aldana, 'Discovering Discovery: Chich'en Itza, the Dresden Codex Venus Table and 10th Century Mayan Astronomical Innovation', *Journal of Astronomy and Culture*, i (2016), pp. 57–76.

12 Sonya Rhie Quintanilla, *History of Early Stone Sculpture at Mathura: Ca. 150* bce – *100* ce (Leyden, 2007), p. 21; Douglas Fraser, 'The Fish-legged Figure in Benin and Yoruba Art', in *African Art and Leadership*, ed. Douglas Fraser and Herbert M. Cole (Madison, wi, 1972), p. 287; Benwell and Waugh, *Sea Enchantress*, p. 47.

13 Fraser, 'The Fish-legged Figure in Benin and Yoruba Art', p. 287.

14 Janet Abu-Lughod, *Before European Hegemony: The World System* a.d. *1250–1350* (Oxford, 1989).

15 Shalaby, 'The Middle Eastern Mermaid', p. 11–13.

16 Lee, *Sea Fables Explained*, p. 7; Philip Hayward and Pan Wang, 'Millennial Měirényú: Mermaids in 21st Century Chinese Culture', in *Scaled for Success*, p. 130. 有关日本人鱼的骇人形象，详见 William Huttmann, 'Mermen and Mermaids', *Asiatic Journal and Monthly Miscellany*, xxi (1836), p. 48.

17 Michael Dylan Foster, *The Book of Yokai: Mysterious Creatures of*

Japanese Folklore, with original illustrations by Shinonome Kijin (Berkeley, ca, 2015), pp. xii; Juni'chiro Suwa, 'Ningyo Legends, Enshrined Islands and the Animation of an Aquapelagic Assemblage Around Biwako', *Shima*, xii/2 (2018), p. 72.

18 Philip Hayward, 'Japan: The "Mermaidisation" of the Ningyo and Related Folkloric Figures', in *Scaled for Success*, p. 66 (quote translation by Yamamoto Sota and Hamashima Miki).

19 海华德认为："实际上，我们完全可以认为西方美人鱼已经融入日本文化中了。" Ibid., p. 56.

20 Hayward, 'India and Thailand', in *Scaled for Success*, pp. 21–5, 40–41.

21 John Thornton, *Africa and Africans in the Making of the Atlantic World, 1400–1800*, 2nd edn (Cambridge, 1998).

22 Nettrice R. Gaskins, 'Mami Wata Remixed: The Mermaid in Contemporary African-American Culture', in *Scaled for Success*, pp. 196–7; Marilyn Houlberg, 'Sirens and Snakes: Water Spirits in the Arts of Haitian Vodou', *African Arts*, xxix/2 (1996), p. 32; Henry John Drewal, 'Mami Wata: Arts for Water Spirits in Africa and Its Diasporas', *African Arts* (2008), pp. 60–83.

23 Paul Gilroy, *The Black Atlantic: Modernity and Double Consciousness* (Cambridge, ma, 1993); Patrick Manning, *The African Diaspora: A History Through Culture* (New York, 2010).

24 Persephone Braham, 'Song of the Sirenas: Mermaids in Latin America and the Caribbean', in *Scaled for Success*, p. 164.

25 Gaskins, 'Mami Wata Remixed', in *Scaled for Success*, p. 198; Houlberg, 'Sirens and Snakes', p. 32.

26 Anna M. Fernández Poncela, 'Las niñas buenas van al cielo y las malas . . . Género y narrativa oral tradicional', *Nueva Sociedad*, cxxxv (1995), pp. 104–15; Ras Michael Brown, *African-Atlantic Cultures and the South Carolina Lowcountry* (Cambridge, 2012), p. 253.

27 Henry John Drewal, 'Performing the Other: Mami Wata Worship in Africa', *Drama Review*, xxxii/2 (1988), p. 160.

28 Henry John Drewal, 'Introduction', in *Sacred Waters: Arts for Mami Wata and Other Divinities in Africa and the Diaspora*, ed. Henry John Drewal (Bloomington, in, 2008), pp. 1–2.

29 正如历史学家玛丽莲·胡博阁所说："世界各地的玛米瓦塔没有特定的名字，允许各国人民根据本地的需求和信仰自由解读神灵……美国大众文化将融入海地等国的水神艺术。" Houlberg, 'Sirens and Snakes', pp. 34–5. Henry John Drewal, 'Mermaids, Mirrors, and Snake Charmers: Igbo Mami Wata Shrines', *African Arts*, xxi/2 (1988), p. 38; Bennetta Jules-Rosette, 'Simulations of Postmodernity: Images of Technology in African Tourist and Popular Art', in *Visualizing Theory: Selected Essays from Visual Anthropology Review 1990–1994*, ed. Lucien Taylor (New York, 1994), pp. 345–62; Braham, 'Mermaids in Latin America and the Caribbean', pp. 149–70; Gaskins, 'The Mermaid in Contemporary African-American Culture', pp. 195–208; Lindsay Hale, *Hearing the Mermaid's Song: The Umbanda Religion in Rio De Janeiro* (Albuquerque, nm, 2009), p. x. 关于玛米瓦塔还有很多细节可以详述，但本章章节有限。相关细节请见德沃尔的《神域》。在19世纪早期，卡鲁沙漠的居民也开始流传关于美人鱼的神话。详见 Juliette Wood, *Fantastic Creatures in Mythology and Folklore: From Medieval Times to the Present Day* (London, 2018), pp. 48–92.

30 Linda J. Ivanits, *Russian Folk Belief* (London, 1992), p. 78.

31 Lena Doubivko, 'No Nailing Fins to the Floor: Ambivalent Femininities in Anna Melikian's *The Mermaid*', *Studies in Russian and Soviet Cinema*, v/2 (2014), pp. 257–8; Natalie K. Moyle, 'Mermaids (*Rusalki*) and Russian Beliefs About Women', in *New Studies in Russian Language and Literature*, ed. Anna Lisa Crone and Catherine V. Chvany (Bloomington, in, 1987), pp. 221–38; Joanna Hubbs, *Mother Russia: The Feminine Myth in Russian Culture* (Bloomington, in, 1988), pp. 3–36. 俄国人也将水中的美人鱼称作"威利"。Elizabeth Wayland Barber, *The Dancing Goddesses: Folklore, Archaeology, and the Origins of European Dance* (New York, 2013), pp. 13–27 (see p. 20 for illustrations of nineteenth-century wood carvings of 'willies' in Russian houses that closely resemble Western depictions of mermaids).

32 Philip Hayward, 'Swimming Ashore: Mermaids in Australian Public Culture', in *Scaled for Success*, pp. 171–94; Philip Hayward, *Making a Splash: Mermaids (and Mermen) in 20th and 21st Century Audiovisual Media* (Bloomington, in, 2017), pp. 50–73.

33 Sarah Keith and Sung-Ae Lee, 'Legend of the Blue Sea: Mermaids in South Korean Folklore and Popular Culture', in *Scaled for Success*, p. 76; Philip Hayward, 'Changelings, Conformity and Difference: Dyesebel and the Sirena in Filipino Popular Culture', in *Scaled for Success*, pp. 107–28; Hayward and Wang, 'Millennial Měirényú', pp. 129–47; Hayward, 'Japan', pp. 51–68.

34 沙拉碧认为，阿拉伯人为不同的人鱼和水生生物取了不同的名字，包括阿鲁斯・阿尔巴哈（海洋新娘 / 少女 / 娃娃）、卡伊蓝（半人半鱼的深海怪物）、阿尔・纳达哈（危险的塞壬）、因塞纳尔玛（海洋之神）。Shalaby, 'The Middle Eastern Mermaid', in *Scaled for Success*, pp. 7–8.

35 Ibid., pp. 14–15. See also Lao, *Sirens*, p. 170.

36 美国本土人口数量在 1890 年至 1900 年达到最低点（25 万人），下降了 4%–5%，自西方帝国到来之后，人口数量大约每世纪减少 125 万人。20 世纪，美国本地人口数量开始反弹，在 20 世纪末达到 410 万人。Russell Thornton, *American Indian Holocaust and Survival: A Population History Since 1492* (Norman, ok, 1987), p. 43; 'The American Indian Population: 2000', American Census Bureau, 7 January 2019.

37 C. J. Taylor, *Spirits, Fairies, and Merpeople: Native Stories of Other Worlds* (Toronto, 2009), pp. 7–11.

38 Michel Meurger and Claude Gagnon, *Lake Monster Traditions: A Cross-cultural Analysis* (London, 1988), p. 198. 亨利・斯古尔可莱福在 1851 年表示，阿尔冈昆人（今美国东北部和加拿大南部）认为"水中仙子生存的水域也存在一种叫作妮巴拿巴的生物，与美人鱼类似（除了性别）。这个单词在印度语中的意思是男性。" Henry R. Schoolcraft, *The American Indians* (Buffalo, ny, 1851), p. 217; 'Becoming Mermaids,' American Museum of Natural History, 28 September 2019.

39 Peter Conrad, *How the World Was Won: The Americanization of Everywhere* (London, 2014); Bartow J. Elmore, *Citizen Coke: The Making of Coca-Cola Capitalism* (New York, 2016).

40 Andre Gunder Frank, Reorient*: Global Economy in the Asian Age* (Berkeley, ca, 1998), pp. 3, 5. See also Kenneth Pomeranz, *The Great*

Divergence: Europe, China and the Making of the Modern World (Princeton, nj, 2000); Roy Bin Wong, *China Transformed: Historical Change and the Limits of the European Experience* (Ithaca, ny, 1997); Thornton, *Africa and Africans*; Alfred Crosby, *Ecological Imperialism: The Biological Expansion of Europe, 900–1900* (Cambridge, 1986); Jared Rubin, *Rulers, Religion, and Riches: Why the West Got Rich and the Middle East Did Not* (Cambridge, 2017); Anthony Pagden, *Worlds at War: The 2,500-year Struggle Between East and West* (New York, 2008).

结 尾

1 H. F. Gould, *The Mermaid's Cave* (New York, 1832).

2 Josh Weiss, '*Harry Potter* Becomes Best-selling Book Series in History with More than 500 Million Copies Sold Worldwide', SyFy Wire, 19 January 2019.

3 21 世纪有很多电影、广告和产品都是利用美人鱼进行宣传的。更多例子，详见 Philip Hayward, *Making a Splash: Mermaids (and Mer-men) in 20th and 21st Century Audiovisual Media* (Bloomington, in, 2017); and Philip Hayward, ed., *Scaled for Success: The Internationalisation of the Mermaid* (Bloomington, in, 2018).

4 Hayward, *Making a Splash*, pp. 129–49; Maria Mellins, 'Mermaid Spotting: The Rise of Mermaiding in Popular Culture', in *Beasts of the Deep: Sea Creatures and Popular Culture*, ed. Jon Hackett and Seán Harrington (Bloomington, in, 2018), pp. 128–41.

5 '"Mermaid" to Swim Along River Thames to Raise Plastic Awareness', bbc News, 17 January 2019; Mellins, 'Mermaid Spotting', in *Beasts of the Deep*, p. 136.

6 Daniel Denoon, 'Salt-water Fish Extinction Seen by 2048', 6 cbs News, 2 November 2006.

7 Mellins, 'Mermaid Spotting', in *Beasts of the Deep*, pp. 128–41; Hayward, *Scaled for Success*, pp. 209–26; Vanetia Laura Delano Robertson, 'Where Skin Meets Fin: The Mermaid as Myth, Monster

and Other-Than-Human Identity', *Journal for the Academic Study of Religion*, xxvi/3 (2013), pp. 311–12; Hayward, *Making a Splash*, p. 109; Brooke A. Porter and Micahel Lück, 'Mermaiding as a Form of Marine Devotion: A Case Study of a Mermaid School in Boracay, Phillipines', *Shima*, xii/2 (2018), pp. 231–49; Tara E. Pedersen, 'Thinking With Mermaids Here and Now', *Shima*, xii/2 (2018), pp. 250–55; Skye Annica, 'Cripping the Mermaid: A Borderlands Approach to Feminist Disability Studies in Valerie Martin's "Sea Lovers"', *Journal of Narrative Theory*, xxxxvii/3 (2017), pp. 379–402; Hayward, *Making a Splash*, pp. 129–49; Sally Campbell Galman, 'Enchanted Selves: Transgender Children's Persistent Use of Mermaid Imagery in Self-Portraiture, *Shima*, xii/2 (2018), pp. 163–80.

8 'The Ten Most Valuable Brands in 2018', 17 January 2019; Ben Zimmerman, 'Word on the Street: Swimming Among the Merpeople', *Wall Street Journal: Eastern Edition*, 27 May 2017, c.4. "A Phallus Out of Water": The Construction of Mer-masculinity in Modern Day Illustrations, *Shima*, xii/2 (2018), pp. 195–207.

9 历史学家大卫·里维斯同表示，"对于 11 世纪的僧人、15 世纪的航海家、17 世纪的占星学家和 20 世纪的实验室科学家来说，理性的定义不尽相同"。David N. Livingstone, 'Climate's Moral Economy: Science, Race and Place in Post-Darwinian British and American Geography', in *Geography and Empire*, ed. Anne Godlewska and Neil Smith (Oxford, 1994), p. 133.

10 *New York Times*, 16 November 1870.

11 时至今日，人类只开发了地球上 5% 的海洋面积。'How Much of the Ocean Have We Explored?', National Ocean Service: National Oceanic and Atmospheric Administration, u.s. Department of Commerce, 1 February 2018.

12 Hayward, *Making a Splash*, pp. 167–85; Peter Goggin, '"Are Mermaids Real?": Rhetorical Discourses and the Science of Merfolk', *Shima*, xii/2 (2018), pp. 12–23; Lisa de Moraes, 'Animal Planet Nets its Biggest Audience with "Mermaids"', *Washington Post*, 28 May 2013.

13 John Lynch, 'The 23 Most Successful Movie Franchises of All Time', *Business Insider*, 18 January 2019; Philip Hayward, 'Introduction', in

Scaled for Success, pp. 1–2.

14 '10 Astonishing and Infamous Mermaid Sightings', *National Enquirer*, 5 September 2017. See also Mike Walker, 'Miley Cyrus' Fiancé in Mermaid Panic', *National Enquirer*, 30 July 2017; Goggin, 'Are Mermaids Real?', pp. 12–23.

15 Martin Essex, 'gbp Price: Upward Trend May Continue After Brexit Vote (15 January 2019)', *Daily*fx*: Forex Market News and Analysis*, www.dailyfx.com, 18 January 2019. "脱欧"是"英国"和"出口"的复合词，表示英国为脱离欧盟于2016年举办的公投。also Lucy Guenot, 'Lion Ships, Sirens and Illuminated Cartography: Deploying Heraldic and Folkloric Figures in Critique of Brexit', *Shima*, xii/2 (2018), pp. 135–43.

图书在版编目（CIP）数据

人鱼：奇幻生物的人类想象史 / (美) 沃恩 · 斯科莱布诺著；祝铭健译.
—北京：中国工人出版社，2021.6
书名原文: *Merpeople: A Human History*
ISBN 978-7-5008-7933-6

Ⅰ. ①人… Ⅱ. ①沃… ②祝… Ⅲ. ①文化史－研究－世界 Ⅳ. ①K103

中国版本图书馆CIP数据核字（2022）第105413号

著作权合同登记号　图字：01-2020-6388

人鱼：奇幻生物的人类想象史

出 版 人　董　宽
责任编辑　宋　杨　李　骁
责任校对　丁洋洋
责任印制　黄　丽
出版发行　中国工人出版社
地　　址　北京市东城区鼓楼外大街45号　邮编：100120
网　　址　http://www.wp-china.com
电　　话　（010）62005043（总编室）
　　　　　（010）62005039（印制管理中心）
　　　　　（010）62379038（社科文艺分社）
发行热线　（010）82029051　62383056
经　　销　各地书店
印　　刷　北京盛通印刷股份有限公司
开　　本　880毫米×1230毫米　1/32
印　　张　10.75
字　　数　220千字
版　　次　2022年10月第1版　2022年12月第2次印刷
定　　价　88.00元